王世渝◎著

数字经济
驱动的全球化

中国出版集团

中国民主法制出版社

全国百佳图书
出版单位

图书在版编目（CIP）数据

数字经济驱动的全球化/王世渝著.—北京：中
国民主法制出版社，2020.12
ISBN 978-7-5162-2309-3

Ⅰ.①数… Ⅱ.①王… Ⅲ.①信息经济—研究—世界
Ⅳ.①F491

中国版本图书馆 CIP 数据核字（2020）第 221262 号

图书出品人：刘海涛
出 版 统 筹：石　松
责 任 编 辑：张　婷

书　　　名/ 数字经济驱动的全球化
作　　　者/ 王世渝　著

出版·发行/ 中国民主法制出版社
地址/ 北京市丰台区右安门外玉林里 7 号（100069）
电话/（010）63055259（总编室）63058068　63057714（营销中心）
传真/（010）63055259
http:// www.npcpub.com
E-mail: mzfz@npcpub.com
经销/ 新华书店
开本/ 32 开　880 毫米 ×1230 毫米
印张/ 12.75　　字数/ 319 千字
版本/ 2021 年 1 月第 1 版　2021 年 1 月第 1 次印刷
印刷/ 北京天宇万达印刷有限公司

书号/ ISBN 978-7-5162-2309-3
定价/ 78.00 元

自序

　　本来已经基本完成了这本书的写作，结果 2019 年末、2020 年初发生的两件足以影响全球经济、政治、文化走向的事件，不得不让我利用疫情期间封闭在家的机会，对这本书重新梳理、重新修改。

　　2020 年注定要重新定义已经开始的 21 世纪。在本书写作期间，我没想到全球化成了全世界都关注的话题，就连中国普通老百姓都开始议论全球化了。而突然之间，两个非常重要的事件又给全球化带来了巨大而深刻的影响。

　　第一个事件是一种不知道来源的新型冠状病毒在中国春节前夕扩散，14 亿中国人度过了一个特殊的春节。新型冠状病毒是全球化的病毒，迅速蔓延至世界上每一个角落，引发了一场全球危机，直至今天，这场危机还在持续。

全球范围内产生了对于后疫情时代中经济全球化的各种预测和担忧。本来看似相对平静的全球化演变，却因为这场疫情变得异常激烈。正当中美之间还在围绕疫情起源问题激烈争论之时，美国这个疫情较严重的国家内部却突然出现了几十年不曾有过的大规模暴乱，起因是非裔黑人弗洛伊德在 2020 年 5 月 25 日因警察暴力执法而致身亡。由此，美国这个世界上最强大的国家暴露出其脆弱的一面。

第二个事件，也是因为疫情，我们只好停止了大部分商业活动，停下脚步思考。在大量思考和学习的过程中，我产生了一个全新的、系统性的、理论性的观点，重新定义了三次全球化的经济形态，把 5G 技术的全面应用和实施，与整个经济以及全球化联系起来，从而得出了大胆而创新的结论。这个结论就是一种持续、强大的经济形态正在形成，这种形态与因为疫情而加速消亡的第二次全球化浪潮形成鲜明的此消彼长的关系，我把这种经济形态称为数字经济。

疫情将会加速第二次全球化浪潮的终结！

疫情也将推动第三次全球化浪潮的涌起！

我希望未来 10 年全球经济、政治、文化的走向，和这本书的这些预测和分析息息相关。

下一个 10 年全球最大的亮点，就是以 5G 技术全面应用作为起点，通过数字技术与全球经济的融合，所带来的数字经济驱动的全球化时代的到来。人类经历第一次全球化的殖民经济、第二次全球化的资本经济之后，进入第三次全球化的数字经济时代。

在此之前，数字经济的基础形态已经在全球范围内形成了几十年。中国数字经济在全球数字经济与经济总量中的比重，所处的地位和 GDP 总量的地位一致，而且在中美经济总量和中美之间数字经济总量的比例之上。2018 年，中国经济总量为美国经济总量的 70%，同年，美国数字经济总量是 12.34 万亿美元，而中国只有 4.73 万亿美元，中国数字经济总量只有美国数字经济总量的 38%。但这一形势，有可能从 2020 年开始会发生转折。而同样，从 2019 年开始，数字经济的形态发展到高级阶段。

第二次全球化浪潮和第三次全球化浪潮之间完成融合、颠覆、重构之后，一个完全不同于第二次全球化浪潮的第三次全球化浪潮时代将会到来，这就是由 5G 万物互联驱动的数字经济时代的全球化浪潮，而引领这个浪潮的产业全球化重构和企业全球化重构，将会是中国企业在数字经济时代所崛起的经济全球化、产业全球化、企业全球化的巨大商机。

每一次全球化浪潮都是由技术变革推动社会经济政治的变革而实现的。第一次全球化浪潮是蒸汽机、内燃机和电力技术应用推动的殖民经济全球化；第二次全球化浪潮是电子、计算机、信息技术时代的资本经济全球化；第三次全球化浪潮是 5G 技术推动的数字经济全球化。

2019 年是 5G 产业进入全面商用的第一年，2019 年 1 月 10 日，中国工信部表示国家将会在若干城市发放 5G 临时牌照；6 月 6 日，中国工信部正式向中国电信、中国移动、中国联通、中国广电发放 5G 商用牌照，中国正式进入 5G 商用元年。具有超级连接能力的 5G 网络，将承载 10 亿个场所、50 亿个人、500 亿个物体的连接。通过数字驱动，把数字世界带给每个人、每个家庭、每个组织的万物互联世界已近在眼前。

当网络延时远低于人类的近百毫秒视觉感知延时的时候，网络世界任意两端的用户具有身临其境、天涯咫尺以及与世界零距离的体验。华为5G首席专家童文先生认为："5G技术的普及和全云化，将推动各行各业自身业务的提升，如制造业、运输/物流业、智慧城市领域等。"

2020年2月24日，华为在线上发布5G端到端全场景智慧化产品战略，开始了把数字世界带给每个人、每个家庭、每个组织的划时代历程。

5G时代带来的数字化智慧驱动力，有可能像蒸汽机、内燃机和电力技术应用推动第一次全球化浪潮，以及电子、计算机和信息技术推动第二次全球化浪潮一样，掀起第三次全球化浪潮。

如果第一次全球化浪潮的核心是英国，第二次全球化浪潮的核心是美国，那么第三次全球化浪潮的核心就是中国。

特朗普政府以及一些美国鹰派人士千方百计抗拒的就是这个时代的到来。而他们采取的急不可耐的阻挠方式，就是通过制裁华为来遏制中国掀起的这场第三次全球化浪潮。

第二次全球化浪潮和第三次全球化浪潮正在全球范围内，尤其是在中国经济领域剧烈地交织、激荡。这个百年未有之大变局正以迅雷不及掩耳之势震撼而来，在改变着全球地缘经济、地缘政治的同时，也改变着全球的产业生态，改变着全球的企业组织、企业形态、资本结构以及市场经济体系。

全球化、经济全球化、产业全球化、企业全球化的概念在中国还没有得到全面和彻底认知的时候，一个新的经济全球化、产业全球化、企业全球化的时代已经到来。未来 10 年，第三次全球化浪潮所带来的数字经济全球化、数字产业全球化、数字企业全球化会让我们很难与过去和今天的全球化现状联系起来，我们会忘却过去、忘却今天。在不知不觉中，我们已经开始新的数字经济全球化历程。

如果说第二次全球化浪潮形成了资本经济全球化的"产业链、价值链、供应链"这个丰富而复杂的全球化"三链关系"所构成的全球化产业生态，那么，第三次全球化浪潮将在这三个链条的基础上，通过融入"数字链和信息链"构成的数字经济，而变得更加扑朔迷离、更加激荡梦幻。也就是说，第三次全球化浪潮的产业生态将通过"产业链、价值链、供应链、数字链、信息链"之间的相互交融、相互冲突、相互颠覆而构成更加丰富和璀璨的全球化产业生态。

如何把握从三个链条到五个链条的运动规律，再造产业重组和整合体系以及企业的治理结构、组织模式、商业模式、盈利模式，成为中国产业、中国企业以及全球企业在新的全球化浪潮来临时面对的最大挑战和机遇。同样，全球企业也会因为这五个链条的关系，使第二次全球化浪潮期间形成的全球化企业生态得以重构。在 10 年或者 20 年之内，谁跟不上这样的步伐和节奏，谁将面临不是消失就是被超越、取代的命运。

中国企业错过了在第二次全球化浪潮期间成为全球化企业的机会，这是因为中国是发展中国家，过去几十年都是被动地融入全球化，毕竟中国真正意义上的全球化公司并不多。在第二次全球化浪潮中，在全球化企业的浩瀚星空里，中国的华为、复星、TCL、海尔、万向、联想、美的、吉利、如意、福耀等全球化企业寥若晨星，屈指可数……

在 21 世纪即将走过 20 年的时候，一个新的百年未有之变局已经出现，第三次全球化浪潮已经滚滚而来，和第二次全球化浪潮的末端紧紧地融合在一起。这个时候，不论你是一家创业企业还是一家已经存续了许多年的企业，不论你是一家高科技企业还是一家传统企业，如果你还停留在没有全球化意识、全球化观点、全球化视野和全球化战略的阶段，那么你的未来就不是错失机会那么简单了，而是有可能随时被全球化浪潮所淘汰。至少，你走不了多久，也走不了多远。

但是，新的挑战来了。你仅仅全球化还不够，如果你不是数字化的全球化，如果你没有跟随数字经济全球化的潮流，那么你也将会偏离这个世界的未来航向。

未来 10 年，走向全球的企业除了继续领先的华为，可能会是字节跳动、快手、滴滴出行、阿里巴巴、京东、百度、腾讯等企业。数字经济驱动的第三次全球化浪潮不外乎三个方向：

第一个方向是 5G 时代互联网产业本身的发展和全球化，包括 5G 时代基础设施企业、数字网络企业、硬件制造企业、软件开发企业、新材料企业、网上应用企业等；包括半导体、芯片制造、芯片设备、芯片设计、通信信息终端产品研发设计等。最有代表性的就是华为、联想、中兴、腾讯、百度、京东方等企业。

第二个方向是数字技术下沉，通过物联网、产业互联网，将云计算、大数据、人工智能、区块链深度融入传统产业，通过对传统产业的颠覆、改造、融合，将其发展成为产业互联网企业而走向全球，包括阿里巴巴、京东、小米等。在 4G 时代以前非常失落的中国联通、中国电信、中国网通有可能利用数字技术下沉的机会，渗透进入数字经济产业领域。

第三个方向就是传统产业企业通过数字化转型升级，进入物联网、产业互联网领域，同样通过云计算、大数据、人工智能、区块链这样的数字经济方式走向全球。

也许很多企业家会有疑问，华为、复星、万向、联想都是那么大的企业，它们走向全球，成为全球化企业是理所当然的事情，中国 90% 以上的企业都是中小型企业，它们有必要、有能力成为全球化企业吗？以我的实践经验来看，对于今天的中国企业而言，全球化不是一个僵化、死板的模式，全球化是一种思维、一种观念、一种视野、一个过程、一个永无止境的追求。全球化并不是要求每个企业都要到全球市场去大规模重组、并购、投资，然后驰骋世界资本市场，而是要看其能不能根据企业规模、所在行业以及公司愿景在全球范围内整合所需要的一切。企业不是局限在哪个国家、哪个地区的一员，而是全球这个多维空间中的一员。

而 5G 时代的开启，5G 时代所创造的世界空间零距离，为产业、企业、创业开创了一个新的数字化、全球化空间。

由此我可以做出一个预测，已经开始的第三次全球化浪潮将会是全球产业数字生态重构的全球化，是全球化企业进行企业数字化模式再造的全球化，更是中国企业数字化、全球化时代的开始，更是中国数字经济引领、驱动全球化的开始。

《第三次全球化浪潮》一书在全球范围内第一次梳理了三次全

球化浪潮的起源、内涵、进程和内在规律，分析了每一次全球化浪潮掀起的原因、特点和内容以及对世界经济的影响。遗憾的是，《第三次全球化浪潮》出版发行的时候，我还没有机会全面理解和深刻解读数字经济的系统知识，没有更准确地将数字经济与第三次全球化浪潮深度结合起来，好在本书可以帮助我弥补这个缺口。

本书将讨论三次全球化浪潮中波澜壮阔的由数字经济驱动的企业全球化浪潮和产业全球化浪潮，分析企业和产业在三次全球化浪潮中的形态、作用和意义。我会结合多年来参与全球并购、投资合作过程中观察的案例来解读企业在全球化中的角色以及如何成为一个全球化企业，尤其是给大家分享最近一年来我的一些思路转变，帮助中国中小企业甚至创业者一起探索中小企业全球化的方法，以及数字经济时代的企业全球化机会。

如果说第一次全球化浪潮中地缘政治通过殖民模式形成经济全球化，政府和非市场化企业起到了主导全球化的核心作用，那么第二次全球化浪潮中资本经济最大的特点就是靠企业作为载体来实现。阅读《第三次全球化浪潮》，对三次全球化浪潮进行系统梳理，对三次全球化浪潮的构成体系以及历史和现实成因进行理解，对我们读懂经济全球化的产业、金融、资本以及在全球范围内的微观操作具有很大意义。因为所有全球化浪潮的汹涌澎湃，都是通过作为载体的每一个企业和其从事的产业以及背后那些神秘的资本实现的。那么，在波涛汹涌的第三次全球化浪潮和第二次全球化浪潮诡异交替以及第三次全球化浪潮全面袭来的时候，数字经济产业和企业的全球化将会是什么样的场景呢？

在第二次全球化浪潮中取得巨大成功、获得巨大利益的发达国家的全球化企业已经全面展开应对第三次全球化浪潮的战略，这种应对是否成功，将取决于其自身的反应机制，未来10年这些企业是否还停留在全球著名企业的榜单上，需要时日去检验。在中国上海举办的第二届中国国际进口博览会上，我正好仔细观察了参展的世界著名企业的展台，发现两个比较明显的特征：第一，几乎所有的企业都在升级进入产业互联网、大数据、云计算和人工智能时代，推动企业的数字化转型；第二，几乎所有的企业都在针对中国市场打出"亲密无间"的中国概念。

对于中国企业来说，虽然经过几个阶段已经深深融入全球化浪潮中，但是中国经济的全球化并不等于中国企业的国际化和全球化，中国企业大多数都不是全球化企业，甚至很多企业家都不知道全球化为何物，也不知道全球化和自己的企业有什么关系。有的中国企业一开始就想要做成全球化企业，但是有的中国企业即使已经成为全球化企业，也没有搞清楚自己是什么样的全球化企业。当我深深置身于企业全球化这个巨大漩涡的时候，我也在为中国企业和企业家们对于全球化认识的缺失，感到深深的惭愧。这至少有九个原因：

第一，中国没有和发达国家同步进入工业化，中国的全球化是输入式全球化，从计划经济到市场经济都是输入的，都不是中国原创的。

第二，中国太大了，很多中国企业家觉得中国就是世界，做好中国企业甚至做好中国一个地区的企业已经了不起了，哪里还有激情远涉重洋、走向全球？

第三，在中国起主导作用的企业都是以央企为代表的国有企业，虽然曾经有过鼓励大家"走出去"的政策，但是并没有成为一个国家战略，即使有"一带一路"倡议，也不是从企业全球化的角度去思考的。

第四，中国在农耕文明时代曾经是万国来朝的经济政治文化强国，而且强大了千年。没有中断的中华文明继承了中华文化的精髓，但是同样也传承了封建时代封闭、保守的文化元素。

第五，公有制的局限：公有制的体制和世界主要发达国家的经济政治制度和社会治理模式有很大区别，制度性冲突影响了中国的全球化融合。

第六，语言障碍：强大的汉语言文化存在与英语语言交流的障碍，汉语难以成为世界流行的语言。

第七，文化局限：古老悠久的中国文化是中华民族的骄傲，但是中国文化所独具的地域特色对中国人的生活方式影响巨大，导致和西方文化、西方生活方式的融合存在比较大的障碍。

第八，国家政策与战略：由于自身特色，中国有自己的全球化方式，也就是"一带一路"倡议，这个由中国主导的全球化方式和发达国家主导的第二次全球化浪潮形成不一样的全球经济发展方式和经济秩序。

第九，专业人才：由于中国经济和中国企业的全球化程度不高，导致中国严重缺乏全球化的专业人才，包括企业家、技术专家、金融家、财务专家、税务专家、产业专家、律师等。

这九大原因阻碍了中国企业全球化进程。绝大多数人不懂得什么叫全球化，也不知道为什么要全球化，如果任其发展下去，中国企业是不可能成为世界级企业的。这是中国企业成为时代弄潮儿需要面对的最大挑战。如果第三次全球化浪潮覆盖全球的时候，三分之一以上的全球化企业不是中国企业或者中国自然人，中国经济将非常被动。

每一个发达乃至强大国家的企业界都是由全球化企业主导的。美国如此，日本如此，德国如此，甚至只有 800 多万人口的瑞士和只有 900 多万人口的以色列，都是因为有一批强大的全球化企业或者拥有全球性的科技创新成果，才使得国家成为经济和科技创新强国。

第三次全球化浪潮袭来的时候，我相信第二次全球化期间的全球化企业依然会继续其全球化步伐，它们不会因为没有第三次全球化浪潮时期的技术优势、市场优势而放弃对全球化的竞争。第二次全球化浪潮期间形成的全球化企业会积极拥抱第三次全球化浪潮带来的机遇和变革，重构企业的治理、组织和商业模式、盈利模式，努力成为第三次全球化浪潮的领跑者。

中国要从高速发展的国家走向高质量发展的国家，从站起来到富起来再到强起来，如果没有占很大比例的全球化企业，没有在全球产业分工中处于产业链、价值链、供应链高端的企业，国家经济是不可能强大的。

企业为什么要全球化呢？企业不是为了全球化而全球化，企业也不只是为了国家、为了情怀而全球化。你是一家村里的企业，你就只能挣一个村的钱；你是一家省里的企业，你就能挣一个省的钱；你是一家全国性企业，你就可以挣全国的钱；你要是一家全球化的企业，你就有机会挣全世界的钱。但是，企业全球化又没有那么简单，不是把企业产品卖到全世界就是全球化的企业了，全球化不仅是产品的全球化，更是要到全世界去挣最科学的钱、最有效率的钱、最有竞争力的钱。

让中国企业走向全球化，从完全的中国企业成为全球化企业，从被动的全球化到主动的全球化，同时，让中国成千上万的企业都成为全球化企业，这是一个艰难的过程。因为这些企业既没有这样的传统，也缺乏全球化的基本知识和理念。

企业的全球化是一门系统的科学，是一种价值观、一套战略，更是一种方法。美国企业的全球化和日本企业的全球化不是一回事，中国企业的全球化当然也有中国企业的全球化特征。遗憾的是，中国至今没有一所大学研究并设置这样的课程。

我们都知道华为，但是，如果不是中美冲突，不是美国强力制裁华为，不是任正非被迫多次从幕后走到前台来接受采访，让我们有机会走进华为的世界，我们真不知道，原来华为的全球化布局和战略已经到了连美国这个世界头号强国用国家力量来制裁都难以奏效的水平。但是，整个中国达到华为这样全球化水平的企业，几乎没有。我们为什么没有多几家像华为这样的企业呢？

以正常的经济发展速度，中国很快就要成为世界第一经济大国（很多经济学者认为从购买力的角度，中国已经是世界最大经济体）。但是，如果没有一批像华为、美的、TCL、联想、海尔、复星、福耀这样的全球化企业成为各行各业的领军企业，中国是不可能成为经济强国的，中国企业也没有能力去全世界赚钱。所以，树立企业全球化理念，打造、培养全球化企业是中国经济由大而强的必由之路，也是中国企业家和创业者的使命。

但是，当我们理解企业全球化的时候，又不可能把企业和产业、金融、市场体系、市场经济制度孤立起来。华为全球化的巨大成功和所遇到的艰难险阻就是一个典型案例。在第三次全球化浪潮与第二次全球化浪潮冲击融合的过程中，只有根据中国特色以及中国经济全球化的趋势和战略，主动设计中国企业全球化、产业全球化、金融全球化、市场经济制度全球化路径以及经济背后的全球化外交体系、全球化文明体系，构建既有顶层设计又有操作系统的符合人类文明发展潮流的人类命运共同体，真正担当起和世界人民一道走向全球化未来的使命和责任，才能真正让中华民族崛起于世界民族之林，让古老的中华文明和世界所有的伟大文明一起，共同奔向伟大而艰难的未来。

如果仅仅讨论第三次全球化浪潮中中国企业的全球化问题，实在太狭隘了。第三次全球化浪潮也不只是中国企业的全球化，我们更要看到，在第二次全球化浪潮中主导全球化的全球企业如何在应对第三次全球化浪潮冲击的同时继续保持全球化的领跑能力，同样需要关心和讨论有可能成为第三次全球化浪潮领跑者的中国如何能够让全球企业与中国的产业和企业融合、竞争，让中国成为全球企业角逐的全球化大舞台。我希望看到的场景不仅是中国企业的全球化，更希望看到全球企业的中国化或者全球企业的全球化。

新的问题来了，中国企业还没有成为第二次全球化浪潮时代的全球化企业，数字经济时代来了。数字经济时代的企业全球化和资本经济时代的企业全球化有着完全不一样的方法，如何应对呢？

本书就想结合我在中国资本市场 29 年的经验和超过 12 年的

全球化从业经验，以 5G 时代数字经济作为驱动力，讨论数字经济驱动的全球化浪潮时代的产业全球化、企业全球化发展趋势；讨论中国企业、中国产业在数字经济驱动的第三次全球化浪潮中的方向和路径；讨论全球企业与中国 5G 时代数字技术和数字经济的融合方法。希望通过这些讨论，能够探讨全球化企业的新动向，掀起中国企业的数字化和全球化浪潮，帮助更多企业学习数字化和全球化、理解数字化和全球化、一同走过数字化和全球化。同时也希望看到更多的全球企业进入中国市场，参与中国的市场机会，让中国更多的企业在全球经济的大海里，成为行业领袖、产业冠军，也希望看到中国有更多的企业家能够成为任正非、柳传志、李东生、郭广昌、张瑞敏、马云、曹德旺这样的全球化企业家。

目录

I

第一章

第三次全球化浪潮与数字经济重构

第一次全球化浪潮时期，人们对于产业的理解还是浅层次的，从蒸汽机发明到 20 世纪初，全球的主要产业还是以传统动力为核心的制造业，包括钢铁业、交通制造业、机器装备业、采掘业、化工业、纺织业、军工产业等。但是到了第一次全球化浪潮后期，即 19 世纪末 20 世纪初，由于电力技术的推动，美国、德国、日本纷纷强大起来，产业日趋丰富，产业链上下游关系更加清晰，产业的门类开始丰富起来，产业的细分市场也发展起来，这为第二次全球化浪潮奠定了技术和产业基础。

20 世纪中期第二次全球化浪潮开始的时候，由于战后经济高速发展，第一次全球化浪潮时期的主要产业获得了技术的进步和升级，增加了很多新的产业门类。基础设施建设产业获得大发展，推动了交通运输行业的飞跃，汽车、火车、飞机、轮船这些大型运输工具的制造成为巨大的产业，交通运输的发展带动了城市化高速发展，房地产、城市建设又兴旺起来，这带来建筑、建材、家庭消费产业的兴起。钢铁产业产品结构转型升级，向下游延伸出很多新的细分市场的需求，战争期间发展起来的军工产业和军工技术对民用产业和技术的发展起到了非常重要的作用。"一战"时期在战争中发明的不锈钢技术被大规模应用到了工业制造、建筑以及家庭用品中。从电力的应用到电子技术的应用，开发出来很多新的产业门类，比如家用电器，包括收音机、录音机、电视机、电冰箱、洗衣机等。纺织工业、服装服饰行业、食品工业、医药工业等成为第二次全球化浪潮时期的主要产业门类。

制造业的高速发展开创了发达国家经济繁荣的新时代，也把第二次全球化浪潮推到了最高峰。第二次全球化浪潮发展到后期，世界开始进入数字化时代，数字化的高速推进使半导体、通信信息科技的发展进入一个新阶段，就是 5G 通信形成的万物互联时代。5G 作为系列的数字技术生态，使第二次全球化浪潮时期酝酿的新的经济形态开始进入全面商业运用阶段，数字技术与经济的结合就是数字经济。通信和信息技术经过几十年的发展，到今天已经形成高水平数字技术生态，这个生态主要由通信信息基础设施、大数据存储和计算、互联网技术构成的传输方式和场景、全要素数字化融合四个层次构成。由于这些生态构建在一个全球零距离的虚拟空间之上，通过全球化的数字技术空间与全球化的产业链、价值链、供应链融合，形成数字经济驱动的全球化，所以，数字经济的起点就是第三次全球化浪潮的起点。

数字经济驱动的全球化和今天的第二次全球化浪潮完全不一样，数字经济将从理论和实现方式上改变我们对经济的认识和理解，改变经济学的教科书，改变很多经济学、管理学理论，还将改变全球生产力要素，重构全球生产关系，使数字经济成为全球经济的基础，并由此创建数字经济下的全球化秩序，创建数字经济时代的上层建筑和全球治理模式。

数字经济最终将重建全球物质文明并影响精神文明。

第一节　数字经济与数字经济产业

　　数字经济是一个全新的概念，是第三次全球化浪潮的基本形式。如果按照经济形态来理解，第一次全球化浪潮是殖民经济，第二次全球化浪潮是资本经济的话，那么第三次全球化浪潮就是数字经济。

　　关于数字经济，目前有多个版本的定义。中国的赛迪智库发布的《2019 中国数字经济发展指数白皮书》是这样定义的：“数字经济是以数据资源为重要生产要素，以现代信息网络为主要载体，以信息通信技术融合应用、全要素数字化转型为重要推动力，促进公平与效率更加统一的新经济形态。”百度百科的定义是：“数字经济也是一个信息和商务活动都数字化的全新的社会政治和经济系统。”

　　很显然，这两个关于数字经济的定义存在很大差异。我个人认为，数字经济作为一种全新的经济形态，在短时期内高速发展并带来很大的变化，改变着全球原有的产业链和价值链、供应链的关系。随着 5G 时代的开始，目前要有一个全新的、准确的定义还需要一定时间，因为很多经济行为和经济现象还没有开始。我在给一个全球性的数字经济共同体进行顶层设计的时候，也对数字经济概念进行了一次定义。我的定义是：“数字经济是以数字化知识和信息作为核心生产要素，以现代互联网作为载体，通过数字技术与经济深入而广泛的融合，改变社会经济发展方式，提高经济社会发展质量的经济形态。"最近我的朋友——清华大学新闻与传播学院教授崔保国先生和我一样，在疫情期间系统研究了数字经济，他也是研究分析了数字经济之后，将数字经济上升到一个很高的位置，并提出：数字经济是继农业经济、工业经济之后的又一个经济形态。

作为一个"50后"，我曾经产生过焦虑。我们这一代人经历了从计划经济到市场经济的改革历史，在我几十年的工作经历中，基本掌握了第二次全球化浪潮带来的关于市场经济、企业和资本金融的很多经验与知识，尤其难得的是我在德隆的经历，让我对资本经济时代中全球化产业链、价值链、供应链的关系以及金融在全球化进程中的作用、地位、价值都有了全面的了解。作为这个时代的专业人士，我曾经以为我是这个领域的优秀专家。尤其是德隆集团，这是活跃于20世纪90年代以及在21世纪初最活跃的中国民营企业。德隆集团借鉴美国创立的以资本为核心、以金融为杠杆的策略，通过行业分析和研究，对行业进行战略投资，通过战略并购、产业整合实现资本控制下的行业垄断，通过战略管理提升价值和盈利能力，由此创造资本市值的提升，从而使利益最大化。这是第二次全球化浪潮时期风靡全球的资本控制全球化模式。在全球范围内，把这个模式演绎到极致的是美国的通用电气公司（GE），通用电气公司前CEO杰克·韦尔奇（Jack Welch）也被称为世界CEO。德隆集团所创建的战略投资系统就是来自麦肯锡、科尔尼、罗兰·贝格这些世界级管理咨询机构带来的中国成果。

但是，面对从 20 世纪 80 年代传到中国来的台式电脑，到 20 世纪 90 年代中期开始的互联网，再到互联网新媒体、电子商务、新零售等产业形态，习惯于传统产业思维的专业人士找不到互联网的感觉，互联网和资本的关系成为这个时代与传统产业没有多少关联的另一大产业形态。早期的王志东、张朝阳、丁磊、柳传志，后期的马云、马化腾、李彦宏、雷军、王兴等成为这个时代的英雄，我以为我们真的成为被淘汰的一代。就像"90 后"的互联网精英一样，他们认为"80 后"从事的互联网行业已经是古典互联网行业。从最早的互联网网站到门户网，再到新媒体，互联网主要是经济活动的工具，冲击的产业也主要是传播媒体。到社交网络时代，微信开始改变社会交往，社群经济诞生，这个阶段产生了微商经营模式，社群经营还是一种难以变现的模式。

电子商务推动的新零售开始冲击传统的商业零售模式，冲击物流模式，新零售进入人工智能早期阶段。全球数字经济还是美国作为霸主，遥遥领先。原因还是因为数字经济从硬件到软件，从生产到应用都是从美国开始的，美国的硅谷成为数字经济的发祥地。我们通过一些数据可以看到目前全球数字经济的一些基本状况。

根据中国信息通信研究院发布的《全球数字经济新图景（2019年）——加速腾飞　重塑增长》，全球数字经济已经在国民经济中占据核心地位。2018 年，世界主要发达国家和大型发展中国家数字经济规模已经超过 30.2 万亿美元，占 GDP 的比重达 40.3%。全球数字经济高速增长，成为应对第二次全球化浪潮时期经济体系内经济下行的关键，全年有 38 个国家的数字经济增长快于 GDP 增长。在全球数字经济结构优化过程中，传统产业数字化转型成为主导，在发达国家，传统产业数字化比重占数字经济的比重超过 50%。提出工业 4.0 战略计划的德国，产业数字化占数字经济的比重达到 90%。美国、英国、加拿大等 12 个国家产业数字化占数字化的比重也超过 80%。从总体规模来看，2018 年，美国数字经济产业化规模继续领先全球，为 1.5 万亿美元；中国、日本、德国、韩国、英国、法国、印度的数字经济产业化规模也都超过 1000 亿美元。中国数字经济产业化规模为 9689 亿美元，排名世界第二。在产业数字化规模方面，美国也是全球的领头羊，其在 2018 年的总规模为 108172 亿美元；中国排名第二，为 37600 亿美元。

总的来看，发达国家数字经济的发展依然领先于发展中国家，在人类发展指数评估的 47 个国家中，挪威、瑞士、澳大利亚、爱尔兰、德国、瑞典、新加坡、荷兰、丹麦、加拿大、美国、英国、芬兰、新西兰、比利时、日本、奥地利、卢森堡、韩国、法国等 20 个国家被列为发达国家。这 20 个发达国家的数字经济规模达到 22.5 万亿美元，而另外 27 个国家的数字经济规模仅为 7.7 万亿美元。发达国家的数字经济规模是发展中国家的 2.9 倍。发达国家的数字经济占 GDP 的比重已达 50% 以上，而发展中国家数字经济的 GDP 占比仅为 25.7%。但是从数字经济发展增速来看，2018 年发展中国家的数字经济增速达到 12.9%，而发达国家的数字经济增速只有 8.0%。

如果说在 5G 时代以前，数字经济在全球的发展依然延续着强者恒强的规律，那么 5G 时代之后，中国有可能作为一个发展中国家，实现数字经济全球化的一次华丽转身和一次强大超越。

我之所以认为 5G 可以成为中国在完成第二次全球化浪潮和第三次全球化浪潮的交替之后，通过数字经济掀起第三次全球化浪潮的转折点，主要基于以下几个原因：

第一，中国的华为公司是全球 5G 独立组网的标准提供者之一。

中国作为 5G 标准提供者之一，成为 5G 时代最多的专利拥有者，共有 1970 项专利，占 5G 专利总数的 17%。作为 5G 标准提供者，中国的公司已经从 2G 时代的零参与，发展到 3G、4G 时代的追随者，再到全球 5G 规则的制定者之一。华为可以成为中国 5G 的发动机，也成为中国数字经济新一轮发展的发动机。

第二，5G 和 4G 以前的通信信息行业有本质区别。

5G 网络和之前的网络相比具有高速率、低延时、多连接、多应用的功能。5G 将承载 10 亿个场所、50 亿个人、500 亿个物体的连接，可以把数字世界连接到每个人、每个家庭和每个组织。5G 可以给用户带来极致的体验，会让更多的人参与其中。5G 带来与世界零距离的用户体验，人与人的视觉感知时间为 100 毫秒左右，相当于十分之一秒，而 5G 技术的低延时可以远远低于百毫秒，使得世界任意两端之间的感知距离为零。端到端的网络切片技术将实现 5G 技术的全行业数字化转型和应用，有利于全云化、数字化、数字转型，有利于人工智能的全面发展。因此，5G 被称为"万物连接的原生平台，是构建智能世界的基石"。

第三，中国是世界最大的数字经济生产制造大国。

根据统计，在 ICT（信息与通信技术）服务业方面，最领先的国家还是美国，其产业规模为 1.3 万亿美元；中国第二，为 4243 亿美元。但是在全球 ICT 制造领域，中国 ICT 制造规模为全球第一，为 5446 亿美元；美国仅为 2155 亿美元。这个全球最大的制造能力为 5G 时代数字经济的全面应用打下了很好的物理基础。

第四，中国是全球最大的制造大国。

中国拥有全球最大的制造基地、最大的供应链体系。虽然在价值链体系中，中国还处在中下游水平，但是，数字经济将有机会使中国的价值链获得全面提升。同时，在万物互联时代，中国的所有制造业实现数字化转型和产业互联网高速发展之后，中国将大大缩小和美国数字经济的差距，甚至超越美国成为世界第一数字经济强国。

第五，数字技术从量的积累到质的变化。

有专业人士在和我讨论数字经济的时候，认为 4G 和 5G 没有本质区别，5G 怎么就变成了数字经济时代的分水岭呢？

我认为，这个问题的核心不在于 5G 比 4G 强多少，而在于 20 多年来数字技术的综合积累。早期的互联网，从窄带到宽带，完成了技术接入之后，装上服务器，搞一堆系统集成设备就可以建一个网站，多购置一些服务器，增强服务器的功能，就可以创建门户网站。但是云计算出现了，大数据技术出现了，算力增强、算法丰富之后，人工智能出现了，互联网基础设施完善了，各种应用场景丰富了，各种感应技术、感知技术、数字分析技术提高了。到了 5G 时代，数字技术的综合应用能力将大大增强，数字技术对经济的影响和渗透能力更加强大，资本经济时代的产品、技术、质量、品牌、企业组织、产业组织进一步发展，而正好中国已经拥有全球最庞大的产业体系。当这些产业体系和 5G 时代的数字技术深度融合之后，必将快速创造出巨大的、全球化的数字经济形态，从而影响全球。

5G 时代开始，第二次全球化浪潮和第三次全球化浪潮开始激荡，开始颠覆，开始融合，开始转化。我看到了新生的春天。5G 诞生之后，数字经济时代的大数据、云计算、物联网、人工智能、区块链本身能够带来巨大的数字产业，数字经济下沉的产业化、产业经济的数字化转型都需要数字与产业的全面打通。在这个领域我看到了全新的历史性机遇。我认为，4G 与 5G 是数字经济的分水岭。4G 时代以前数字经济产生并逐渐发展到初级阶段。数字经济走过了门户网站、社交平台、互联网媒体、电子游戏阶段，发展到信息与通信技术阶段，进入消费互联网、产品互联网、服务互联网时代。5G 的诞生，意味着数字经济发展到了高级阶段，数字技术将通过万物互联，全面、广泛、深入地与产品、技术、品牌、生产、制造、加工、科研、企业、产业进行融合，这种融合加上全球化的功能，形成了强大的数字经济形态，为人类社会和人类文明揭开了一个全新的历史篇章。以前所有的互联网企业形态、产业形态，包括美国的亚马逊、微软，中国的阿里巴巴、百度、腾讯、京东、美团、字节跳动等，都属于数字经济在初级阶段的企业形态。

按照大家公认的理解，我认为数字经济同样会催生两大产业体系，即数字产业和数字金融。数字产业主要是指数字技术和产业的结合，数字金融主要是数字货币和数字资产、数字资本的融通。数字经济也会有三种表现形式，第一种是数字技术自身的一个独立的产业门类，这个门类就叫数字技术产业。第二种就是数字经济产业的互联网技术、物联网技术、大数据技术、云计算技术、人工智能技术、区块链技术，这些技术会对今天的整个经济、政治、社会、文化、生态、军事甚至每一个领域带来影响和改变，就是人们总结的"4G 改变生活，5G 改变社会"。这些技术手段会渗透到经济、产业、企业、技术、产品等每一个细节，通过下沉，构成对现有所有经济生活和经济秩序的改变，由此产生以数字经济为核心的产业生态。第三种就是传统产业的数字化转型。由于数字时代的时空感知、链接、数据和计算技术的发展与应用被不断压缩和虚拟化，使得数字经济从一开始就处在全球范围的零距离时代。5G 的基础设施是全球化的，基站标准是全球化的，数据来源是全球化的，万物互联的所有终端之间的连接也是全球化的，物联网所连接的人与物也是全球化的，人工智能接受的数据和反馈出来的数据驱动也是全球化的，这必然导致构成数字经济的全要素一开始就是全球化的全要素。对应下来，数字经济、数字产业、产业数字化这三个方面同时起步于全球化的起点。数字金融也包括数字货币、数字银行。中国已经开始进行主权数字货币的区域化实验。数字经济发展过程中，数字已经作为经济要素与土地、劳动力、资本、知识产权、货币一样参与经济活动，参与分配。数字货币的发行、结算、存贷、流通、交易会在经济活动中出现得越来越频繁；数字资产的形成、计价、交易、运营、分配以及数字资产与资本之间的转换也会迅速出现。数字银行、数字投资银行也将会成为数字货币、资产、资本的配置服务机构。同样，数字经济时代也将会出现相应的企业形态、企业组织、产业形态、产业组织等非常丰富的新物种。

第二节　数字经济对各行各业的影响

5G 时代将是数字技术全面融入产业经济的时代，如果 4G 对产业经济的影响主要局限在传媒、零售、服务、文化娱乐这些产业的话，5G 将会从 B 端到 C 端进行全面融合，将会在各行各业从产品、技术、品牌、企业、资本、企业组织到产业体系进行由浅入深的全面融合。通过这样的融合就会诞生一个新的互联网产业生态，这就是产业互联网时代。在这个时代，消费互联网已经走到发展的尽头，消费互联网所形成的巨大的公域流量会被各个产业互联网分化，分散的私域流量会被大数据精准地分配到各种产业互联网平台，推进各行各业产业互联网的重构。

中国 2017 年版的《国民经济行业分类》共有 20 个门类、97 个大类、473 个中类、1380 个小类。按照门类来说，包括：农、林、牧、渔业；采矿业；制造业；电力、热力、燃气及水生产和供应业；建筑业；批发和零售业；交通运输、仓储和邮政业；住宿和餐饮业；信息传输、软件和信息技术服务业；金融业；房地产业；租赁和商务服务业；科学研究和技术服务业；水利、环境和公共设施管理业；居民服务、修理和其他服务业；教育；卫生和社会工作；文化、体育和娱乐业；公共管理、社会保障和社会组织；国际组织。按照这样一个行业门类划分，第三次全球化浪潮期间，以 5G 为核心的数字经济一个最大的特点就是 5G 的技术和应用会渗透到 20 个门类中的每一个大类、中类和小类，再从每一个小类渗透到每一个产品、每一个服务、每一个企业，就像电力和空气一样。数字技术带来的万物互联以及大数据、云计算、物联网、人工智能、区块链技术的应用不仅会全面渗透到每一个门类、每一个企业，还包括每一个人。然后，每一个载体和数字技术的全场景应用会产生各种各样的改变、颠覆、调整、转换、升级、融合，同时，还会把纵向的关系进行横向以及纵横交错的整合，由此衍生出各种新物种、新生态、新行业门类与细分。除此之外，由于这些场景、应用、生态在全世界范围又存在着零距离这样的空间关系，使得 5G 这些数字技术和全球所有企业、产品、技术、行业同步发生关联，这将出现与第二次全球化浪潮时期完全不一样的产业形式和全球化联系。

第一，在 4G 时代的农、林、牧、渔业领域，农业数字经济发展缓慢，成为数字经济发展的短板。2018 年以前，绝大多数国家在农业数字经济发展中所占的比重低于 10%。但是在 5G 时代，智慧农业就会改变传统农业的育种，带来新的种植养殖模式，比如种植和养殖的智慧化管理、种养殖产业的场景追溯、土壤修复、无人机播种、机器人耕作与收获、大气环境监测、气候变化的大数据管理、农业产业互联网等。

对于中国来说，5G 时代的农业数字经济更是一个巨大的突破机会，因为中国农业产业化的起点低。过去 40 多年中国的改革开放牺牲了农业经济的发展，而把发展重心放在了工业化和城市化上。中国从 2018 年开始推进乡村振兴战略，将土地"三权分置"改革作为农业产业化最大的动力，只有农村土地高度集约，才会实现农业产业化，才有机会大规模推进农业数字化进程，使中国农业产业化和数字化同步推进。几乎所有通过土壤和水体产出的种植业、养殖业产品，都有机会通过数字技术，从品种繁育、种植养殖模式、生产加工、品牌、产品技术、产品品质、产品包装、产品标准、各种物流到消费终端全面打通，形成产业链最上游到消费者之间的无障碍互动。我们以内蒙古的葵花产业为例，葵花产业是内蒙古河套平原的优势种植产业，仅仅在五原县就有 120 多万亩耕地用于葵花种植。但是，由于土地资源的分散经营，葵花产业在种植、加工、销售领域，产业链与行业价值链严重倒挂。处在种植环节最重要地位的土地要素、劳动力要素都很难赚钱，种子生产、农药化肥、农业机具、销售贸易都不难赚钱，这使得产业分配极其不公平，也使得县域经济长期处于财政收支严重依靠转移支付的情况。

根据这个现象，我们提出将土地进行集约利用，形成规模化的种植。同时，利用产业互联网模式，将土地运营、生产资料、产品品牌、市场销售、消费者体验与大数据、人工智能技术结合，并对产业上游、中游、下游进行垂直整合与深度链接，这样就可以重构产业链，再造产业关系，重组产业价值和分配，把产业价值上移到生产加工地，大量产业税收和投资也会转移到产地，这就会改变价值链分布，使原产地经济实力增强、农民增收，整体推动了乡村振兴战略的实施。我们初步测算，按照我们提供的思路，五原县每年的财政收入可以增加 5 亿元以上，超过既有的全县财政收入总额。

数字经济和乡村振兴战略的深度结合成为中国"三农"的新发展方向。这个领域的数字化潜力非常巨大，甚至可以彻底解决中国种植业、养殖业、食品工业的所有问题。农业产业领域出现内容非常丰富的产业互联网平台，有的以种植业产业化作为产业互联网生态，有的以养殖业作为产业互联网形态，有的将会以综合性乡村振兴作为产业互联网形态。

农业领域的产业互联网将彻底重构第一、第二、第三产业的关系，通过大数据、云计算、人工智能、AR、VR、区块链技术的综合应用，产业链上的育种、土地管理、耕作管理、田间管理、农业机具使用、作物收获、加工、物流、销售等环节被彻底打通，大大提高了效率，提高了产品精准度和品质，降低了成本，提高了食品安全率。

第二，在采矿业这个领域，从勘探到矿区建设、矿产开采技术、开采机器设备、开采作业模式、矿产品物流都可以和大数据、人工智能机器人、物联网结合；智能勘探、机器人开采、机器人维护、智能选矿、远程监控等都会大大降低劳动强度，提高勘探水平、开采效率。通过全球化产业互联网，完全可以按照产业链下游对矿产品的需求进行直接链接，改变采矿业的行业生态。

第三，制造业这个门类是第二次全球化浪潮时期的主要产业，制造业的全球化造就了中国制造的全球能力，制造业和数字经济之间的关联，虽然没有零售业那么直接，但是，制造业受到的数字经济的冲击及其自身的改变非常巨大。过去由制造作为主导的企业，可能会被数字经济模式主导，比如自行车行业，除了高端自行车之外，"共享单车"这种数字经济业态就改变了自行车制造商的行业地位。产品的智能化、制造方式的智能化、制造工具的智能化、制造主体在行业中的地位、制造集群与配套之间的物联网都会在数字经济的发展中产生变化。云计算、大数据、人工智能等先进技术带动制造业集中监控、预测运维、质量优化，这将大规模驱动工业互联网平台的高速发展。华为打造的鸿蒙汽车智慧生态就会成为智能网联汽车最重要的颠覆力量，由此改变全球汽车的设计、制造、价值分配、应用功能、制造工艺等所有内容。智能制造将彻底改变资本经济时代的制造体系。受行业局限和影响，包括脱胎于中国传统行政管理体制的行业管理体系，在工业领域、制造业领域对产业互联网的理解都是工业互联网。这样的概念开始都来自国外，英文中工业互联网和产业互联网是同一个词，都是"Industrial Internet"。但是在中文中，工业互联网和产业互联网完全是两个概念，工业只是产业领域的一部分，产业包括农业产业、工业产业、服务业。即使是工业企业，要打造的产业互联网也会超出工业的范畴。打造以工业企业为主体的产业互联网需要把工业上下游的原材料、技术和设计供应商、配套服务合作企业、市场客户、金融服务、物流服务、信息服务等全场景全要素整合到产业互联网平台，这同样远远超过了工业互联网的范畴。

第四，在电力、热力、燃气及水生产和供应业，发电设备、供电设备、输变电设备实现了在线监测、智慧电网、智慧发电，整个电力系统已经和数字经济深度融合，而在所有照明系统，万物互联所带来的产业互联网会把智慧照明从公共系统带到家庭系统，由此带来全面的改变。热力系统也是未来智慧城市的重要内容，热资源的生产、制造、供应、监测、安全维护、检修，都已经开始全面融入智慧城市的管理。水源地保护、水质监测、水的生产、水的供应和管网智慧化也会在 5G 时代得到升级。这个行业同样可以把生产制造部门、社会服务部门以及每个 B 端用户、C 端用户通过产业互联网生态进行重构，由此产生电力、热力、燃气、水的生产制造等多行业产业互联网。

第五，建筑业是古老而传统的产业，工业革命开始之前就已经有了建筑这个行业。从古到今，建筑业都在建筑设计、建筑功法、建筑材料、施工安全、建筑效率、建筑机械和设备等领域不断变革和升级。中国基本成为全球最大的建筑大国，中国的建筑企业也是全球最大的建筑企业，中国建筑企业的全球化程度也是中国企业中最高的。利用大数据、人工智能进行建筑设计和开发建筑软件，采用 VR、AR 手段进行创意设计，已经为建筑设计大大提高了效率；建筑材料的智慧化生产加工，物流与产业互联网，建筑功法的智慧化，建筑机械设备的人工智能应用、无人化应用、智能机器人的应用，这些方面对建筑行业的改变将超过以往任何时候。

第六，批发和零售这个行业已经被 4G 时代互联网带来的新零售冲击得七零八落了，数字经济时代将再次给批发零售行业带来飓风一样的颠覆和冲击，甚至有可能让这个门类消失。传统的批发零售业依靠中间商赚差价的行业模式已经在电子商务新零售的冲击下改变了行业生态，曾经的国美、苏宁两大家用电器的商场模式已经转型为线上线下融合的新零售模式，阿里巴巴、京东、拼多多的崛起已经让沃尔玛这样的零售巨头在中国的市场份额严重下降。产业互联带来的大数据、人工智能、区块链技术会让新零售成为"老零售"，万物互联的作用会让所有在线的消费者提出自己对消费品的精准需求，数字经济时代的各项技术带来的消费场景会把传统产业从设计、生产、物流、销售、消费点这一流程转为需求、数字化、设计、生产、物流、支付、消费这样一个逆向流程。零售行业应用互联网的程度已经很高了，零售行业因为互联网的重构，已经发生了很大的变化。但是，由于 5G 时代的到来和产业互联网的崛起，互联网时代的零售业巨头，包括阿里巴巴、京东、美团、苏宁易购等都会遭遇发展的瓶颈。在这些平台上可能会脱胎出一批新的产业互联网企业，但这些昔日的行业巨头却难以否定自己，完成华丽转身。

第七，交通运输、仓储和邮政业。数字经济在这个领域的渗透率和渗透价值非常高。首先就是物联网，所有交通运输领域的物件和人之间，都将被数字世界连接成为一个即时交互的整体，大数据和人工智能可以改变整个交通运输行业的规则和规律。交通运输工具包括飞机、汽车、轮船、列车以及各种出行工具，通过交通运输工具可以实现人和物的流动，这个流动包含了全球的流动系统。这个行业门类对全球化的贡献巨大，是经济全球化、产业全球化、企业全球化甚至所有全球化的基础。第一次全球化浪潮期间，从东方国家到西方国家的时间是几个月；第二次全球化浪潮期间，东西方国家之间的交通时间缩短为十几个小时；第三次全球化浪潮期间的虚拟空间将全球距离变为零，国家之间的交通时间有可能提升到几个小时。5G时代开始，智慧城市和这个行业密切相关，同时，城市出行、城市物流、城际出行、跨境出行等都会因为数字经济的驱动而被彻底颠覆。

第八，住宿和餐饮业。这个行业的数字化程度已经很高了，以携程为代表的互联网平台几乎覆盖了中国的所有酒店，而很多创新的细分市场的酒店和住宿场所通过互联网实现了深度融合。5G时代开始之后，大数据、VR、AR等通过人工智能，会带来从B端到C端，再从C端到C端的更多融合，创造更加丰富的应用场景。中国的餐饮业与数字化融合最典型的应用就是美团网，消费者通过美团网构建的应用场景订位、点菜，或者选择外卖模式，这改变了很多人的就餐习惯，外卖产生的销售收入在餐饮企业营业收入中的比重越来越大。通过互联网形成的大数据给消费者和经营者都带来颠覆性影响。5G时代开始之后，不管是餐饮企业还是互联网公司，其经营方式、商业模式又面临一次数字化升级。

第九，信息传输、软件和信息技术服务。这个门类是数字经济产业本身。这个行业已经具有非常巨大的产业规模，包括信息传输设备、零部件、材料、软件的设计与应用、信息技术服务等细分行业。到了5G时代，数字经济本身面临升级，这个升级首先会带来全球性数字经济基础设施投资，5G技术的应用需要的基站密度远远高于4G时期的基站密度，基站、通信和信息传输设备的升级，连接设备的升级，应用终端的升级以及应用场景的丰富，再加上互联网与产业的融合带来的数字化产业和产业的数字化，都会让这个行业门类再次提高发展速度。云计算的功能会更加强大，大数据的应用会更加广泛，产业互联网的影响会更加深入，人工智能的技术会更加进步，远程交通、远程医疗、远程监测、远程教育等都会有很大改变。在这个行业领域，最大的机会就是提高大数据、云计算、人工智能、区块链领域软件和硬件的能力，重视对人才的发掘、培养，在各行各业打造产业互联网平台这个大趋势到来之际，找到市场和业务的机会。

第十，金融业。数字时代催生出来的一个金融概念就是金融科技，即金融与大数据、人工智能高度融合，改变传统的金融生态，尤其是改变金融零售业态。阿里巴巴的支付宝、腾讯的微信支付是数字经济与金融结合得最成功的模板，这两个产品生态改变了传统金融零售产品的经营主体，改变了支付方式，改变了结算方式，提高了支付效率，便捷了消费者的生活，也颠覆了传统的金融零售商业模式和盈利模式。金融科技仅仅是数字经济在初级阶段的产物，5G 时代有可能给金融服务领域带来更大的改变和颠覆，金融的机构服务模式有可能快速被改变，银行对贷款客户的数字化管理，会加深银企之间的合作关系，通过大数据、人工智能会减少信贷程序，加速信贷资金流动，提高信贷效率，降低信贷风险。在资本市场领域，数字化场景会帮助减少尽职调查的程序，改变投资、融资、并购、重组的交易生态，第二次全球化浪潮时期形成的投资银行业务模式也将被颠覆。投资、融资、重组、并购、资产管理、财富管理都是第二次全球化浪潮时期资本经济最核心的经济模式，摩根大通、摩根士丹利、高盛、凯雷、黑石、贝莱德、KKR 等投资和资产管理机构长期以来充当了推动第二次全球化浪潮的主要角色。数字化时代巨大的透明度和人工替代能力，有可能彻底改变资本的作用、价值以及资本运行方式，数字经济时代的资本运营模式必然诞生。我在德隆工作时研究开发了金融混业平台服务，其基本方式就是通过线下的客户经理去开发规模化企业，然后综合分析企业的金融需求，根据企业产业链和价值链的深度来挖掘企业对所有金融产品的潜在需求，然后根据企业的需求设计综合服务产品，给企业提供综合金融服务，这些金融机构包括银行、信托、保险、金融租赁、供应链金融、支付结算等。数字经济时代，大量的基础工作完全可以通过大数据、人工智能完成，通过产业互联网就可以给企业提供高水平、高效率、低风险的金融服务。

区块链带来的分布式商业生态的变化，将会使数字货币成为新的支付媒介，国家也会出现主权数字货币用于国家数字经济的重要手段。5G 时代的数字技术将会让金融科技失去意义，数字经济时代必将出现数字金融形态，数字金融与数字产业构成数字经济的总和。数字金融同样分为数字货币金融和数字资产或数字资本金融两大体系。和资本经济驱动的全球化时代所不同的是，数字技术本身会成为市场要素之一，和土地、劳动力、知识产权、货币等要素一起，参与生产经营，参与经营活动，创造经济价值，获得要素分配机会。数字技术经常会扮演资本所扮演的角色，同时在某些方面，超越资本的作用、价值和地位。

数字资产会作为一种独立的金融要素，独立于企业、产业、资本之外，形成特殊的资产形态。数字资产的形成、价值发现、价值创造、价值衍生将形成独立的发行、结算、交易、信用体系，形成独立、分布式金融形态。

随着数字技术对产业的改造，数字经济时代的产业形态发生巨大变化，原有的传统金融平台、金融工具、金融产品必然发生颠覆性变化。平安银行前行长邵平先生发表的文章指出：数字经济时代银行业进入 3.0 时代。1.0 时代是通过抵押物申请信用贷款；2.0 时代是供应链金融；3.0 时代是以大数据作为基础，以区块链技术作为信用，以人工智能技术作为操作体系的生存方式。

我们以机构客户为例，在产业互联网时代，银行的客户主体不是一个个简单的企业，银行也不是单纯给企业提供贷款，而是根据产业互联网生态所产生的所有数据来给企业提供资金支持。金融机构的资金接口和产业互联网的资金接口是打通的，资金的供应是根据产业互联网以及在产业互联网生态上的每个载体的资金需求即时供给、即时回收的。金融机构的信托、信贷、租赁、直接投资、保险、投资银行边界渐渐消失，传统金融市场的分业经营、分业监管被打破，金融服务体现为短期、快速、高频、低成本交易，资本和负债的平衡都是通过人工智能来实现的。

现有的按照金融产品边界定义的金融平台，包括银行、信托投资、保险、金融租赁、证券公司、直接投资等很多平台将会消亡。

第十一，房地产业。房地产这个行业在过去 20 年对中国经济作出了巨大贡献。城市化最主要的功能就是扩大了土地的使用、开发面积，同时使得单位面积的土地价格大幅度提高，从而形成财富的巨大增长。这个价值逻辑不是简单形成的，而是随着城市化带动产业化，并将各种产业导入城市创造的。在 4G 时代之前，房地产在数字化方面看似影响不大，中国最大的房地产开发商，包括恒大、碧桂园、万科等企业在数字化方面并没有多少建树，最多在房地产销售、二手房交易这些领域有一定的渗透。但是5G时代就不一样了，大数据会对房地产项目的投资、规划设计、住房产品销售产生影响，VR、AR对于房地产设计、住房装修、家居、家纺这些房地产的延伸产业都会有很大的影响。房地产商在房屋设计、社区规划方面导入大量的人工智能，会促进新时代的发展。房地产商的数字化转型会往关注消费者对于住房的需求和功能配置的方向深度发展，根据消费者对于住房的智慧化需求进行量身定制。消费者可以根据住房的智慧化程度选择消费标准，这就为房地产公司提供了差异化的竞争机会。大型房地产商更有可能转型升级到数字化领域，实现线下的房地产开发向房地产后服务市场的转变。

第十二，租赁和商务服务业。这个行业在5G时代之前，最多就是通过企业网站和行业互联网提供专业服务，各种商务服务由于行业的特殊性，其在互联网的渗透程度也不是太高。5G时代对于租赁行业来说，是一个巨大的数字化转型机会。物联网通过出租方和承租方，将租赁物连接起来，形成了万物互联关系，这将催生巨大的租赁产业互联网平台，改变了传统租赁业务模式，提高了租赁业务的精准度和经营效率。另外，大规模生产的人工智能设备将会给租赁业务带来巨大的市场，智能机器人在各行各业的研发生产及应用，会制造出巨大的智能机器人的租赁产业，而通过物联网和智能机器人的连接，又会诞生出新的商业模式。在5G时代，存在很多传统服务模式消失的可能，数字化渗透使商务活动的信息不对称，其经营模式大量被改变，包括各种展览展示、会展经济都会与数字经济全面融合。展览展示的线上和线下融合成为新的商业模式。

第十三，科学研究和技术服务业。数字经济时代，万物互联会有更多机会在全球性整合和组织科研机构、科研人才、科研资源，开展科研合作，减少科研盲区，提高科研效率。同样，大数据和人工智能会大大提高科研成果的准确性，大数据和人工智能也会非常有效地提高科研速度和效率，缩短科研项目的周期。尤其是算力的提高和算法的丰富，使得用传统研究方式不可能实现的或者需要花很长时间才能得出的结果和数据，在5G时代很快就会得出结果。同时，数字经济时代又对科学研究本身提出很多新的需求，5G时代也会让云计算、大数据、物联网、人工智能、区块链成为新的科研工具，成为我们进入更深领域研究的手段，也有利于我们对自然、经济、社会各领域产生更多的科研需求。技术服务是通过各种商业行为将科学技术成果转化为应用场景和应用成果的方法，通过数字经济时代的大数据加速对于技术成果的转化，创造更大的更有效的技术服务市场，可以使各种技术成果形成的知识产权更加快速、精准地进入应用市场。数字经济具有把技术和知识产权场景化的功能，可以通过万物互联，在大数据、人工智能、视频、AR、VR这些技术手段的帮助，简单、形象地解读技术成果。

除了以上13个门类之外，居民服务、修理和其他服务业可以通过产业互联网创建全国性互联场景，因为这些行业最大的特点就是体量小、行业分散、标准化程度不高，通过万物互联的产业互联网和大数据，就可以使分散行业的集中度得到大幅提高。产业互联网是解决这类行业分散痛点的最好平台。教育作为一个独立的行业门类是数字经济时代最大的受益行业之一。在线教育在4G时代已经高度发达，但是在5G时代，由于高传输速度、低延时以及万物互联的特点，教育的传播方式和传播场景将得到颠覆性的变革。线上教育会彻底改变传统的教育模式，知识系统的形成、知识内容的呈现方式与传播方式、线上线下结合的方式使教育行业成为数字经济时代非常巨大的产业。卫生和社会工作在门类划分中是一个大型门类，这个领域主要是指公共卫生，并且在全球新型冠状病毒流行期间，创造了丰富的应用场景。过去对人员的流动管控是非常令人头痛的，这次，中国通过大数据技术，对所有人员的出行数据进行采集、挖掘、分析，然后提供给管理机构，大大提高了对人员的跟踪效率。文化、体育和娱乐业也是在 5G 时代拥有巨大机会的行业，文化、体育比赛的传播和转播方式与电视时代的转播方式相比，会有很大的改变，大数据分析与 AR、VR的全面应用，会给消费者提供极致的体验。同时，各种文化形式、文化内容都会被大数据、人工智能重新整合和编辑，通过各种传送方式呈现出来，创造巨大的文化价值。视频技术的发达以及手机终端拍摄技术、传输技术的提高，使各种娱乐活动更加丰富多彩，会形成全民参与的数字化时代的娱乐效果。游戏娱乐，尤其是线上虚拟世界的游戏设计、创意、场景会有更多沉浸式和渲染式的呈现，可以扩大娱乐的行业范围，提供更大的想象空间。在非产业部门，整个社会治理，包括数字政务、数字警务、数字安全、数字事务、数字外交、数字化社会治理都会与 5G 时代产生深刻的联系。

　　以上还仅仅是从行业门类的角度对 5G 时代进行的分析。每一个大的门类，细分到中等门类，再细分到多个小的门类，会有数不清的融合方式。除了按照行业分类发生各种融合之外，每个门类的承载主体、承载物体之间纵横交错的联系和融合，就更难以描述了。

这就是数字世界带来的第三次全球化浪潮的核心内容。

第三节　数字经济与全球化

我在前面总结过，第一次全球化浪潮是殖民经济的全球化，第二次全球化浪潮是资本经济的全球化，第三次全球化浪潮是数字经济的全球化。由于数字经济的特征是创建了一个全球化的虚拟世界，把全球化的虚拟世界和全球化的实体世界有机连接起来了，因此可以断定，数字经济引领的第三次全球化浪潮将会使全球化速度更快，全球化程度更深，全球化壁垒更少，全球化覆盖面积更广。原有的以资本控制的全球化产业链、价值链、供应链被数字化重构之后，增加了一个信息链和数字链。

第一，数字经济时代的全球化速度。按照5G技术逻辑，全球任意两个设备之间端对端的传输速度快于人与人之间视觉感知的速度，这就使得世界任意两点之间的感知时间和我们肉眼的感知时间是一致的，即在虚拟空间实现了零距离。速度改变了空间关系，使得我们可以和世界任何一个地方的人和物通过互联网进行即时互动。这在第二次全球化浪潮期间是做不到的。速度改变带来的空间关系变化，使得世界成为一个整体，在如此高速的时空关系到来的时候，全球的所有活动都将随之发生变化。

在这个基础之上，应用大数据、云计算、物联网、人工智能、区块链这样一些技术手段，将会使全球很多按照地域分割的行为转变成为全球同步的行为。

第二，数字经济时代的全球化程度。数字经济时代带来的全球化速度的提高，会使所有国家、所有人对全球的联系进行新的思考，提高每一个人的全球化能力。这加速了全球数据的传播，并创造出若干丰富多彩的全球化需求，如知识的需求、数据的需求、娱乐的需求、交往的需求、合作的需求、购买的需求、消费的需求等。此外，全球化的需求满足能力也会迅速提高，由此带来人与物对于全球化需求和供给的参与，提高了全球化程度。比如旅游，当某个旅行者需要规划设计自己的旅行线路的时候，可以预先根据自己的时间和消费需求进行规划，然后通过智能的全球化互联网服务设计出满足自己需求的服务方式，这样就会非常精准地满足自己在全球范围内的所有旅游需求，提高旅游满意度。

第三，数字经济的全球化壁垒。数字经济时代，全球化竞争会加速，由于全球化的透明度提高，全球化的壁垒反而会大大降低，由此减少全球化的风险。

在第二次全球化浪潮期间，产生了非常丰富、复杂的全球化规则，熟悉、了解全球化规则是一件非常复杂的工作。国家与国家的壁垒、行业和行业的壁垒、专业的壁垒、标准的壁垒、技术的壁垒、知识产权的壁垒、政治的壁垒、宗教的壁垒、文化的壁垒、生活方式的壁垒都是影响全球化的负面因素。全球化的需求是商业利益的客观反映，哪里有供给，需求就会到哪里去；哪里成本低、效率高、质量好，商家和资本也会到哪里去。而各种壁垒都是为了维护不同利益主体的利益诉求，所以，全球化的规则和壁垒实际上就是供给和需求的各种博弈，也是全球资本的利益诉求和地方资本诉求的博弈。

　　数字经济时代的大数据、人工智能会帮助所有机构和个人了解全球化的规则和壁垒，全球化规则和壁垒的透明化解析，有利于打通这些规则之间的联系，减少这些规则的干扰。规则的合理性竞争，会降低规则制定和执行的成本，从而降低全球化的联系成本，防范全球化的风险。关键是资本经济时代和数字经济时代的利益结构和利益产生的方式以及利益主体之间的关系会发生根本变化，这种变化会在各个层次上降低全球化的壁垒。

　　比如，新型冠状病毒肺炎流行，全球最厉害的生物制药企业都会来研发病毒灭活疫苗，研发成功后不仅能够迅速消除病毒给世界带来的危害，还能够获得很大的商业利益。如果中国和美国的科研人员都研发出疫苗，我相信美国疫苗就会给美国优先使用，投资和商业机构同样也希望将这个疫苗卖到中国；反之，中国疫苗也会这样。医药监管机构和政府行政力量就会根据各种情况制定各种政策措施进行干预或者规定，商业利益、国家利益、医疗安全都会成为保护因素。在资本经济时代，就会出现各种相互博弈的现象，从而影响疫苗的全球化市场开发。但是，数字经济时代的利益关系传导机制不一样，美国、中国或者其他国家的产业互联网就会通过大数据分析出各种疫苗的性价比，通过产业互联网销售疫苗的时候，产业互联网就会平衡各方利益，让生产制造者、商品检验、海关、医药监管机构、仓储物流、互联网平台、消费者的利益得到综合平衡，壁垒就会被打破。因为，很有可能美国的疫苗是通过中国的机构在中国出售，而中国的疫苗也有可能是通过美国的机构在美国出售。

　　第四，全球化的覆盖面积。由于全球化速度加快带来空间关系的变化，数字经济时期的全球化联系和第二次全球化浪潮时期的全球化联系发生很大改变。第二次全球化浪潮时期的全球化联系主要还是通过物理交通进行联系，物理交通和经济发达程度有关，经济发达的地方物理交通就顺畅，经济不发达的地方物理交通就不顺畅，由此带来全球化覆盖面积的不平衡。数字经济时代虽然也需要大规模投资于数字经济所需的通信和信息基础设施建设，但是相对于高速公路、高速铁路、机场、港口、隧道、桥梁的建设还是要容易很多。由于全球化的资源需求、旅游需求、教育需求、投资需求、产业发展需求会向更多的发展中国家和不发达国家倾斜，数字经济容易通过便捷的数字化联系方式，扩大全球化的覆盖面积。

第五，全球化的利益传导和分配机制。数字经济时代的全球化和资本经济时代的全球化最本质的区别就是利益关系发生了根本性变化。

资本经济时代全球化的利益主体主要是公司背后的资本。资本控制公司，通过创建有效的公司治理结构和管理机制保障资本的决策、资本的价值和资本的利益最大化。资本企业的所有要素，尤其是最重要的要素，包括产品、技术、工艺、品牌、核心团队，必须听从资本的配置。一个公司通过资本的纽带作用控制或者关联旗下公司，各种以资本为纽带的纵向和横向的资本关联、业务关联、行业关联、资产关联、利益关联，构成了资本控制的全球化产业链、价值链、供应链。

比如，波音母公司的资本均为个人持有，但是，这些持股人背后都有复杂的经济政治背景。他们通过资本的利益关系，控制公司所有资源，再通过母公司投资控股波音在全球的公司。他们还通过产业链关系，联系全球上万家零部件供应商，形成波音在全球的战略布局，最大的利益最终都会通过股票市场传递到股票价格。大股东不仅需要通过公司治理和管理来维护利益，控制和降低成本，还需要通过各种方式在公司以外的各种环境中营造利于公司生存发展的商业环境，包括政治圈子、舆论圈子、社交圈子、金融圈子等。

数字经济时代，企业与企业的内在要素、企业与企业的行业要素、价值关联要素、产品关联要素、金融关联要素都是通过各种产业互联网或者区块链来连接的。人与人、人与物、物与物的关系，是单一节点有利于另一个节点、若干个节点或所有节点的关系，而任意节点一定有另一个节点相关，它们共同成为有用的关联，然后产生价值关系、利益关系等。所有节点都由大数据、人工智能、云计算等互联网技术精准地组织到一起，有进有出，共生共创。利益的传导机制和传导手段以及利益分配方式，完全颠覆于资本经济时代，很难形成少数权力和利益相关者控制强大的产业并主宰产业体系的局面。资本的控制力下降，资本的分配比例在产业和行业利益中的比例，也会严重下降。

数字经济会导致资本主义生产方式的变革，少数资本持有者在政治生态中的影响力也会下降。

第六，数字经济的价值观将有利于形成全球命运共同体。数字经济与资本经济最本质的区别就是价值观的区别。资本的控制力、控制方式以及分配方式导致了资本经济的全球化利益分配不均衡，制造了剥削，制造了贫富两极分化。数字经济时代使资本的控制力，资本与企业、技术、产品、产业的联系方式发生了变化，数字价值超越资本价值，数字在经济中的地位高于资本在经济中的地位。数字与人、技术产品、产业、品牌的联系方式是共生、共享、共同赋能的联系方式，这导致财富的获得方式、财富的上升方式、财富的分配方式和资本经济价值观被完全颠覆，共享经济的价值观产生。

经济基础决定上层建筑。资本经济时代，马克思通过《资本论》一书已把资本主义社会形态和价值观分析得非常透彻，得到了全世界包括资本主义体系的认同。虽然资本主义国家通过资本市场的进步，把集中的资本分散为公开上市交易的资本，但是资本控制和垄断的本质并没有变化。同样，资本主义国家通过税法、反垄断法、继承法等法律手段抑制资本的泛滥，但同样没有改变全球收入和分配两极分化的本质，甚至全球财富分配不平衡的问题日趋严重。4G 之前的互联网也没有逃脱资本主义的本质，全球首富也出现在了数字经济领域。

但是，数字经济的高级阶段到来之后，生产关系将会发生变革，资本经济时代的资本纵向控制模式、资本决定分配模式、资本集约决定垄断模式都将成为历史。而数字化链接带来的生产关系的变化使所有产业要素平行地构建在一个个产业系统上，每一个要素之间是相互需要的、互补的，包括资金平台。纵向的控制关系变成了横向的链接关系，在分配方式上，不是按照资本的大小进行分配，而是按照产业要素在产业互联网生态中所贡献的价值和作用进行分配。资本的集中分配利益机制被颠覆，少数人拥有财富变成多数人拥有财富，公平、平均就出现了。再弱小、再落后的地区要素，都有可能获得应有的价值体现，人类社会的治理结构发生变化，上层建筑发生变化，社会形态发生变化，意识形态发生变化，最后接近共产主义理想。

数字经济对全球各行各业的影响、改变、融合，以及数字经济全球化与第二次全球化浪潮时期的全球化方式，需要所有企业从业者从企业和第三次全球化浪潮的角度进行解读。因为直到今天以及未来若干年，企业还是全球化最基本的细胞和载体，所有经济全球化都是由企业去承载的。企业的全球化能力决定了企业的全球化程度，企业的全球化程度决定了产业全球化、数字经济全球化的程度，数字经济全球化的程度决定了一个国家未来的经济实力。

但是我们需要清楚地看到，数字经济洪流滚滚而来的时候，我们对数字经济的理论研究还不够透彻，对于数字经济时代的产业形态、企业形态、组织形态还缺乏科学的认知。经济学界由于对数字技术不了解，无法解读数字技术与经济的关系，关于数字经济的各种解读主要来自数字技术领域。数字技术部门或者数字技术人才不断地描述数字技术框架结构并对应用终端满怀美丽的憧憬，或者口中念念有词地划分"链圈"和"币圈"，并把区块链当成颠覆经济的唯一技术。这些都不能帮助我们正确认识数字经济，几个"网红"通过视频带货引发全民直播更不能代表数字经济的未来。

数字经济的核心是数字技术走出消费互联网、服务互联网、产品互联网、交往互联网，整合越来越专业、复杂、多样的数字技术体系，融入同样复杂的传统经济形态的每一个环节，从而开创出全新的经济形态。这需要高水平的系统架构师带领的数字技术精英与产业经济的精英协同工作，而不是随随便便有几个程序工程师就可以。

我们以海尔集团创建的卡奥斯系统为例，打开卡奥斯开源产业互联网平台，可以通过个人用户、机构用户、开发者三个入口进入系统。卡奥斯系统除了在海尔家用电器产品领域进行纵深开发之外，其横向系统也已经延伸到各行各业，链接了巨大的商业合作伙伴群体。但是进一步思考，卡奥斯系统渗透的纵深远远不够，如何解决横向延伸的边界和产业纵深的关系，是卡奥斯系统构架者需要思考的问题。

事实上，卡奥斯系统已经是一个不折不扣的产业互联网系统，却总是贴着工业互联网的标签。两个定义差距较大。工业互联网会在定义层面误导产业互联网的发展。

第二章

三次全球化浪潮与企业

企业是从事商业经营的组织，是经济的细胞，也是三次全球化浪潮的浪花。企业在人类文明发展中渐渐由个人、家庭组织发展成为社会化商业组织。企业的发展推动了产业的发展，产业的发展推动了产业在更大地理空间的分布，最后形成了全球化分布，从而发展成为全球化经济浪潮。但是每一次全球化浪潮的微观基础都是由大大小小的企业组织运作的。企业是全球化浪潮的微观操作载体。

企业最早诞生于农耕文明时代，从商人到家庭、家族经营行为再到社会化组织经营行为，就是企业诞生和演进的行为。现代企业的组织形式是伴随着工业革命与全球化而发展的。在三次全球化浪潮演进过程中，企业的定义、地位、形态、作用都不一样，每一次全球化浪潮的演进，也是企业的演进。企业的发展和进步推动了科学技术的应用，给人类科研活动带来了动力；同样，科技也是企业发展的推动力量，它使企业的经营能力得到大大的提高。企业的发展把产品、技术、管理方法、人才、投资带到了世界各地，构成了产品、技术、管理、产业在全球的推广，形成了产品全球化、贸易全球化、技术全球化、产业全球化、资本全球化、人才全球化、企业全球化这样的历史进程，创造了全球化的产业链、价值链、供应链关系，提高了全球化的水平和质量。同样，全球化程度的提高也带来企业水平的提高。企业是推动经济全球化最重要的载体和力量。

人类文明发展至今已经出现了三次全球化浪潮，每一次全球化浪潮的发动方式、内在原因、全球化水平、全球化程度、全球化方式都不一样，企业在每一次全球化浪潮中的作用、地位、表现形式、组织结构、运行方式也是不一样的。这一章主要是通过对三次全球化浪潮中企业的存在方式、运行方式的回顾和分析，来讨论企业在三次全球化浪潮中的状况。

目前全球企业处在资本经济主导的第二次全球化浪潮和数字经济主导的第三次全球化浪潮交替的阶段，企业需要面对数字化转型，而中国企业不仅需要实现全球化转型，还需要懂得数字时代的全球化转型。

资本经济时代，在资本主义市场经济制度的发展推动下，全球所有市场经济国家都创建了资本有限责任公司制度；创建了全球化的股东会、董事会、经营团队"三权分立"的公司治理体制；创建了全球性的以跨国公司为主要载体，通过战略投资、战略管理来运营的母子公司运营体系；创建了以企业为核心的全球产业链、价值链、供应链。在所有关系里面，资本控制下的企业成为基本元素，资本成为所有要素配置的决定性力量。

第三次全球化时期，随着数字技术的广泛运用，资本经济时代的资本驱动力将让位于数字技术的驱动力，资本、企业、产业关系都将被数字技术重构。

第一节　第一次全球化浪潮时期的企业

先有企业还是先有经济的全球化呢？一定是先有企业，没有企业就没有全球化。但是最早的企业也一定不是全球化的企业。现存最早的企业是诞生于公元 578 年的"株式会社金刚组"，这是一家从事寺庙建筑和维修的家族企业，1955 年改制成为有限公司，2006 年，"株式会社金刚组"放弃房地产业务，回到最传统的寺庙设计、建造和维修业务。存续 1000 多年的这家企业至今也不是全球化企业，也没有到世界各地去建筑寺庙。

经济的全球化也有很多层意义，企业通过贸易的全球化，实现了产品、服务、技术、资本、知识产权、货币的全球化流通和交易；所有这些交易行为都在一定的规则、法律、税收、结算、标准、汇兑系统内有序地实施，这才能保证全球化的秩序；所有这些行为都有交易的载体，实现这些交易的载体主要就是企业，而且主要是公司制企业。这三个层次，构成了经济全球化的整体。

作为投资银行家，我从过去十几年间在业务上走遍的几十个国家的角度，从产品、技术、企业、产业、资本等多个方面，观察到中国与世界各国之间产业链、价值链、供应链的"三链关系"。通过这个"三链关系"，我发现一个国家经济全球化的核心实际上是企业的全球化。因为所有经济活动的载体都是企业，经济全球化都是由企业来实现的。也就是说，一个国家的经济发展水平取决于这个国家经济全球化的程度，而经济全球化的水平取决于这个国家企业的国际化和全球化的水平。一个国家全球化的量化结果不能说明这个国家的全球化水平与质量的高低。比如，中国成为全球最大的石油、天然气进口国，说明中国制造业的体量很大，一定是全球制造业强国，同时说明中国石油、天然气的储量不足以支持中国制造业的发展。但是，如果从石油、天然气的消耗和创造的经济价值来分析，中国在单位能耗上的产出比，一定会大大低于发达国家。如果中国的企业都能达到日本、德国这些国家的企业水平，我相信中国进口的石油、天然气所创造的产出就会高得多。2001年，中国每千克石油当量能源消耗产生的GDP为1.04美元，同年，日本为8.02美元，美国为4.39美元，墨西哥为4.09美元。所以，从这个角度进行分析，我们就不难理解国家的全球化水平取决于企业的全球化水平了。同样，一个企业的全球化能力、全球化水平，也取决于这个国家的经济水平。计划经济时期，由于没有一家全球化企业，中国经济不可能强大。中国经济总量成为全球第二，也给中国企业的成长和全球化创造了条件。

我正是在过去几年的全球并购历程里，非常清晰地发现，虽然中国的经济总量上去了，但是经济质量还不高，企业的国际化、全球化水平和程度不高，严重影响了中国的全球化水平和质量。

从过去的经历来看，我也认为世界各国大体可以分为三个类型或者处于三个不同发展阶段：第一种是发达国家，第二种是发展中国家，第三种是最不发达国家。最不发达国家可能发展成为发展中国家，也可能发展成为发达国家；同样，也会有发达国家倒退成为发展中国家。我也发现，发达国家企业的国际化、全球化水平和程度普遍很高，发展中国家次之，最不发达国家最差。我接触过许多发达国家的企业，也接触过一些发展中国家的企业，但就是没有机会接触不发达国家的企业。但毋庸置疑的是，绝对不会出现一个国家企业的国际化、全球化水平很高，但这个国家是一个发展中国家或者不发达国家的情况。也就是说，如果一个国家需要从发展中国家进入发达国家行列，那么这个国家的企业一定是要成为国际化、全球化的企业，至少这个国家需要涌现一大批国际化、全球化的企业。

总体来看，世界各国基本上被划分为三个层次，其实，这三个层次的国家也代表了企业国际化、全球化的三个层次。发达国家的企业，也是国际化、全球化水平最高的企业；发展中国家企业整体的国际化和全球化程度远远低于发达国家企业的国际化、全球化程度，但是并不排除发展中国家也会产生出一批国际化、全球化程度很高的企业，也就是说，一旦发展中国家企业的国际化、全球化达到一定的程度，这个国家就进入发达国家之列了。最不发达国家的企业，很难成长为全球化企业。从我 2008 年开始的全球化业务中，我没有看见一个全球化企业来自最不发达国家。

企业的国际化和全球化是两个不同的概念。

企业的国际化是指一个企业的国际化程度。那么什么是国际化呢？所谓的国际化主要是指工业革命以来，领导工业革命的国家所推行的一套在全球范围都适用的知识产权体系，包括语言、数字、规格、标准、财务、市场规则、贸易规则、金融规则、公司法规、环境保护、经济法律体系等。这些法则与规则随着发达国家之间、发达国家与发展中国家之间、不发达国家之间的经济往来的增加逐渐被带到世界各地，成为世界各国约定俗成的一套规范。一个国家的发达程度与这个国家的国际化程度是成正比的，发达程度越高，国家的国际化程度、企业的国际化程度也就越高。

企业的国际化不等于企业的全球化。企业的全球化在企业的国际化基础之上，一个企业的产品、技术、市场、资本、团队、战略与世界各国的关系越复杂、往来越频繁，这个企业的全球化程度就越高。一个高水平的全球化企业一定是一个著名的跨国公司。企业的国际化是全球化的前提，没有企业的国际化不可能有企业的全球化。

之所以需要在这里强调企业的国际化，主要原因还在于新中国在 1949 年成立之后，建立了计划经济体制，这种与全球市场经济占主流的国家和企业实施的完全不一样的经济体制，使中国企业的组织、运行、体制、机制、财务、法律和国际化与全球化完全不能对接。1978 年中国实行改革开放，一个很重要的改革就是从计划经济改革为市场经济，中国的所有企业必须要成为市场经济的运行主体，而这个运行主体必须是国际化的。所以，中国企业没有达到国际化的规范和标准，是不可能成为全球化企业的。

从全球化的历史来看，虽然国际化是全球化的基础，但在经济全球化的历史上却是先有全球化后有国际化的。企业为什么要国际化呢？我们还是回到第一次全球化去寻找答案。

最早的全球化实际上是从贸易开始的，这是全球化的早期形态，也是贸易全球化的开始。工业革命开始之后，英国以及后来的欧洲主要发达国家在推动工业革命的时候，发现工业革命带来的规模化技术和农耕文明时期的完全不一样，存在知识产权和一整套标准化的行业机制。这些机制从原材料采购、原材料标准、生产加工技术、工艺到产品使用过程中的维护都有一套系统规则，这些规则不管到哪个国家、哪个地区，都是相同的，把这些东西推广到世界各地就形成了各个国家和地区需要共同遵守的规则，这就是国际化。经济全球化也从早期的贸易全球化进入产品全球化阶段和生产全球化阶段。

农耕时代也有全球化的贸易，以当时中国在世界上最有优势的茶叶、陶瓷、蚕丝等产品来说，在国际贸易中，人们只能凭直观的视觉来分辨茶叶的等级，不懂得品种繁育、科学种植，也不了解茶多酚这样的产品成分；陶瓷产品也完全是靠经验进行烧制，人们对于陶土的种类、陶土的成分、烧制出来的产品有没有有害物质全然不知；都知道中国的蚕丝好，但好到什么程度同样只能用肉眼进行观察，用手进行触摸，没有人去系统研究桑树怎么种植，怎样科学养蚕，如何提高蚕宝宝的吐丝量。从蚕丝到丝绸的加工、丝绸面料的处理，许多技术都是工业革命的成果，这些成果一旦发明出来就会形成全球性专利和知识产权保护。这些规则形成国际惯例就构成了国际化。不论你的产品在哪里生产，用哪里的原材料，用什么样的设备生产出来，都会有一个国家标准和国际标准，这就是国际化，这也是全球化的基础。中国可以视为经济全球化的先驱之一，但仅仅是达到了经济全球化的初级阶段，也就是贸易全球化阶段。世界各国只知道茶叶、丝绸、瓷器这些产品来自中国，品质很高，其他国家生产不出来。但是，没有人知道这些产品是哪个企业生产的，用什么样的技术，有没有专利权，有没有企业品牌等。

当一个企业的产品完全达到国际标准，可以被国际上的用户接受，存在一定的国际市场，并且产品在国际市场上有竞争优势时，这个企业的产品就有机会进入全球市场，这就是全球化的开端。一个企业在国际市场所占的份额越来越大的时候，这个企业的产品不仅可以进入一个国家，还可以进入多个国家，于是这个企业会考虑在具有市场优势的国家进行投资，这就是全球化的企业雏形。当一个企业已经没有明显的地域特征，无论企业总部放在哪里，都要在全球范围内制定企业战略的时候，这个企业的产品生产、原材料采购、产品的技术、产品的市场、企业的品牌等企业要素已经完完全全地全球化了，这个企业也就是通常说的跨国公司。

在这里，我们把企业分为公司制企业和非公司制企业。企业是人类社会的商业活动发展到一定阶段的产物。在企业诞生之前，企业的前身应该叫"商人"。"商人"主要从事简单的家庭作坊式的生产加工和贸易，其历史太久远了，可以追溯到农耕文明的早期。我在中国的河南省商丘市进行考察的时候，工作人员曾经给我介绍说，商丘这个地方历史很悠久，是商朝最早的建都地，也是商业的发源地，有不少人从事商业。后来，人们就把从事贸易和做生意的人称为"商人"，沿用至今。

世界上现存最早的企业几乎都来自日本，今天的日本也是拥有古老企业最多的国家。在世界上超过 200 年历史的企业截至 2013 年还有 5586 家，而日本就有 3146 家，所占比例最高。据传，至今世界上依然存在的最早的企业是创建于公元 578 年的"株式会社金刚组"，是修建寺院、神社的企业。我曾经研究过一家古老的日本企业，名叫"香堂株式会社"，至今已有 400 多年历史，这家企业现在还是日本的一家上市公司，其生产制造的各种香薰产品销往全世界。日本著名的"住友商事株式会社"虽然成立于 1919 年，但是其事业起源于 17 世纪初，创始人住友政友当时在京都开办书店及药铺。400 多年后的今天，这家企业已经成长为涵盖金融、保险、钢铁、不动产领域的综合商社。其创始人当年创立的经营哲学，一直传承至今。

按照一些中国人的说法，世界上最早的企业应该诞生于 6000 多年前的中国，据称中国的绍兴黄酒就诞生于 6000 多年前，但是今天已经无从考证。黄酒传承下来了，但是酿造黄酒的企业却没有传承下来。不管中国最古老的企业在哪里，也不管起源于什么时候，由于战争、经济政治制度的变迁和朝代的变化，并未传承至今。

第一次全球化浪潮掀起的时候，由于现代公司制度还不发达，资本主义市场经济体系也没有完全建成，现代化程度也不高，企业的国际化、全球化还没有建立起规则和体系。我称这一时期的企业为殖民经济时代的企业。

英国殖民时期的全球化模式是典型的殖民经济特征下的企业全球化。公司数量、公司规模较小，公司投资融资能力、公司治理和管理能力也相对较弱。以英国东印度公司为例，这个公司从 1600 年诞生至最后消亡，都极其经典地阐释了第一次全球化浪潮的过程与特征，解读了东印度公司的性质和经营特征，就解读了第一次全球化浪潮的特点。

英国东印度公司还有一个名称，叫不列颠东印度公司。1600 年 12 月 31 日由英国女皇伊丽莎白一世授予该公司皇家特许经营权。这个特许权是让该公司具有在印度的贸易特许权。有意思的是，这个东印度公司不是英国女皇的，也不是英国政府的，而是一家股份公司。虽然这家公司获得的是商业经营权，允许在印度进行垄断经营，但是这家公司的职能远远超越了商业的经营范畴，其不仅干预印度的政治，还干预军事，该公司拥有军队，可以发挥军事作用。

殖民、军事、东印度公司基本上可以视为第一次全球化浪潮的缩影，即英国用强大的军事实力做开路先锋，然后通过殖民协议获得殖民地统治权，接着用行政力量统治和控制殖民地，再用带有行政色彩，同时被军队保护甚至直接拥有军事力量的公司开展垄断性的商业经营活动，通过商业经营给经营者、股东以及大英帝国带去源源不断的财富。

东印度公司很快在垄断经营中发展壮大起来，经营 34 年之后，英王于 1634 年允许其将经营的领地从印度扩张到孟加拉地区。

1670 年，英王查理二世发布五条法律，授予东印度公司自主占领地盘、铸造钱币、指挥军队、结盟和宣战、签订和平条约和在被占据地区就民事和刑事诉讼进行审判的权力。毫无疑问，这个公司成为代表大英帝国的"流动的王国"。

到 18 世纪中后期，英国率先开展工业革命。在欧洲征战之后，英国成为世界霸主，东印度公司也把业务从东南亚一带扩展到欧洲和北美，成为世界上第一个全球化的跨国企业。

18 世纪，东印度公司开始和中国开展鸦片贸易，中国对鸦片的市场需求大增，东印度公司也垄断了中国的鸦片生意，把产自孟加拉的鸦片源源不断地卖到中国。中国全面禁烟后，英国发动鸦片战争，导致中国与英国签署不平等的《南京条约》，从而中国沦为半殖民地半封建社会。这么重大的历史事件，背后的推手就是这样一个全球化的公司。

1773 年，英国议会通过《东印度公司管理法案》，这个法案的核心是"公司为王室代行王室之主权，而不是为公司自己获得主权"。这个法案实际上是把东印度公司纳入王室管理之下，这个著名的"民营企业"此刻被国有化了。

1874年1月1日，经过274年经营之后，东印度公司宣布解散。《泰晤士报》对东印度公司的评论很精彩："在人类历史上它完成了任何一个公司从未肩负过，在今后的历史中可能也不会肩负的任务。"

虽然说东印度公司的解散并不代表第一次全球化浪潮的结束，但是它所经历的历史就是第一次全球化的过程，它的经营逻辑和公司性质具有第一次全球化浪潮最典型的特征。甚至有人说，就是这么一个公司，为大英帝国赚回了400万平方公里的土地。

东印度公司从创立直到解散，现代公司制度也没有诞生。这说明，第一次全球化浪潮时期，公司仅仅是资本主义早期文明的经济组织，也是从传统的农耕文明向现代工业文明过渡的产物。虽然当时有股份公司，也有民营企业，但是公司还不是完全依法经营的独立承担经营责任的市场主体，公司的业务也超出了商业范畴，公司也没有依法经营的治理结构，其经营完全是行政特许。

今天很难说到底是第一次全球化浪潮推动了现代公司制度的发展，还是现代公司制度的培育和成熟推动了第一次全球化浪潮的发展。我觉得是以下几个原因推动了现代公司制度的成熟。

第一，中世纪之后的文艺复兴推动了西方近代商业文明发展、催生了新兴资产阶级的同时，也创建了近代的法律秩序。这期间的代表人物就是法国启蒙思想家卢梭，他的作品《社会契约论》不仅是现代国家与政治制度创建的理论基础，也是社会财富和市场经济创建的理论基础。

第二，工业革命的生产方式使原有的商业组织无法适应，必须要有新的组织形式才能满足资金、人才、技术的需求。

第三，技术的持续发展和应用需要有更多的资金独立于生产经营之外来进行没有盈利的研发，而政府、科研机构、大学不会进行技术的商业应用开发。

在公司出现以前，个人独资企业是最典型的企业形式；与独资企业并存的是各种合伙组织，当时的合伙组织中最典型的就是家族经营团体。合伙组织都没有取得法人的地位，但是却有其他一些法人团体出现。这种情况最早可以追溯至古罗马时期。在古罗马，国家、地方自治团体、寺院等宗教团体都取得了法人的地位。到了中世纪，有一些贸易团体，尤其是一些从事海外贸易的组织取得了法人的资格。在中世纪的英国，这样的组织相对于合伙组织享有更大的独立性。股份有限公司起源于 17 世纪英国、荷兰等国设立的殖民公司，我们前面介绍的著名的英国东印度公司和荷兰东印度公司就是最早的股份有限公司。1807 年，《法国商法典》第一次对股份有限公司作了完备、系统的规定。第二次工业革命之后，股份有限公司已经成为在西方资本主义世界占统治地位的公司形式。有限公司最早产生于 19 世纪末的德国。有限公司基本吸收了无限公司、股份有限公司的优点，弥补了两者的不足，尤其适用于中小企业。最早的有限公司立法为 1892 年德国制定的《有限责任公司法》。之后，1919 年的法国和 1938 年的日本也相继制定了《有限公司法》。

在这里需要特别讨论的是日本的企业模式。我们都知道，日本通过明治维新，开展了第一次工业革命，也成为第一次全球化浪潮的主导国之一。日本通过长期对俄战争、对华侵略、占领台湾成为第一次全球化浪潮的受益国家，但是日本在推行西方的市场经济制度的时候，实际上是没有真正全盘西化的。虽然日本也通过制定《有限公司法》创建了有限公司的组织形式，但是日本在创建公司体系时非常独特地将从中国学习借鉴的传统文化精髓植入公司制度中，非常巧妙地把公司组织、产业体系、文化认同结合在一起。比如日本的商社体系，这种体系是一个产业多元化企业加产业组织系统，一个商社组织旗下有很多企业，这些企业有横向的产业组织关系，比如有的从事贸易，有的从事金融，有的从事服务，有的从事生产制造；在纵向上，产业链的上下游都有统一的商社品牌在经营，形成了产业链上下游的高度协同性。当你深度研究的时候才会发现，其实这些企业虽然都叫某个商社，但是它们不一定都有股权关系，并不是西方常见的以资本为纽带的集团管控企业。这样的企业和产业相结合的企业组织形式一直发展传承至今。本书在分析企业全球化组织的时候，还会详细分析这种企业组织的特点和优势。

中国在明朝时期出现了近代工业和资本主义萌芽，但是并没有形成工业文明。清朝的洋务运动之后，受第一次全球化浪潮的影响，中国开始发展民族工业，创办了很多近现代工业，也诞生了第一批企业，这些企业主要分布在今天的江苏、浙江、上海、广东一带。企业类型分为官办、民办、官督商办。1872年，李鸿章创办的轮船招商局一直存续至今，是中国著名的全球化企业之一。洋务运动时期的产业内容主要是军工企业、造船企业、纺织企业、钢铁企业、交通企业、贸易企业等。其中有些企业甚至今天仍然存在。

第二节　第二次全球化浪潮时期的企业

——公司制企业的炉火纯青

第二次全球化浪潮时期，资本经济席卷全球，造就和催生了以资本作为纽带的全球化企业。经济全球化席卷到哪里，资本就到达哪里，全球化企业就把触角伸向哪里；同样，全球化企业到了哪里，经济全球化的浪潮也会随之跟上。第二次全球化浪潮时期企业的全球化模式和第一次全球化浪潮时期企业的全球化模式相比较，发生了很大的变化。第二次工业革命的发展带来的生产方式更加复杂，生产规模更加壮大，生产关系也得到升级，到第二次全球化浪潮掀起之时，现代公司组织已经比第一次全球化早期有了非常大的进步，也为掀起第二次全球化浪潮奠定了坚实的企业基础。

第二次全球化浪潮期间，企业形式也因为第二次全球化浪潮的第一个阶段表现为两种主要形式，一种是以资本主义市场经济为核心的企业组织形式；另一种是以社会主义计划经济体制为核心的企业制度。由于第二次全球化浪潮的第一个阶段，世界上出现了截然对立的社会主义计划经济制度和资本主义市场经济制度，所以，两种制度下的企业组织形式完全是不一样的。东欧剧变、苏联解体之后，中国计划经济体制下的企业组织体系在实行改革开放之后发生了很大变化，即学习借鉴了市场经济制度下的企业组织模式。但是我们也可以看到，中国的经济制度建立在公有制的基础上，公有制企业不可能成为一个完全市场化的企业和市场化的主体，政府和企业的职能很难分开，企业很难成为一个自主经营、自主承担经营风险的企业。完全市场化的企业以利益最大化为宗旨，兼顾企业的社会责任，企业的行为向董事会负责，向股东负责，而公有制企业并不是这样。以资本为核心的市场经济国家在全球化过程中逐渐形成的出资人有限责任和股东会、董事会、管理层这样的"三权分立"治理结构对公有制企业没有多大的实际意义。中国的经济体制改革是由计划经济体制改革为社会主义市场经济体制，但是终极所有制关系没有发生改变，这使得中国市场经济体制与全球化市场经济体制的完全接轨存在很大难度。所以，中国企业在市场经济中存在的体制上的障碍，在很大程度上不能光靠自己的改革，还要通过对外开放来解决。

资本主义私有制下企业制度的表现形式也不完全都是美国式或者欧洲式的，同属于资本主义市场经济制度下的日本，其企业组织形式在公司制基础上，也有很多自身的特点。虽然日本的企业组织也是相对独立的，但是它们习惯于集体主义精神，善于将企业的独立性、产业的配套关系、贸易的合作关系、资金的融通关系结合起来，用产业组织的整体性来弥补企业个体的不足。比如住友商事株式会社和其他商社一样，旗下有很多企业，但是并不是所有住友系企业都是由住友株式会社顶层的控股公司控股或者参股，有的企业和住友株式会社母公司完全没有资本关系，更像一个俱乐部，它们之间主要依靠400多年前建立的诚信哲学作为企业文化并形成产业系统关系。

苏联时期创建的社会主义计划经济制度下的企业主要有几个特点：

第一，基本上没有采用公司组织形式。

俄国资产阶级通过二月革命推翻了沙皇统治的封建王朝，几个月之后，苏维埃又从资产阶级手上夺取了国家政权，创建了社会主义国家。资本主义在俄国时期就不发达，现代公司体系也没有建立起来，苏联成立之后，列宁将企业收归国有，同时允许外国企业和小企业的存在。但是几年之后，列宁去世，斯大林通过社会主义工业化运动，把所有生产资料收归国有，整个国家的企业分为全民所有制企业和集体所有制企业，完全抛弃了公司制企业模式，即使后来进行了一些企业改革措施，也没有实施公司制，仅仅是企业经营制度和管理制度上的一些改革。一直到东欧剧变、苏联解体之后，计划经济时期的全民所有制企业这样的乌托邦式企业，才寿终正寝。

苏联的全民所有制企业在第二次全球化浪潮时期曾为苏联的发展立下汗马功劳，它们在科技、航空、军工、重工业领域创建了强大的工业体系，形成了强大的科研和生产制造能力。在美苏竞争过程中，苏联完全不落下风。我和乌克兰航空制造企业有些交往，曾经试图帮助中国企业引进安-225、安-24飞机。我在对接中发现，苏联解体都已经 20 多年了，乌克兰的航空制造体制和苏联时期相比几乎没有什么变化，至今还在吃老本。比如，苏联安东诺夫设计局研制的安-225 大型军用运输机至今还是全球数一数二的大型运输机。安东诺夫设计局创建于 1946 年，这个设计局曾经是苏联最强大的军用和民用运输飞机设计机构，人员最多的时候，曾经达到 60 万人的规模。苏联解体之后，安东诺夫设计局急剧衰落，如今只有不到 8 万人，整个机构仍然保持着当年的全民所有制经营管理方式，2018 年有传言称其将被波音收购。在计划经济年代，安东诺夫设计局负责飞机的设计和装配制造，但是发动机的设计和生产制造则由另一个全民所有制企业马达西奇公司负责。在计划经济制度下，马达西奇绝对不能越权去设计和制造飞机整机，而安东诺夫也绝对不允许设计和制造飞机发动机。所有这些决策和管理权都不在这两个企业，而在它们的上级行政主管部门。

第二，全民所有制企业和公司制企业在公司治理结构上完全不一样。

全民所有制企业由政府主管机构进行直接管理，企业的领导权完全属于政府主管部门。计划经济年代，企业的上级主管和领导部门很复杂，企业首先都有党组织，党组织不仅需要管理党员，还拥有企业经营管理的领导权。企业的主要干部都是党员，实际上企业的领导权在党组织手上。厂长（经理）是全民所有制企业的行政长官，负责组织企业的生产经营活动。此外，行业主管和地区主管两个"婆婆"拥有对企业的决策权。

第三，全民所有制企业没有独立进入市场的权力，生产什么、生产多少、为谁生产都不由企业自主决定。

全民所有制企业的所有生产决策都不由企业自主制定，生产制造企业不会根据市场需求进行生产，需要产品的企业不直接向生产制造企业订购，而是上报给主管部门，由主管部门将生产指令下达给生产制造企业；完成生产之后，也不由生产制造企业向需求产品的企业进行结算，而是由主管部门进行结算。

第四，全民所有制企业在产品结构和产品生产组织系统上不是按照产品生产工业的需要进行安排，而是在企业内部建立所有生产工艺环节，组织产品生产的每个专业生产工序。

比如建设一家汽车制造企业，除了标准产品进行外购之外，一辆汽车从零部件的生产制造到最后的总装都要在这个汽车制造企业完成，包括金属切割、机械加工、电机生产、发动机生产等。这样就需要该企业建立非常庞大和复杂的生产加工、技术管理、工艺管理系统。该企业自己不需要从事产品研发，其技术部门和工艺部门只是负责生产加工过程中的技术处理和工业处理。

第五，全民所有制企业不仅要从事生产，还要承担社会职能，企业有学校、医院、食堂、商店等非企业机构。

全民所有制企业不仅负责安排员工的工作和生产，还需要解决员工的所有生活需求。员工在结婚之前有免费的单身宿舍住，结婚之后有企业分配的住房。企业有学校供员工的孩子读书，还有职工食堂，员工每天都可以在食堂就餐。大型全民所有制企业还有消防队、医院、派出所等社会组织。我在 1977 年考上的重庆机械技工学校所在的重庆长江机床厂以及毕业分配所至的重庆起重机厂就是两家典型的全民所有制企业。从 1977 年到 1987 年，我在这样的企业干了整整 10 年时间，亲身经历了全民所有制企业早期开始的改革。当年置身于那样的环境，我对外部世界完全无知，今天回想起来依然觉得荒唐。

中国在完成社会主义改造之后，全盘引进苏联社会主义经济体制，建立起了完全仿照苏联的全民所有制企业和集体所有制企业的企业制度。同时，由于以苏联为首的社会主义国家都采用了这样的企业模式，这在社会主义国家内部，也形成了一定的全球化体系。但是随着 1978 年开始的改革开放，中国开始逐渐改革全民所有制企业的经营管理模式。这样的改革大约分为三个阶段：第一个阶段是从 1978 年到 1993 年；第二个阶段是从 1993 年到 2003 年；第三个阶段是从 2003 年到 2015 年之后。

第一个阶段：1978 年到 1993 年。这个阶段中国的全民所有制企业开始通过扩大企业的自主经营权，把过去完全掌握在上级主管部门的部分权力下放到企业，使企业有了内在的发展积极性。企业在完成上级任务的基础上，可以将超额完成的部分留一定的比例给自己，用于给职工发奖金、建宿舍等。此外，企业可以兴办劳动服务公司来创收，所获收益归企业所有，由企业自主分配。

第二个阶段：1993 年到 2003 年。这个阶段主要制定了中国第一部《中华人民共和国公司法》（以下简称《公司法》），全民所有制和集体所有制企业在这个阶段逐渐通过股份制改造和现代企业制度的建立，大面积地进行了公司化改制。尤其是在 1997 年之后，通过"抓大放小"政策的实施，大部分企业资本私有化，很多中小企业被民营企业收购，也有很多全员职工持股的企业改革成为私有化企业。

第三个阶段：2003 年到 2015 年之后。这个阶段成立了国务院国有资产监督管理委员会，第一次对国有资产进行系统化监管。这期间开始全面推动混合所有制经济的发展。虽然混合所有制经济这一概念早在 1997 年就已经提出，但是仅仅局限在公司制改革这个层面，如何将公有制优势很好地发挥出来、避免公有制低效率等问题，并没有得到很好的解决。混合所有制经济试图在国有资本深化改革的过程中，探讨如何通过国有企业的分类改革，逐渐找到公有资本与私有资本的融合方式，将国有资本的公平、公开、规范与私有资本的速度、效率、灵活结合起来，这在全世界范围内都是一个大难题。

虽然社会主义计划经济时期，苏联创造的全民所有制企业的运营模式也曾在所有社会主义国家发展了几十年时间，但是，所有全民所有制企业中没有一家是全球化企业，每个企业和企业之间也没有从产品链、价值链、供应链这些链条上建立全球联系。根本原因是计划经济体制下，企业不是按照市场和产业发展的客观需要来组织生产经营的，而是按照政府的计划来组织生产，如此不可能出现全球化企业。如果企业不可能成为全球化企业，怎么可能有企业的高水平竞争？在这一点上，中国目前存在的一种趋势，就是国有企业的高度垄断和集中行为。要给企业建立市场化、国际化、全球化机制，只有这样，国有企业才能避免重蹈计划经济时期的覆辙。

第二次全球化浪潮时期，以成熟、发达的资本主义制度为核心的资本主义市场经济体系已经高度完整，资本金融的高度发展，让发达国家找到了通过资本而不是殖民模式领导、控制全球的方法。

在成熟的全球化市场经济体系下，资本比货币更容易超越宗教、政治、国境、贫富等而在全球范围内畅行无阻。在华尔街的规则、资本以及投资银行家们的配置下，资本所构成的产业在全球范围内通过产业链、价值链、供应链的关系，魔幻般地战胜了简单粗暴的殖民领导模式，于是，跨国公司成为承载着发达国家辉煌的载体。

美国从 20 世纪初展开五次全球并购浪潮，通过充分利用资本运营手段和资本金融的技巧和规则，以华尔街为中心，以全球为半径，完成了全球资本的重组、整合、并购、交易、控制。

美国推动的企业国际化和全球化成为第二次全球化浪潮的主要模式。

第二次全球化浪潮的早期，最具有代表性的企业就是美国的摩根大通、通用电气、埃克森美孚、福特等企业。这些企业和第一次全球化浪潮时期的企业相比，最大的区别就是资本主义通过第二次工业革命渐渐形成了市场经济体系，这个体系和东印度公司时期的体系有了根本性区别。

首先是已经有了系统独立的企业法规，企业独立于政府和行政，独自承担投资融资任务和经营责任。企业成为资本主义制度下的市场经济主体。企业的设立、投资、经营都由法律决定，企业股份、经营内容、经营决策、投资融资、企业治理在法律允许的范围内都由企业自主决定。

其次是企业完全依法独立，不受行政干预。具体表现在以下几方面：

第一，企业通过贸易、技术、资本与国际市场建立经济关系，在海外的投资、经营活动同样都是企业行为。只要符合国际规范，符合所在国家的法律，企业就可以在海外从事投资经营活动。

第二，企业不能对市场构成垄断。当一个企业的业务在市场上具有一定的垄断和控制地位的时候，国家司法部门可以依据法律予以裁决，强制企业进行业务分拆，以减少不公平竞争。

第三，企业从早期的行政性、政企不分、垄断经营进入公平竞争、公开竞争、市场化、法制化竞争阶段。

第四，企业的治理结构、组织结构的进步和发展为企业的全球化管理创造了条件。

在治理结构方面，企业渐渐从家族企业发展成为社会化企业，家族企业和社会化企业的根本区别就是企业从人治走向法治。人治下的企业很难发展到一定规模，只有法治下的企业才能真正发展成为规模化、社会化的企业。法治下的企业主要是根据企业的资本比例形成经营者、董事会、股东会三权分立的相互制约的治理结构，摆脱了家族企业对于公司治理的局限。

第五，全球化资本市场的创立，以及美元的全球结算货币地位，促进了控股企业、跨国企业、全球化企业的发展。

企业上市之后，可以通过在全球范围内发行股票的方式进行重组、并购，然后以资本作为纽带创建全球化企业，开展全球化的投资，获得在全球范围的垄断地位，从而获得在全球赚钱的能力。企业全球化的能力越强，赚钱越多，获得的资金也越多，企业就随着产品的全球化、技术的全球化、市场的全球化、投资的全球化、科研的全球化、人才的全球化推动了第二次全球化浪潮。

以洛克菲勒（John Davison Rockefeller）为例，1870年洛克菲勒在美国创办标准石油公司，但是到1911年，由于涉及垄断经营，这家公司被美国最高法院下令解散。后来经过不断的重组、合并、分拆等资本运营行为，埃克森美孚公司成立，至今这也是世界上最大的非政府石油天然气生产商。

发达国家企业的国际化和全球化可以称为企业国际化和全球化的代名词。因为在全球范围内，发达国家是国际化规则的制定者，也是全球化的推动者和领导者。不管是第一次全球化浪潮还是第二次全球化浪潮，都是由走在工业革命前沿的国家推动的，发达国家的企业家是全球化进步技术的推动者，发达国家的企业是全球进步技术的应用者和市场化的实践者，所以，发达国家的企业实际上是全球化的载体。

由于发达国家的技术水平、管理水平、科研水平、消费水平、商品生产制造水平、工艺设计水平、财务管理水平都在同一个层次；

国与国之间形成的交易都有相同的规则、体系，都是实行的资本主义制度；国与国之间形成了很多超越国家限制的市场规则，商品、服务、贸易在发达国家之间相对容易实现；这些国家之间的语言也相通；在经济发展过程中根据各国不同的产业历史和传统，形成了非常有规则的产业分工关系，避免了很多同业竞争、同质竞争。

比如，意大利在时尚、创意领域具有传统优势，法国在化妆品、奢侈品方面存在优势，荷兰在现代农业领域具有很高的水平，瑞士在金融、食品、钟表、精密仪器等方面表现出优势，德国在高端装备制造、汽车制造领域也领先全球。这种有规则的产业分工使欧洲各国内部基本没有出现野蛮竞争，这些国家的产业技术优势通过企业的国际化和全球化走向世界。

第二次全球化浪潮时期，以美国为首的西方发达国家通过创建一系列国际化、全球化的经济体系，在金融、产品、技术、贸易规则、关税、财务、法律等很多领域建立了有史以来最为强大的全球化经济体系，真正主导了第二次全球化浪潮。苏联解体之后，给现代全球化经济载体——企业，尤其是公司制企业带来了巨大的全球化发展空间。以资本为纽带，以产业链、价值链、供应链为投资经营空间的跨国企业的诞生创造了良好的全球化产业生态，跨国企业成为推动第二次全球化浪潮的强大载体，真正意义上的全球化企业应运而生。这期间主要发达资本主义国家的跨国企业成为企业全球化或者全球化企业的典型，主要表现为以下特点：

第一，企业全球化体系全面形成。

什么是企业的全球化体系呢？就是随着第二次全球化浪潮的全面推进，为了适应第二次全球化浪潮在各个国家产业链、价值链、供应链的全面配置和分布，在市场这种看不见的神奇力量的推动下，形成了与之相适应的企业载体。通过资本的驱动力，各行各业的企业以及企业之间的关系，连接了全球化经济浪潮中的每个链条。比如说，每个行业都有自己的企业以及领军企业，每个行业企业里，有的从事整机的研发、生产、销售；有的从事零部件的研发、生产、销售；有的进行了高度细分，细分到各个产品要素、各种产品规格，然后又形成企业在产品上下游之间的分工。除了生产制造企业以外，还有各种各样的与生产制造企业关联的服务型企业，门类非常丰富，包括金融服务、保险服务、销售服务、法律服务、财务服务、税务筹划、人力资源、管理咨询、供电服务、供水服务、供气服务、品牌策划、广告营销、教育培训等。

以会计师事务所为例，20 年前，全球最大的会计师事务所有6 家，其分支机构分布在世界的各个角落；而 20 年后的今天，它们整合成为德勤、毕马威、安永、普华永道 4 家了。

第二，G7 成员国的企业成为全球产业链、价值链、供应链整合的领军企业。

我在过去的业务中，每研究一个目标企业，都要研究这个企业所在的行业，然后也会从每一个行业里去找到这个行业的领军企业，目的是研究一个行业的集中度，也就是看这个行业里前 10 名企业所占这个行业的市场销售比例。在无数次这样的分析中，我发现一个规律，那就是来自英、法、德、意、美、加、日这几个国家的企业基本上占据了世界每个行业的领导地位。世界前 10 强、前 50 强的企业几乎都来自这几个国家。这在高端装备行业、医药行业等技术门槛高的行业尤为突出。比如汽车行业，长期都是丰田、戴姆勒、宝马、菲亚特、通用、福特这些企业垄断着全球的产能。

第三，全球化企业主导，完成了第二次全球化浪潮时期形成的全球化产业整合。

汽车产业是全球化最成熟的产业，也是全球化程度最高的产业。全世界的每个角落几乎都有汽车，2018 年全球汽车销售总量为 8600 万辆，世界排名前 10 名的企业占有比例超过 70%。在这前 10 名企业里，大众来自德国；丰田来自日本；雷诺来自法国；福特来自美国；本田、铃木来自日本；现代来自韩国；菲亚特来自意大利；雪铁龙来自法国。所谓的全球化产业整合就是每一个行业在全球市场的集中度，也就是全球的垄断程度。发达国家的汽车制造企业利用第二次全球化浪潮创造了全球化环境。

除了汽车行业之外，全球几乎所有的高端制造业也都被发达国家的企业所垄断，包括化工、奢侈品、高端消费品、高端服务、制药行业、航空业、高端装备制造、高新技术材料、生物技术、高品质农业产品等。

第四，形成了满足全球化企业全球战略投资和经营的产融结合体系。

全球化企业为什么有这么强大的能力呢？试想，如果一个企业单纯依靠产品经营、服务来实现收入，产生利润之后再去扩大再生产，这个企业是难以成为全球化企业的。除非是在高速发展的行业里面拥有全球无可争议的领导地位，类似于中国的华为这样的公司。总体上来看，发达国家的全球化企业之所以能够形成全球化的战略投资能力，主要还是将资本作为主要工具。首先是资本的融入使企业不再简单依靠自有资金进行发展；其次是资本的公开交易和流通可以吸引更多资本进入全球化企业；最后是由于全球化资本市场的定价、交易、支付、并购、整合使得资本要素可以在全球范围内流动，企业通过在全球范围内发行股份实现对其他企业的并购，从而实现在全球范围内的战略投资和管理。这样的特征还表现为资本的多重属性在企业全球化过程中扮演了举足轻重的角色。

当然，第二次全球化浪潮时期所形成的企业全球化特征还有很多丰富的内容，其他章节会有论述。

第二次全球化浪潮期间日本的企业形态比较特别，它们既不是公有制形态下的全民所有制企业，也不是简单的以资本为纽带的有限公司制企业。日本企业的特点不仅仅是单一的企业载体，它们更加注重企业在产业生态中的关系，其中最为典型的就是综合商社模式。对于综合商社模式，国内已经有很多研究，也曾经有国内企业企图学习借鉴日本的商社模式。重庆商社集团是中国国有企业学习借鉴日本商社模式比较成功的案例，但是这些年没有很好发展，不是商社模式本身的问题，而是中国并不具备商社模式发展成长的环境。

如果让我解读日本商社模式的特点，我认为最大的特点是：将中国传统文化精髓与西方现代资本主义制度结合得最成功的典范。资本主义市场经济下企业发展成为全球化企业的核心是依靠资本作为纽带，法律作为保障；日本商社在同样借鉴资本功能的同时，并没有完全以资本的权力作为企业发展、产业发展的绝对权力，而是通过贸易、销售、金融、保险、服务、信息来形成独立企业的联合体，达到企业和企业、企业和产业之间的协同性。西方依靠资本的纽带形成这种能力，而日本依靠产业组织形成这种能力。除此之外，隐藏在背后的东西就是传统的"和文化"，就是把企业和产业的价值观作为最坚实的信仰来建立人与人之间的人文密码，每个人又通过所在家族的文化、血缘的传承，形成了最具特色的企业和产业生态。

第二次全球化浪潮时期所形成的企业组织形式、产业组织形式、企业治理模式、企业管理模式，构成了全球性的庞大体系。中国逐渐从另外一种体系融入全球化的体系中来，但是又没有从根本上和第二次全球化浪潮的引领者形成深度融合，二者存在制度上的根本性冲突和矛盾。这使得中国的公有制企业或私有的民营企业，都很难成为第二次全球化浪潮时期的全球化企业，而很多试图完全按照全球化模式来打造自己的中国企业纷纷因为各种原因而倒闭、消失。包括早期的南德集团、华晨集团、德隆集团，以及前一段时间处在风雨飘摇之中的海航集团。

不管怎样，这是中国企业面临的一个世纪性难题。20 世纪没有解决的问题在 21 世纪能否解决呢？

第二次全球化浪潮中后期，尤其是互联网诞生之后，产生出一大批全球化企业，这些企业在短短的时间内，取代传统企业，成为数字经济时代的企业先锋。

电脑成为互联网链接的结点之后，迅速全球化，而每一台电脑里面最重要的软件操作系统，由一家公司垄断，这个公司叫微软。数字经济时代早期，微软公司超越传统产业的企业，成为世界上市值最大的公司之一；随着 3G 时代到来，移动互联网大规模出现，通信和信息技术结合成为 ICT，再次带来数字时代的技术进步，这个时期的苹果公司成为大赢家，移动互联网终端产品的普及让苹果公司这样的全球化企业成为数字时代的一个经典企业；4G 时代，数字经济开发出更多的产业应用，带动更多企业创造出更多的全球化企业形态，亚马逊、华为、百度、阿里巴巴、腾讯、京东、小米这些企业的出现，标志着全球企业进入资本经济和数字经济交替的时代；5G 技术让通信和信息技术进入一个具有里程碑意义的时代，这个时代通过 5G 技术的全面实施和应用，让人类进入数字经济时代。

那么数字经济时代的企业和企业全球化又是什么样的状态呢？

第三节　第三次全球化浪潮时期的企业

2020 年，我们看到了一个突然性的变革。第二次全球化浪潮时期形成的全球经济秩序在世界大多数地方依然有效地运行着。当我们阅读当今世界最伟大的投资天才巴菲特（Warren Buffett）发给股东们的信的时候，我们发现，在巴菲特的信里，没有一个关于 5G 时代、互联网、物联网、大数据、云计算、人工智能、区块链、数字经济的词汇。而还没有完全融入第二次全球化浪潮的中国企业，如果每天不说一遍关于 5G 时代的这些词汇，就感觉像没有吃饭一样那么饥饿、慌张。

2019 年那些花了超过 10 万元人民币到奥马哈去朝圣的 1 万个中国人今年还会去吗？他们到底是去问巴菲特对中国企业和经济的看法，还是学习巴菲特那些非常传统经典的、古典的投资哲学呢？我认为不用去，所有去了现场的人都会无比失望。

难道我们就这样与巴菲特告别吗？

是的。因为中国企业要追寻的企业治理结构、组织结构、商业模式、盈利模式都在发生着对第二次全球化浪潮的彻底颠覆。这就是第三次全球化浪潮将要带来的企业和经营组织的变革。

对于今天和未来，我们到底需要什么样的公司或者什么样的企业？这个百年未有的大变局让人有些摸不着头脑。

第三次全球化浪潮席卷而来，从技术到产品、服务，从产业到商业模式、盈利模式、组织模式、投资结构、融资方式，出现了很多令人应接不暇的新课题。互联网带来的不仅是对于第二次全球化浪潮产业体系的改造、颠覆和重整，它本身也成为产业。传统产业通过互联网改变产业生态、商业模式、盈利模式，互联网企业也通过互联网使传统产业发生改变，提高了传统产业的效率。第三次全球化浪潮和第二次全球化浪潮的更替不仅体现于产业结构、产业生态、产业组织形式的变化，也体现于企业载体和资本功能、资本作用、资本价值的裂变。

从企业全球化的角度来理解，第三次全球化浪潮时期全球化企业的逻辑和模式的发展至少分为两个阶段：第一个阶段是第三次全球化浪潮和第二次全球化浪潮交替时的企业全球化形态；第二个阶段就是完全进入第三次全球化浪潮时期的企业组织和企业全球化形态。

第一个阶段：第三次全球化浪潮和第二次全球化浪潮交织时期的企业形态演变。在《第三次全球化浪潮》一书中，我从科技、产业和全球化的角度分析了第二次全球化浪潮与第三次全球化浪潮交织阶段的产业发展状态。我认为，由于科技带来的产业生态的变化，第二次全球化浪潮和第三次全球化浪潮交织时期的企业形态也会发生很大的变化。就像第一次全球化浪潮时期的企业形态和第二次全球化浪潮时期的企业形态的差别一样，第三次全球化浪潮刚刚开始，企业形态已经呈现出不一样的特征。对于这些特征，中国的企业界和学术界缺乏系统的研究和分析。但是，实践走在了前面，传统的企业思维、产业思维、赚钱思维被打破，中国企业又进入一个野蛮生长的时代。

至少在这个阶段，中国的企业界是混沌的，用国家层面的经济学观点来说，叫作"三期叠加"。所谓"三期叠加"，就是指增长速度换挡期、结构调整阵痛期、前期刺激政策消化期叠加在一起。我的观点是，除了中国自己总结的这个"三期叠加"之外，还有第二次全球化浪潮和第三次全球化浪潮交织时期的"四期叠加"。主要在于产业的剧烈变革会带来企业的剧烈变革，目前第二次全球化浪潮正全面融入中国的"深水区"，而中国也处在产业结构转型升级与企业组织公有资本和私有资本深度融合的早期，混合所有经济模式还在尝试阶段，在体制内外的许多边界、政府和市场的边界还不太清楚的状态下，中国面临的挑战太大了。虽然中美冲突会使中国的全球化进程遭遇一定阻力，打击了中国企业和中国政府推动全球化的信心。但是，中国已经形成的巨大能量难以被任何障碍阻拦，中国一定会实现第二次全球化浪潮带来的工业化和现代化，承载第二次全球化浪潮的民营企业和混合所有制企业的新生力量也会逐渐优化公司治理、资本配置、组织提升的模式。毕竟经过1993年《公司法》的规范，不管是民营企业、国有企业还是混合所有制经济下的企业，对有限公司这个经济载体的运用已经熟练了很多。当然和有限公司制度推行几百年的发达国家相比，因为缺乏对有限公司深刻的理解以及法律基础等很多原因，我们还需要很多年才能真正建立起系统、科学的有限公司制度，才能更好地完成创建、运营、重组、并购、投资融资、资本配置等很多基础工作。这项工作的难度还没有释放出来，还在探索之中。

第二次全球化浪潮时期，由于产业链、价值链、供应链之间的联系非常紧密，不仅在产业上环环相扣，也在全球范围内形成了运动规律。有限公司这种机制主要以资本作为纽带，然后用三权分立的公司治理形式形成了完整的体系，非常精密有效。第二次全球化浪潮时期形成的有限公司机制在中国还没有完全成熟运用，第三次全球化浪潮又带着全新的科技和产业生态扑面而来。第三次全球化浪潮在有限公司的形态上和第二次全球化浪潮最大的区别在于不再以资本为中心，而是以人为中心，这使得第二次全球化浪潮时期有限公司的组织形态、股东形态、治理结构、人与公司的关系受到全面的冲击。由于不能科学开展股东结构、投资结构、融资结构、公司治理结构、公司组织结构方面的变革，产生了大量的创业失败、经营失败、投资失败、融资失败现象。

比如说，西方有限公司制最主要的特点是企业的所有权、决策权、经营权三权分立，而中国的企业基本都是三权重叠，很多企业的股东会、董事会形同虚设。国有控股企业由党委和国有监督管理机构进行决策，民营企业由实际控制人进行决策。多年来中国上市公司因为公司治理而导致公司不具备投资价值的事件此起彼伏、层出不穷。所以在融入第二次全球化浪潮的时候，如果没有系统引入全球化的市场机制、全球化企业的治理结构，那么中国经济的微观基础还需要很多年才能走向良性运行轨道。在我过去的全球化从业经历中，接触到的发达国家的企业几乎都能达到成熟的治理水平，而中国的企业普遍没有真正建立起科学的有限公司机制。

除了美国之外，由于第三次全球化浪潮发展相对滞后，大多数发达国家的经济形态还主要表现为在第二次全球化浪潮时期形成的产业形态下的缓慢延伸，没有出现中国的这种冲突现象。而美国的经济则是在非常成熟的科技体系、有限公司体系、资本市场体系的相互作用下循序渐进地发展。同样是在第二次全球化浪潮向第三次全球化浪潮推进的阶段，美国经济的发展显得平滑、自然，没有出现中国这样的扭曲现象。

这种冲突不仅体现在公司制度、公司治理，还体现在第三次全球化浪潮时期的商业模式、盈利模式和第二次全球化浪潮时期的商业模式、盈利模式的冲突。

第三次全球化浪潮最大的特点就是互联网进入 5G 时代，也就是数字经济发展到了高级阶段。从通信和信息基础建设的角度来讲，5G 时代主要有以下几个特点：

第一，中国在 5G 基础设施建设领域的技术全面领先，这就为中国创造了 5G 时代在通信和信息行业的系统性优势。同时，由于疫情的原因，中国突然加快了对新型基础设施建设的投资速度，使其成为一个热门投资领域。所谓的新型基础设施主要分为信息基础设施、融合基础设施、创新基础设施三类，包括 5G 基站以及大数据、云计算、区块链、物联网、智能交通设施、数字技术大型设备设施、半导体、芯片、芯片设备等。未来 5 年内，中国对新型基础设施建设的投资将不少于 50 万亿元。这些投资完成之后，中国通过数字技术基础设施优势，将会给整个数字经济的发展奠定强大的物理基础。

第二，中国在 5G 技术基础上的应用场景会比世界上任何一个国家都有优势，因为中国的"80 后""90 后"以及即将全面进入职业市场的"00 后"，将会成为 5G 时代商业模式和盈利模式的创造者、领先者、消费者。

第三，几乎所有行业产品的销售模式都会被 5G 时代的互联网颠覆，销售层面的颠覆带来逆向的产品重构、技术重构、组织重构、生产重构、服务重构、物流重构、产业重组、企业重构。

我们知道商业行为的逻辑就是把产品卖给需要产品的人，信息不畅通的时候，产生了很多的中间环节，导致交易成本提高。比如房地产公司在销售房子的时候，只会推销设计理念：这个地区的环境价值，内部设计的户型，精装修还是清水房，精装修的房子都配了什么家具，什么功能提高了房子的价值等。其实很多东西都是消费者不知道的。5G 时代，消费者可能会获得更多的产品信息，甚至客户会逆向对房屋内部的装饰、设计、功能提前提出要求，房地产公司不是把房子建好之后来进行销售，而是在没有完全建成的情况下按照 5G 互联网时代消费者的要求进行定制，在消费者和开发商之间完全达成共识之后，才能完成房屋的最后建设。这就会让房地产公司的商业模式、盈利模式、组织结构进行重构。

过去，世界著名的服装服饰企业都是靠品牌打遍天下的，5G 时代消费者完全可以逆向把自己对于服装的尺寸、样式、面料的要求传递给智能化的互联网服装企业，完成量身定制，通过 AR、VR 这样的虚拟技术就可以满足消费者的要求，第二次全球化浪潮时期的那些著名时装品牌就有可能被产业互联网重构。

在中国最经典的例子就是董明珠和雷军之间的打赌事件。董明珠所代表的格力是中国空调行业的领导者，也是全球最大的集研发、生产、销售、服务于一体的专业化空调企业，成立至今已经 35 年。格力是典型的在第二次全球化浪潮融入中国之后，利用中国改革开放政策和市场的规模成长起来的传统产业企业；而小米则是成立于 2010 年移动互联网刚刚兴起的时候，完全体现了第三次全球化浪潮的思维，以移动互联网作为平台开发移动互联网时代的各种软硬件产品。但是在 2013 年，这两个企业领导人开了一个世纪玩笑：小米领导人雷军要在 5 年之后，让小米的销售总额超过格力，赌资为 10 亿元人民币。当年这两个公司一个已经创办 28 年，一个仅仅创办 3 年。5 年之后，虽然格力销售额为 2000 亿元人民币，小米销售额为 1749 亿元人民币，二者尚有 200 多亿元人民币的差距，但是相信几年之后，小米很快就会超过格力。这就是第二次全球化浪潮和第三次全球化浪潮在中国的一个经典演绎。这两个企业最大的区别就是第二次全球化浪潮时期的传统产业思维和第三次全球化浪潮时期的互联网思维的区别。

董明珠在传统产业领域确实把空调做到了世界前列，让格力成为令人骄傲的民族企业品牌。但是，格力在产品、技术、质量、应用场景、外观、售后服务的角度，还是遵循着传统产业的运行规则；而小米完全以互联网的角度，通过大数据获得的数字信息，按照消费者的需求进行产品研发。企业根据研发需求创建企业集群合作生态，由这个生态群企业根据产品的各项技术指标和标准完成产品生产，产品就会成为消费者最喜爱的产品，企业的价值链不会把重心放在工程技术、生产设备、产品质量、工厂建设这些地方，而是放在 IT 人才、产品创意、互联网系统生态运行上。

这种逆向流程的再造在互联网领域被称为"私域流量"。就是从消费者 C 端出发，通过大数据和算法打通平台和 C 端的交互，然后通过信用传导、量身定制、精准下单、精准到达，形成 C 端和平台之间的绑定。在这个阶段，国内走在最前列的是海尔集团。2012 年，海尔开始创建工业互联网平台，历经 8 年时间，创建了卡奥斯工业互联网系统,位列中国工信部十大工业互联网平台之首。作为引领全球的世界级工业互联网生态平台,海尔的卡奥斯工业互联网系统是唯一同时被国际三大标准组织授权主导制定大规模定制式工业互联网的平台。目前该平台已经汇聚 3.4 亿用户、4.3 万家企业和 390 多万家生态资源,形成了开源的全产业链的互通互联。

第二个阶段:如果说华为这样的企业是从第一阶段走向第二阶段的典型案例的话,那么小米以及最近几年横空出世的一系列"独角兽企业"就是直接进入第二阶段的产物。

华为当年创办的时候,正是第二次全球化浪潮大举进入中国的时候。这样的历史机遇让敏锐的任正非抓住了,他从通信和信息行业的接入设备开始,从中国最广阔的农村市场开始,采用农村包围城市的战略,让华为在中国融入第二次全球化浪潮的时候,成为中国最大的通信、信息行业接入设备和系统集成供应商。在这个阶段,华为就是一个典型的传统制造和技术服务企业。但是,任正非没有停留在这个境界,他看到了万物互联的机会,大举投资于第三次全球化浪潮时代所需要的技术和应用,最终成为第三次全球化浪潮时期产业生态的世界级领军企业。华为的特点是在打造整个第三次全球化浪潮时期的产业生态,从技术到设备生产制造,从系统的开发到硬件设施,从产品生产到应用服务,从纵向的产业链到横向的产业生态。未来的华为如何发展我不太清楚,是继续目前这样的战略,还是有所侧重,这要看其战略定位。因为一旦这个生态体系搭建成熟之后,第三次全球化浪潮就将彻底摆脱第二次全球化浪潮的束缚,从而席卷全球。到那时,以 5G 作为网络基础设施,以云计算作为海量数据存量和增量的数据体系,通过各种算法产生各种大数据，然后使这些数据成为人工智能（AI），再通过人工智能终端以及万物互联形成物联网系统。作为最大应用终端点上的无数企业形态，可以改变传统产业和企业的产品、服务、技术、生产、销售、规划、设计、物流以及商业模式和盈利模式。在这个基础上，所有行业的经营载体被重构，要么是集团，要么是区块链，要么是企业，要么是社群，要么是个体。这个时期的企业形态可以称为第三次全球化浪潮时期的数字化企业形态或者经营者形态。

为何华为这么重要，为何美国要不断加大制裁华为的力度呢？主要是因为华为担负着中国数字技术的基础物理使命。没有华为，中国的数字技术依然会整体上落后于发达国家，数字技术整体落后，数字经济的发展速度就会放慢，就会受制于人，就没有能力实现在数字经济领域的赶超。

那么第三次全球化浪潮时期的企业形态都有些什么特征呢？

第一，以全球化作为起点。数字经济驱动的第三次全球化浪潮最大的特点是大量的生意都会发生在移动互联网这个虚拟平台上，通过这个虚拟平台可以同步连接实体世界，然后按照行业和产业的各种规律创办各种各样的产业互联网。每一个产业互联网都是一个企业，而每一个产业互联网又会通过各种关联，连接很多企业组织和自然人。所以，第三次全球化浪潮时期的所有产品和服务非常容易在短时间内到达世界的每一个角落。第三次全球化浪潮时期的很多企业从创办开始就是按照全球化的空间维度来创办的，市场也是以全球市场作为目标市场，产品也会考虑全球性市场的适应性。甚至很多产品如果定义为地区性产品，很快就会被全球性产品挤占市场。比如"滴滴出行"

这个软件，如果不能很快在占领中国市场之后进入全球市场，就会被海外企业或其他中国企业抢占。

投资创办一家钢铁厂、水泥厂主要看市场半径，要看在多大的半径里面才有比较经济优势，因为物流成本太高。而第三次全球化浪潮时期很多业务可以全球同步，包括教育、医疗、咨询等，不存在市场半径，产品做出来就可以面向全球。

所以创办企业的时候就要根据全球性市场布局来构造企业全球化经营体系，包括投资、市场建设、组织建设、人力资源、全球资源链接等。

第二，很多企业不是单一产品或者服务的经营者，各种生态型企业成为全球化企业，产业互联网成为数字经济驱动全球化最主要的企业和产业形态。

第二次全球化浪潮时期的企业主要是通过资本与产业链、价值链、供应链、信息链的链接形成一个企业法人载体，创建了以资本作为纽带的产业生态协同关系，资本在企业中的作用举足轻重。而第三次全球化浪潮时期全球范围内将形成一个又一个多元化产业生态关系，这些生态关系要么是品牌之间的协同关系，要么是技术之间的协同关系，要么是产业链之间的协同关系，要么是供应链之间的协同关系。这些协同性构成巨大的业务生态，这些业务生态跨越了第二次全球化浪潮时期的行业分析和分类关系。从目前的组织形式来看，产业互联网和区块链是未来主要的组织形式。

我们以未来的汽车产业为例，未来的汽车产业已经不是汽车产业，而是人工智能与万物互联结合的智慧终端。这个智慧终端就是一个巨大的行业生态，这个行业生态与今天的汽车产业分类完全不一样。汽车很有可能是按照需求者的个性化需求设计的产品，设计者就是一个企业，然后有总装机构分布在线下若干地方。根据需求者的要求，可以在线上完成可视性虚拟现实场景呈现，之后再线下组装，所有组装的元器件都是不同的工厂生产的。各种各样的企业分布在全球来提供这些出行终端的整机和软硬件，而这样的智能终端在运行中还具有许多功能，可以出行，可以办公，可以提供多功能服务。线下线上可以搭载许多企业和个体经营者。在整个研发、设计、制造、运营过程中，在这样一个载体上生存的企业一定不是第二次全球化浪潮时期的奔驰、宝马、一汽等企业。

鉴于这样的特征，未来的出行市场领域，就会诞生各种各样的产业互联网企业生态，取代了现有的以制造商为核心的企业组织形态。比如，上海汽车可以在现有产业链、供应链基础上，创建上海汽车产业互联网，在生产上完全通过物联网系统把所有生产要素、生产设备、生产性物流连接起来，通过大数据和人工智能来创建生产制造物流体系，同时，开放设计需求，通过开源与全球设计资源互通互联，采纳来自全球的整车、电子信息、动力系统等设计方案。此外，根据消费者需求进行定量、定制、柔性化市场开发，将消费者需求精准导入，长期提供跟踪服务。

第三，企业的人数会越来越少。未来在制造业领域将大量使用机器人，使重工业、制造业这些行业的企业人员大幅度减少。从设计到工艺、金属加工再到总装都会被机器人取代，所以生产制造企业的从业人员会非常少；农业产业化水平大大提高，从品种繁育到种植养殖再到农产品加工和深加工，都会高度智能化和信息化，种植养殖面积会大大减少，农业的从业人员也会减少。

农业产业化企业都是从产业链上游到产业链下游垂直经营的，虽然企业规模可能很大，但是人数也不会多。企业形式被各种产业互联网取代的时候，每一个产业互联网上就会链接很多人，有的是一个人，也有的可能是若干人。

第四，由于数字金融以及区块链技术的发展，个人经营者会越来越多，个体户大行其道的年代会来临。

很多人不选择公司作为经营组织，全球会形成无数个主题区块链和各种结算货币，物与物、物与币、币与币的交易和兑换不再需要资本作为中介。由于很多大型企业消失，催生了各种产业互联网，产业互联网上所有链接的要素都是基于可以相互赋能、相互依存、相互输出价值的载体，这些载体可以是一个人，可以是一个工作室，可以是一个合伙企业，也可以是另一个产业互联网平台。以当今最红的直播带货主播薇娅为例。薇娅是通过网络视频直播带货而成功的，看起来她就是一个网络媒体个体户，一次带货就可以卖出几千万、上亿元的收入，哪个企业获得与她合作的机会，哪个企业业绩马上提升。但是实际上薇娅的背后同样有一个强大的、拥有上百人的团队，这个团队需要对所销售的产品进行精心挑选，需要把好质量、企业信用、产品成本、产品价格、市场行情、消费体验的关卡，同时还需要购置高品质直播设备、组建直播团队等。个体经营者的能量胜过今天有很多人的企业，资本的作用也变小，资本的全球化控制被区块链取代，资本主义市场经济最终被数字经济取代。

第五，企业不是资本说了算，而是合伙人说了算。

第三次全球化浪潮期间，由于信息不对称问题被解决、大数据被广泛运用，除了"个体户"类型的企业之外，大量生态型企业的出现使企业都会建立跨界联系。一个公司需要的人都是从各种专业领域出来的，有的拥有 IP，有的拥有营销能力，有的拥有各种资源，有的擅长投资融资，有的熟悉生产加工，有的擅长线下，有的擅长线上。只有各种专业、各种类型的人才集中在一起才能够形成有效的经营，而不是依靠传统企业的垂直经营管理模式，一个企业主要由多个合伙人组成，投资的合伙人与执事的合伙人各有分工。在产业互联网时代，互联网平台和互联网的作用将发生很大变化。消费互联网时代对数字技术的专业程度、人才的需求与产业互联网时代完全不一样，产业互联网时代需要的人才包括网络架构师、云计算专家、大数据专家、人工智能专家、物联网专家等，而且需要这些专家的综合协同能力。在消费互联网时代，阿里巴巴、百度、腾讯、京东、美团都不需要这么复杂的人才结构。把复杂的技术力量组合在产业互联网生态上，是传统企业组织无法做到的。

对于第三次全球化浪潮时期的企业全球化，马云的一个说法比较有代表性："未来的企业，不管你是大企业还是小企业，都应该成为全球化的企业。"我很赞同马云这样的观点。中国企业的全球化和当年发达国家企业的全球化有一个非常巨大的区别。过去 70 多年，发达国家的跨国公司推动全球化是因为其掌握了在全球范围的技术、资本、管理、产品优势，并利用这些优势把自己的技术、产品、资本在全球扩张，从而获得更大的市场空间以及低廉的生产制造成本。但是今天中国企业的全球化路径可以把发达国家在全球范围内已经形成的技术优势、科研成果、创新方法、成熟的技术和产品、企业品牌通过各种合作方式和交易结构的设计引到中国。

产业互联网没有国界，与全世界任何一个地方随时保持着连接关系。全球化在某种意义上是从资本经济时代的企业全球化变成产业互联网的全球化，凡是在产业互联网的任意一个节点上，不管你是个人还是企业，不管你在美国还是中国，不管你在非洲的沙漠还是澳大利亚的丛林里，只要有产业互联网的网络连接，你都是全球化的。

第六，产业互联网成为产业整合生态。在第二次全球化浪潮时期，每个行业都有龙头企业，由于全球化的推进，已经形成了行业的全球化整合关系。全球的汽车行业就被少数全球化汽车企业垄断，排名靠前的汽车企业分别是大众、丰田、奔驰、福特、通用、本田、上汽、宝马、日产、东风。全世界汽车销售总量所产生的收入和利润主要流向这些企业，最后流向这些企业背后的资本，拥有这些资本的股东就成为这个行业最大利益的拥有者。

数字经济时代的汽车产业互联网会颠覆原有的汽车产业生态。产业互联网通过万物互联，连接汽车设计、汽车制造、汽车物流、汽车金融、汽车零部件、汽车后市场、汽车出租服务等专业提供商，再连接消费者，通过智慧设计、智慧制造、智慧物流等按照消费者需求形成反向的汽车产业生态。汽车产业互联网取代资本和汽车产业全要素建立连接，通过数字化整合关系给所有连接要素赋能，从而满足消费者的需求。扁平化的产业生态关系将改变现有的垂直产业整合关系。

未来的产业互联网通过全要素生态创建。通过区块链技术，所有行业都有自己的大大小小的产业互联网生态，从而构成行业业态，每一个行业下面分为细分行业，行业上的所有企业和个人都被连接在不同的互联网节点上。数字化整合取代了资本整合。

第七，数字金融超过我们对于金融的定义。我这个金融家在联想到数字经济时代的金融，也就是数字金融的时候，几乎有些不敢想象。现有的金融体系起源于第一次全球化浪潮的殖民经济时期，成熟、发达于第二次全球化浪潮的资本经济时期。现代金融主要分为货币金融体系和资本金融体系两大领域，贸易经济的发达推动了货币金融的繁荣，产业经济、科学技术的发展促进了资本金融的繁荣。互联网的兴起让货币金融发生了很大变化，互联网公司很难和货币金融银行体系发生信贷关系，数字经济时代的经济形态发生巨大变化，金融形态也必将因为经济形态的变化而变化。

首先，商业银行必须变革。到目前为止，银行的主要盈利模式还是遵循着存贷差保障生存的基本逻辑。数字经济时代最活跃的商业活动将是产业互联网平台上的流动性交易。有价值的资产流动性会被充分地释放出来，资产抵押贷款纷纷变成数字资产。数字资产货币化、货币资产证券化成为交易常态。几乎很难有长期信贷行为，所有信贷资产都会在存续期间通过信息对称和价值的不断起伏而更换交易主体。比如，一座桥梁的建设需要 20 亿元人民币，这是一项长期信用贷款项目。如果是非商业行为，完全由政府投资，是财政行为；如果是商业行为，可能在项目投资还没开始的时候就已经在产业互联网完成了融资和支付，银行更多的时候是在通过人工智能进行支付和结算。利率有可能完全自由化，甚至直接出现商业银行的间接融资和投资银行的直接融资交叉交易的局面。

其次，传统金融机构主要是因为资金需求的复杂化，交易结构的复杂化，资产和融资行为的复杂化而细分出银行、私人银行、证券、保险、金融租赁、资产管理、债券、基金、信托、风险投资等各种金融工具和金融产品。数字金融时代的产业体系、企业组织、经营载体都在发生变化，各种复杂的金融边界被透明化的大数据和人工智能呈现出来，交易场景完全发生变化，金融机构的边界被打破，完全通过交易产生需求，而不是依靠金融牌照获得交易价值和交易机会。高度集中的、密集的资本控制力被分散和多元的资本拥有者取代，数字技术和产业的结合成为金融资源的配置手段，商业银行、金融租赁、信托公司这些机构边界失去了存在价值。

第三章

什么是企业的全球化

这是一个很多企业家都没有搞清楚，也漠不关心的问题。在过去，我经常问大家什么是企业的全球化，基本上没有一个企业家能够准确地回答出来，大家好像觉得这个话题太大太空，虚无缥缈。但是，当我和一些企业家进行圆桌对话和一对一咨询，然后又去日本、以色列进行考察之后，他们就会认为，原来全球化离我们这么近，这样的触手可及，中国企业的全球化还有这么多丰富多彩的玩法。我们的这个尝试不到一年，已经让不少企业获得了全球化的认知并且实际受益。从过去的"全球并购、中国整合"到今天的中国企业全球化模式和路径的探讨，我觉得有了更多的心得，这也是我写作本书最大的动力。

当然，并不是所有中国企业都缺乏对于全球化的理解。著名的全球化企业 TCL 在央视的广告里面有这样的描述：1987 年，为招商引资，企业创始人李东生前往荷兰考察，李东生在飞利浦集团的大楼前设想，什么时候我们才有机会做出这样的全球化公司？30 多年过去了，李东生对全球化的理解是这样的："我们的产品研发和设计，可能是在美国完成，逻辑算法可能来自我们的欧洲实验室，零部件来自全球市场，在全球各地的工厂完成制造，再通过全球的销售网络销往各地。"自 2014 年开始，TCL 全球营收连续 5 年超千亿元，海外营收占比近半。

改革开放 40 多年来，我们看到，在中国真正做到全球化的企业少之又少，而踏踏实实做到了全球化的企业，还真没有多少绯闻，很少有大起大落的。

那么到底什么是全球化企业呢？我查了很多资料，几乎看不到让人认同的解释。而且，对于全球化的解读也是五花八门。我在这里结合多年来对于国际国内企业的观察和了解，提出关于全球化的概念，同时，也在本章对企业的全球化进行系统的分析。

企业全球化是指企业以全球经济作为维度，根据全球产业链、价值链、供应链的运行规律，将企业的产品、技术、投资、融资、品牌、市场、资本、人力资源等企业关键要素在全球范围进行优化配置的方式。

这样一个概念很复杂，复杂之处在于要搞清楚几个链条太难。但是也可以说得很简单，如果你是一个中国企业，往往只考虑如何在中国做生意，但是，如果你是一个全球化企业，就要考虑全球的生意。很显然，中国面对的市场是 14 亿人的市场，全球的市场就是 70 多亿人的市场。但是，仅仅是到全世界做生意也不是企业的全球化，不是说你把产品和服务卖到全世界去了，你就是全球化企业了，而是要从企业综合要素的各个维度建立全球化思维，整合全球的资源为企业服务，这才可以称为企业的全球化。

企业全球化是一个程度，没有终极目标。考察企业是不是全球化企业、具有什么样的全球化程度也没有具体规定。一个企业需要根据企业所在的行业以及企业的规模来制定企业的全球化战略。全球化的企业没有规模大小之分，只有全球化程度之分。再大的企业也不一定是全球化企业，再小的企业也可以是全球化企业，即使一个人，也可以从事全球化业务。以我多年的观察和体会，我觉得一个优秀的、成功的、有理想的、有雄心的企业，一定要成为全球化企业，一定要把全球化作为企业的发展目标。因为中国已经是一个高度融入全球化的国家，但是国家的高度全球化与企业的全球化水平、程度和能力太不匹配了。也就是说，中国企业具备了非常巨大的全球化机会，但是，却没有多少企业家会把握这样的机会。

我是一个中国投资银行家，我更熟悉中国企业，这里的内容也主要是站在中国企业的角度来讨论中国企业的全球化。

问题是，前面说的企业全球化是资本经济驱动的第二次全球化浪潮时期的企业全球化特征。数字经济时期的企业全球化概念完全变了，令人尴尬的是，中国企业还没有真正成为企业全球化的主体，没有认识到企业全球化的重要性和价值的时候，数字经济时代的全球化已经袭来，颠覆了企业全球化的概念和方法。

所以，中国企业遇到的双重问题就是既要理解企业全球化，还要善于把握数字经济时期企业全球化的逻辑和方法。目前，第二次全球化浪潮和第三次全球化浪潮的交替在企业层面就表现为资本经济企业全球化模式和数字经济企业全球化模式的交替。

第一节 全球化企业的基本特征

我们先要理解资本经济时代全球化企业的基本特征。

评价一个全球化企业没有一个特定的标准。党中央、国务院也从来没有把中国企业全球化当成一个战略，华为也不是响应党中央、国务院的号召走向全球的，反而是当整个中国与美国开展贸易战的时候，当华为遭遇美国强力制裁的时候，我们才觉得党和政府都应该感谢华为的全球化布局。华为和任正非为什么就成了"打不死的小强"呢？华为怎么就成了一个全球化企业呢？为什么这个全球化企业不是中国联通、中国电信、中国移动呢？如果没有"全球化"三个字，今天的华为有意义和价值吗？没有全球化的战略、思维、人才、技术、市场、产品、服务，华为还是什么？虽然华为从总部到资本都是中国的，实际控制人也是中国人，但是华为就是一个不折不扣的全球化企业。由于有华为这么一个经典的、有美国人帮忙做广告宣传的企业，我们对于中国企业全球化的理解就容易多了。

中国企业的全球化特征包含了全球化思维、全球化战略、产品全球化、人才全球化、技术全球化、市场全球化、资本全球化、全球化观念这样一些方面。

第一，全球化思维。可以毫不夸张地说，全球化其实是思维方式的全球化，全球化就是一个思维方式而已。你在创业的时候，设计产品的时候，考虑技术来源的时候，设计商业模式的时候，考虑产品市场的时候，有没有用全球化思维呢？当你的企业遇到激烈的产品竞争、市场竞争、技术壁垒困境的时候，你有没有从全球化的角度去思考呢？我相信绝大多数中国创业者和企业家没有这样的考虑，也没有这样的思维。没有这样的思维顾全不了大局，也走不了太远。有位学者在和任正非交流的时候，建议任正非尽快走国际化道路，开拓国际市场。而任正非当即打断对方说，华为不是要做国际化企业，而是要做全球化企业。也就是说，华为很早就建立了全球化思维。我接触了大量以色列的创业者和企业家，他们在设计产品、开发项目和创业的时候，没有一个人考虑以色列市场、中东市场或者亚洲市场，他们都在考虑全球的领先技术和方法。因为以色列太小，人口数量和中国的一个地级市差不多，企业怎么生存呢？以色列周边三面是敌人，一面环海，也没有企业的市场。以色列学者告诉我，不是犹太人比别人聪明，而是犹太人如果不这样，就无法生存。

中国企业和中国创业者为什么没有全球化思维或者全球化思维凤毛麟角呢？我觉得主要有三个原因：

一是历史和文化的局限。中国传统文化的局限就是"在家千日好，出外一时难""父母在，不远游"。过去的两次全球化浪潮，我们都是被动接受。由于传统文化的性格是内向型，所以中国不善于主动走向世界。

二是中国经济体量虽然发展成为世界第二，但是中国还不是经济强国，从体制到企业再到个人都缺乏走向全球化的自信。

三是中国面积太大，人口太多，市场规模巨大，一个企业在一个地级市就可以生存。一个产品做到中国第一就可能是全球第一，企业用不着参与全球化竞争。

当然，中国整个国家也没有建立全球化的竞争观念和体制，国家层面也没有全球化思维和全球化战略，这也会影响企业的全球化思维。中国是以公有制为主体的国家，虽然早在 2005 年就提出"走出去"，但是，由于没有一个系统的国家战略，导致"走出去"的效果不理想，也难以监管。而 2013 年提出的"一带一路"倡议是中国式全球化的一个步骤，但同样从一开始，缺乏系统的顶层设计使得"一带一路"倡议并不被一些国家完全理解和接受。从体制上看，在中国经济中起至关重要作用的各级地方政府缺乏全球化思维，依然停留在招商、引资、引智、引技这样的层面，完全没有全球化思维。

中国企业和创业者建立全球化思维应该成为国家战略。一旦企业有了全球化思维，企业和企业家思考的维度就不一样了，和企业大小没有关系，甚至创业者都可以从创业的角度建立全球化思维。尤其是今天，当中国经济开始大规模、深层次转型的时候，中国开始释放出两个方面的巨大需求：一个是转型升级之后的技术与创新需求；另一个是消费升级带来的对高水平产品和服务的需求。

第二，全球化战略。对于一般企业来说，建立全球化战略是一个高难度的要求，尤其是对国际化、全球化程度不高的中国企业来说，更是如此。绝大多数中国企业缺乏战略，更不用说全球化战略了。中国民营企业中较早实施全球化战略的是德隆集团。德隆集团在确定几个行业战略的时候，都是既研究投资行业的中国战略，同时也研究行业的全球战略，其行业投资领域的重型汽车与零部件、水泥、番茄酱都是瞄准全球第一的战略目标去的。德隆集团这几个行业在全球性排名序列中，不是作为一个中国企业来排名，而是作为一个全球企业来排名，它们要和世界主要企业比技术、比工艺、比财务指标。德隆集团实现全球化主要是通过全球战略投资和全球战略并购。

今天的复星集团比较像当年的德隆集团，其全球化战略理念是"中国动力嫁接全球资源"。这和我提出的"全球并购、中国整合"理念是一个类型。复星集团已经创建了规模巨大的、周期较长的、成本很低的国际融资渠道，这个渠道在国内资本市场基本上就不存在。复星集团一方面是谋求在海外上市，以期获得资本市场长期投资的支持，同时又通过并购海外的保险机构，获得低成本的保险浮存金。有了畅通的国际资本的支持，复星集团完全可以利用在中国产业市场的经验和资源，投资并购海外优质企业，然后寻求所并购企业与中国产业市场的协同性，创造价值洼地，在整合中提升价值，最后寻求时机退出，从而获得战略投资利益。

而产业型企业追求的全球化战略和复星集团这样的金融投资企业追求的全球化战略很不一样。以福耀集团为例，福耀集团是全球最大的汽车玻璃制造商之一，企业创始人曹德旺先生和很多中国企业家一样，都经历了20世纪七八十年代的创业过程，经历了从企业职工到企业承包人再到企业领导者的历程。当曹德旺将福耀集团做到中国同行业中最大规模的时候，他没有像众多同时代的中国企业家一样，仅仅满足于中国玻璃大王的地位，而是漂洋过海到美国投资建厂，走上了一条全球化道路，也因此受到广泛的关注，其经历甚至被美国前总统奥巴马拍成了纪录片。福耀集团完全可以利用在中国生产汽车玻璃形成的优势，直接通过进出口贸易将自己的产品卖到美国，从而进入美国市场。但是，由于福耀集团在中国生产玻璃的市场环境在发生改变，市场增速放缓，产品成本上升，产品利润下降，福耀集团就需要评估在美国这个巨大的汽车制造国的生产制造成本、销售价格以及在中国生产制造玻璃的成本，从而来判断在中国投资生产合适还是在美国投资生产合适。为什么福耀集团不去欧洲或者非洲生产玻璃呢？很显然，今天欧洲的汽车产量和销售量都在下降，制造成本却居高不下；非洲的制造成本虽然很低，还有丰富的劳动力，但是非洲有几个汽车制造企业呢？非洲在全球汽车制造业所占比重太低。福耀集团的全球化战略主要还是根据企业产品的全球化市场来制定的。

　　海尔的全球化战略和福耀集团的全球化战略有比较大的区别。海尔早期的全球化模式有些令人不理解，在中国白色家电市场达到很高的饱和度之后，海尔突然选择在美国投资建厂，这在中国引起很大的争议。因为在美国，通用电气这个世界著名的企业牢牢掌握着美国白色家电市场的主导权，同时在美国还有世界白色家电行业的巨头伊莱克斯。一家中国的白色家电企业要到世界制造大国去挑战企业巨头，确实让人捏了一把汗。历经多年煎熬之后，海尔不仅在夹缝中坚持了下来，而且还利用多年来在美国市场积累的口碑，在母公司引进美国著名的私募股权基金 KKR 作为战略投资人，然后在 KKR 的帮助之下，利用美国制造业衰退的机会，一举并购通用电气的白色家电业务，完成了从直接投资到并购扩张再到消灭竞争对手的创造性举动。如此精彩的全球化战略在中美之间波澜不惊地实施了，但是，如果把这个关系调过来，假如是伊莱克斯或者通用电气把中国的海尔收购了，中国的舆论会如此轻描淡写吗？如今，海尔的企业全球化模式已经超越了传统的、线下的企业全球化模式。海尔通过 8 年时间打造的产业互联网平台——卡奥斯工业互联网系统，已经使海尔成为中国唯一的与数字全球化相结合的制造企业。

华为的全球化战略是最全面的全球化战略，也是迄今为止最成功的全球化战略。华为开始推行全球化战略的时候，也是聘请了几乎每个领域的世界级咨询公司为其做全球化战略方案。在第二次全球化浪潮期间，发达国家拥有强大的全球化咨询体系，比如财务咨询、法律咨询、专利咨询、管理咨询、技术咨询、人力资源咨询、培训咨询等，每个领域都有成熟的、经验丰富的咨询公司。华为一定是通过采购这些咨询公司的服务来制定自己的全球化战略的。而我认为华为最成功的全球化战略是其全球化市场战略、产品战略、技术战略和人才战略。华为针对通信信息产业的全球市场状况，分别在不同的世界市场开拓适应不同市场需求的产品，然后，在所有产品线上发掘全球最好的技术，通过和世界上最好的技术公司合作来实现全球技术的集成。比如华为的手机，在过去大家都从通话质量、操作便捷程度、搭载功能以及外观去研究手机性能的时候，华为却和世界著名的相机品牌——德国的徕卡合作，将世界级光学镜头用在手机上，使得华为手机拍出来的照片质量优于绝大多数手机，强大的拍摄功能成为华为手机的重要卖点。

第三，产品全球化。产品全球化也是一项非常复杂的内容，没有实现产品全球化的企业是不能称为全球化企业的，但是，一个企业把产品卖到了世界很多国家，是不是就算是全球化企业呢？我觉得完全不是。必须把产品出口和企业产品全球化区别开来。

企业产品的出口既包括实物产品的出口，也包括服务产品的出口；既包括生产资料产品的出口，也包括生活资料产品的出口；既包括终端产品的出口，也包括半成品、原材料、零部件产品的出口；既包括中国企业生产的产品的出口，也包括跨国公司在中国生产的产品的出口。从这个角度，我们就很容易理解为什么中国的全球化企业没有美国的全球化企业多了。单从中美贸易顺差3000多亿美元的数据来看，是不是就意味着中国的全球化企业应该大大多于美国的全球化企业呢？完全不是这样。

早期中国向美国出口的产品主要是低附加值的消费品、纺织产品等，目前主要是机械制造、电子产品、美国企业基本不生产的工业产品，以及为美国企业贴牌生产的工业产品、零部件、元器件等。在服务业领域，中国向美国出口的也主要是低附加值的工业服务，而美国在服务业方面占据非常大的优势。中国向美国出口的医药产品主要是低附加值的医疗器械、设备以及医药原材料和中间体，而中国从美国进口的都是中国没有优势的高附加值医药设备、器械和生物制药产品。以汽车和航空为例，中国每年都会大规模进口美国汽车、飞机，而中国汽车基本不可能卖到美国，中国的飞机最多只有大疆无人机出口到美国。根据这样的进出口产品结构，我们可以发现，美国卖到中国的产品大量都是在全球化企业实施产品全球化战略时进入中国的，而中国出口到美国的产品很少，类似大疆无人机这样的产品也是被全球化企业卖到美国的。我们知道辉瑞、强生、默克这样的全球化制药企业，因为在中国医药市场，到处都是这些企业的产品，但是在美国市场上有一家中国医药企业吗？

所以，只有在产品环节上拥有技术、质量、价格、品牌等多种优势，在国际市场具有核心竞争力，在全球市场的销售额占产品销售总额比例较高的企业，才能称之为全球化企业。从这个角度来看，随着具有产品优势的企业越来越多，中国的全球化企业也会渐渐增多起来。

第四，人才全球化。能够成为全球化企业中的强者，必须做到人才的全球化。人才的全球化包括培养或者录用熟悉全球化的中国人才，也包括熟悉中国，愿意为中国企业工作的外国人才。不管是全球化思维还是全球化战略，不管是进入发达国家还是进入发展中国家，都需要对所要进入的国家进行了解。每个国家都有自己的历史、经济、政治和文化，必须全面了解即将进入的国家，才能少走弯路。人才的全球化有很多种方式，既可以自己培养，也可以招聘；既可以聘用熟悉海外的中国人，也可以聘用外国人。以我的观察来看，最好的用人策略就是聘用熟悉中国的外国人。

这是一个很复杂的问题，很难一概而论，具体的用人方式一定需要进行专业咨询，关键是要看用人目的，比如在什么样的国家，可以开出什么样的薪酬条件，是长期的雇佣关系还是合作关系，是偏重技术还是偏重市场等。在人才全球化方面需要注意的几个问题如下：

一是一定不要把中国的用人习惯带到全球化的用人策略中。

二是聘用外国人一定要有非常严谨的用人合同。

三是对外国人的聘用必须清楚用人目的，明确责任、权利、目标。

四是尽量不要要求对方完成合同没有规定的工作内容。

五是一定要遵守用人的信用。

发达国家的人才在知识结构、专业领域方面和中国人才很大的区别是他们非常注重知识的准确性和专业的严谨性，非常不喜欢模糊的概念，思维比较直接，表达上也是直来直去。

随着中国企业的全球化需求越来越大，也有越来越多的外国人到中国读书学习，寻找在中国的工作机会。

人才的全球化不是难题，关键在于人才观以及对人才文化的把握，更多的是技巧。

第五，技术全球化。这是中国企业全球化的绝对重点。技术全球化可以分成两个方面来理解：一方面是中国引进发达国家的技术；另一方面是中国的技术输出。由于中国目前处在第二次全球化浪潮和第三次全球化浪潮的交织阶段，这个阶段在全球技术和知识产权市场的一个基本特征是，一方面中国还需要继续引进、学习发达国家已经非常成熟的技术，毕竟对方已经积淀了几百年，从基础科学到应用科学再到产业转化和商业应用都非常成熟；另一方面中国还需要通过企业并购、合资、技术转让、技术授权等多种方式向发达国家学习。第三次全球化浪潮时期有很多新的技术和创新成果，比如通信信息领域的软件、场景应用、硬件开发、芯片设计制造、物联网技术、传感器技术、机器人、人工智能技术、云计算、大数据存储与算法、再生能源、新材料等。在这些方面，中国有很多技术会领先于发达国家，也会向世界各国输出这些技术。同样，将第三次全球化浪潮时期中国已经领先或者还会逐渐领先的技术与第二次全球化浪潮时期创造的技术和应用进行融合，也会产生新的技术和应用。

技术全球化这个环节非常敏感，新中国从成立起就遇到西方国家的技术封锁，后来在和苏联合作过程中，由于中苏关系破裂，苏联撤走技术专家，终止技术合作，中国在社会主义和资本主义两个阵营里都没有机会获得技术支持。就是在这样极端的技术封锁之下，中国人勒紧裤腰带，喊出"独立自主、自力更生、艰苦奋斗"的口号，在经济极端困难的条件下，自主研究出原子弹、氢弹、人造卫星这样一些技术成果，形成了依靠自己、自强不息的整体意识和国家精神。改革开放后，中国通过引进产品、设备、资金、人才提升了科技水平，进入工业化的中后期，又通过第二次全球化浪潮导入全球产业链，成为全球最大的制造国。尤其是近年来，中国在国防军事装备、空天科技、高铁、基础建设、大飞机研发制造等领域通过举国体制和集中力量办大事的社会主义优势，在技术上取得了很大进步。但是在整个工业经济体系和消费市场，中国的科技水平和发达国家相比还存在很大差距，比如医药、医疗设备、生物科技、半导体、食品生产、材料工业、精密制造、工业服务业等，这些领域的发展问题往往不是举国体制可以解决的，而是需要在市场经济环境下，通过企业或者市场手段才能够解决。比如华为，如果采用举国体制，利用集中力量办大事的方式是不可能打造出华为这样的公司的，华为所拥有的核心技术优势都是依靠市场经济和市场化手段，以及在全球范围内创建科研基地获得的。前不久重庆市原市长黄奇帆的一个演讲观点我非常赞同，他说发达国家的优势技术如果不与应用结合，不能创造技术价值，这些技术就是"孤魂野鬼"；而巨大的产业基础如果不与技术结合，就会成为"行尸走肉"。

中美贸易战以来，中美技术战已经非常激烈，特朗普一上任就否决了中国对美国的几项涉及技术的并购项目，然后通过对中兴通信的技术制裁，几乎把中国通信技术设备制造商置于死地；随后美国又在全球范围内采用长臂管辖手段全面封锁华为的 5G 技术，还通过实体清单管理，把中国具有技术优势的多家著名企业拒之门外，包括海康威视、科大讯飞、商汤科技这样一些在第三次全球化浪潮中的领军企业。

中国企业在这个环节，需要对美国、加拿大这两个北美洲国家，英国、法国、德国、意大利、瑞士等欧洲国家以及日本、澳大利亚、以色列这些国家全面展开技术合作的姿态。这些国家除了以色列之外，在前两次全球化浪潮中都是技术领先的国家，都有几百年的科学技术积累，诺贝尔奖也基本上被这些国家的科学家获得。当中国企业、中国产业、中国市场发展到今天这样一个阶段的时候，一定要主动迎向全球，把先进的技术成果作为人类文明的共同成果，不论是大企业还是小企业都有这样的机会。这些技术都有这样一些特征：

一是技术积淀几百年，很多技术和工艺、产品、品牌、企业早已融为一体，不是简简单单通过抄袭、模仿就能学会的。而中国企业过去经常用的方式就是断章取义，认为通过模仿和拆解就可以轻易学到并据为己有。

二是很多优秀的技术成果掌握在发达国家的中小企业手中，带着这些技术优势的企业仅仅能在一定的市场范围内开展应用。比如很多日本中小企业的产品完全没有进入中国，欧洲也有很多企业的产品没有进入中国，但是这些产品在技术和工艺上有各种优势，我们完全可以找到这些企业，在划定市场范围这一规则的前提下，通过各种合作方式把这些产品和技术引入中国。

三是国外有很多私人的民间科研机构和实验室。这些机构的很多科研人员退休之后依然非常热爱自己的科研事业，他们也有很多科研成果，这些科研成果不一定在他们所在的国家有市场，在中国却可能有市场。比如，一个德国的核物理科学家，年近80岁，研发出核废料的处理技术，而德国是一个核能不发达的国家，中国是世界上最大的核工业国之一，中国在核废料处理上就需要这样的世界先进技术。

四是一些优秀的技术成果掌握在容纳力不足的国家手中。比如以色列就是一个纯粹的科技立国的国家，但是大量的科技成果在以色列是没有市场的，或者以色列的市场容量完全容纳不了这些技术成果。所以，以色列面向全世界，通过技术和知识产权的资本化转化，和世界所有发达国家的企业合作，通过全球的企业把其技术成果转化的价值带到世界各地，从而使以色列的技术获得应有的回报，形成"教育—基础科学—成果转化—技术资本化—技术全球化—技术资本回报"这样的闭环。

除了以上这些在应用科学上已经和产品、企业融为一体的技术成果外，在波兰、捷克、匈牙利、俄罗斯、乌克兰这样一些国家，基础科学成果非常丰富，而且科研成果也更需要应用市场。

中国企业，尤其是实体经营企业经过几十年粗放、快速经营之后，现在遇到的最大瓶颈就是缺乏技术和核心竞争力，在经济转型的时候找不到转型的方法。通过技术全球化，在全球范围内寻求技术资源进入中国市场，是中国企业的绝好机会。如果这样的机会企业都不知道去把握，只是每天在那里感叹现在生意不好做，基本上就是坐以待毙。

技术全球化的另一个话题就是随着中国市场容量增大，以及第二次全球化浪潮和第三次全球化浪潮在中国市场产生化学反应，必然诞生出新的技术物种，这些技术物种在中国市场放大之后，就会形成新的技术优势，从而走向全球。这个领域的绝佳案例就是华为手机与徕卡的光学技术融合。徕卡的光学技术是第二次全球化浪潮时期的经典技术。华为手机作为后起之秀，突然横空出世成为世界著名品牌，成为华为从 2B 业务进入 2C 业务最成功的升级，其中一个非常重要的技术融合就是将徕卡的光学技术用于手机的镜头。在照相成为手机非常重要的功能选项时，华为手机与徕卡的这项技术融合，给华为手机的竞争力加分不少，在手机照相的效果方面，华为超越了世界上大多数手机。

再比如，中国在人工智能应用方面已经走在世界前列，但是人工智能的基础科学远不如发达国家。中国在智慧建筑行业，就出现了一个很有意思的现象。中国已经是全球高楼大厦最多的国家之一，各种高楼已经遍布中国的一、二、三线城市，但是高端建筑，尤其是高档写字楼和酒店的很多电气设备都是西门子、施耐德、霍尼韦尔等世界著名品牌的产品，因为国产产品达不到要求。但是，在设备运行、管理维护方面，中国却已经非常先进，发达国家在第二次全球化浪潮时期形成的技术优势和产品优势，与中国的智慧建筑这样的第三次全球化浪潮时期的产业生态结合之后，同样体现出中国的技术优势。大家看到的上海、北京、重庆、武汉这些城市梦幻般的灯光景观工程就是中国智慧城市的技术创新。但是，如今的发达国家几乎没有一个国家在这些融合技术上达到中国这样的智能水平，非常遗憾，这些企业都挤在中国的市场上拼得头破血流，没有多少企业到欧洲、北美洲去寻求全球化的"蓝海"。

第六，市场全球化。市场全球化是很多外向型中国企业都会做的事情，这一点不用质疑。中国改革开放以来，一个很重要的国家战略就是出口创汇，将产品出口赚取的外汇用于发展经济所需要的技术和设备的引进，每个地方政府都把培育外向型、产品出口型企业作为考核指标，以至于中国成为世界上最大的出口贸易国之一，到 2014 年，中国外汇储备达到将近 4 万亿美元。中国已经成为世界上很多国家最大的贸易合作伙伴，这就足以说明中国在产品全球化方面的能力。但是，由于中国企业在技术全球化、资本全球化、企业全球化、人才全球化方面的能力不够，所以中国产品全球化数量很大，但是质量不高。质量不高的基本概念是，在全球化的产业链、价值链、供应链的层面，中国的产业链主要处在中下游水平，价值链也处于低端，存在着产业链和价值链的严重倒挂。所谓的严重倒挂就是指中国拥有巨大的出口总量，但是在价值链这个环节，最大的赢家是产业链背后的企业链和资本链，真正最赚钱的还是发达国家那些著名的看得见和看不见的高附加值企业及其背后的资本。

所以，中国企业产品全球化的主要任务已经不是单纯加大产品出口量，而是怎么提高产品出口的经济价值质量。比如说，中国是古老的丝绸大国，古代丝绸之路的故事已经有上千年了。从古代开始，中国就将生丝出口到欧洲、中亚地区，今天还是这样。从蚕茧到生丝再到丝绸产品，就是一个产业链关系，上游在中国，但是高附加值的终端产品和品牌却在海外。今天的日本、意大利都是下游高端价值链的拥有者，中国的桑农辛辛苦苦栽桑养蚕，然后把蚕茧卖给江南一带的丝织企业，这些企业完成缫丝加工后，又将生丝廉价出口。日本、意大利掌握着生丝面料的整理加工技术以及混纺技术，最后做出的终端产品有高附加值，又大量被中国消费者从英国、法国、美国、日本买回来。从出口和进口的量上来看，我们的规模大于别人，每年的顺差让人沾沾自喜，但是从价值走向、利益走向来看，却是人家在背后偷着乐。以最新丝绸价格为例，每吨近 40 万元人民币，折合为每公斤 400 元人民币，而在国际市场顶级、著名的爱马仕真丝围巾，一条就可以卖到几万元。一条真丝围巾的重量不到 100 克，出口 25 公斤生丝可以买一条高级爱马仕真丝围巾，而这 25 公斤生丝可以加工 250 条真丝围巾，也就是说我们需要出口 250 条围巾的原材料才能买回来一条爱马仕围巾。这就是产业链和价值链倒挂的本质，这就是中国经济质量的本质！

所以，中国企业市场全球化的任务已经不是轻轻松松把中国各种产品卖到世界各国赚取外汇、获取外贸顺差了。从改革开放初期出口原材料到后来的"三来一补、两头在外"，中国主要为全世界当加工基地。今天第二次全球化浪潮形成新的全球产业链、价值链、供应链关系，中国成为世界最大的制造中心，中国企业产品全球化的质量必须进行重构，不管把产品卖到全世界哪一个地方，都需要有技术含量，需要有中国的品牌。中国企业产品全球化需要注意以下几点：一是产品本身，我们出口的是什么产品，是实物产品还是服务产品；二是产品的市场是发达国家、发展中国家还是不发达国家的市场，产品是工业产品还是消费品；三是产品全球化的方式。

中国企业到底应该出口什么样的产品，这就是我们企业产品全球化需要重新定位的地方，光是这一个题目就可以写一本书。因为产品出口的门类、品种太丰富了。构成一个出口产品的因素非常多，包括产品的品质、技术、品牌、等级、价格、成本、包装、物流、时间周期、使用寿命等，难以穷尽。一个国家能向全世界销售产品也是这个国家经济实力、经济发展水平的体现。中国在刚刚改革开放的时候，能够出口的几乎是没什么太高品质、高附加值的产品，最多就是原材料、矿产品、初级加工产品和土特产。后来就是简单的消费品在中国加工后出口，再后来增加了不少劳务输出、基建服务、待加工产品、外包服务等。直到2001年中国加入WTO，并且全面融入第二次全球化浪潮，中国成为经济全球化最重要的贡献者。中国的出口产品结构发生根本性变化，早期的粗加工、原材料、资源类产品出口比重大大降低。在全球产业链分工中，中国几乎采购全世界的原材料，运到国内生产加工之后再出口到全世界。中国逐渐从产业链的低端，走向了产业链的中高端。产业体系越完备，产业集群越成熟，产业配套能力就越强大。如果一个国家有巨大的市场，并存在着巨大的产品出口优势，那么这个国家也拥有产品全球化的优势。

这里的基本原则就是，在第二次全球化浪潮和第三次全球化浪潮交织阶段，传统产业的企业应该重点考虑如何提高产品的技术附加值、品牌附加值和品质附加值，从过去的价格低廉、品质不高、使用寿命短、贴牌生产这个市场生态里面走出来，这样才能够实现中国企业的产品升级，只有产品升级了才能够做到企业升级。

但是在产品全球化这个话题下，最大的问题还在于中国企业的观念。很多企业家都认为，中国已经成为全世界最大的市场，我只需要把中国市场做好就足够了，为什么一定要去做产品全球化的努力呢？这其实还是没有真正理解产品全球化的概念。

我讲的中国企业产品全球化的意思主要是指由中国资本控制的，用全球化思维来生产制造、创新设计出来的产品。包含以下几个内容：

一是用中国的原材料、技术、品牌在中国生产加工，设计出实物产品或者服务产品，然后把这样的产品卖到中国以及全世界。包括中医中药、机电产品、化工产品等。

二是将采用了国外的技术，并由中国企业生产制造加工的产品卖到中国以及全世界。包括联想、华为、海尔这些企业的产品。

三是将使用了外国的资本和品牌，并在中国生产加工的产品卖到中国和全世界。包括海尔、海底捞、腾讯、阿里巴巴这样的企业。

四是将采用海外的技术、品牌、标准在海外生产加工出来的产品卖到中国和全世界。

以上这些方面并没有穷尽中国企业产品全球化的全部内容，产品全球化还有很多创意和创新之处，核心还是一点：在产品这个环节上，是不是拥有全球化思维，是不是站在全球市场、技术这些角度在研究和讨论以及实践。在我们一年的实验过程中，发现有一家公司存在一个很大的困惑，这个公司是中国从事水蛭综合研发应用的龙头企业，企业创始人周维海被称为"中国天然水蛭素之父"。

水蛭俗称蚂蟥，是很常见的淡水生物。在中药领域，早在《神农本草经》中就有记载，这是一种著名的中药。在西方医学界，1884 年就有英国人从水蛭的唾液里发现了生物活性物质水蛭素。20 世纪，水蛭素被研发成为多种治疗抗凝血、抗血栓的生物医药产品，但是受制于天然水蛭的数量而没有实现产业化、规模化。

周维海先生所创办的广西科康科技集团经过 23 年的研发、创新，取得了"活体反复多次提取天然水蛭素"等多项专利，解决了水蛭素批量化生产的难题。但是，这样的技术成果解决不了产品和市场规模化的问题，原因何在呢？如果水蛭素作为医药产品，需要经过严格的动物实验、人体临床试验等过程，最后还不知道能不能获得批准，周期长，投入大，存在不确定性。如果水蛭素作为保健品，很难成气候，因为如今中国的保健品市场鱼龙混杂。所以，我就建议广西科康科技集团直接联系以色列、德国、日本这些新药研发技术非常成熟的国家，利用这些国家的研发机制和研发团队，同时还利用中国提供的基础技术成果。广西科康科技集团需要去解决早期投资问题，然后申请美国的FDA（美国食品和药物管理局）认证，一旦获得成功，不仅拥有全球市场优势，同时，还可以回到中国申请CFDA（中国国家食品药品监督管理总局）认证，再利用广西科康科技集团在中国的优势，进入中国市场。这就是产品全球化思维之一。而我把这个建议说给周维海先生之后，也得到他的完全认同。

全球化的产品和市场的关系密切，一方面是根据市场生产产品，另一方面是根据产品寻找市场。目前从中国产品和市场的关系来看，这两方面的问题都存在，这两方面的机会也都存在。从产品来看，中国目前几乎什么样的产品都过剩，什么样的产品都存在竞争关系。但是很多中国企业宁肯死守这个红海市场，杀得死去活来，尽可能采用低成本战术和价格战术开展极度营销，也不愿意到全世界去寻找全球的市场空间。从市场来看，中国企业不擅长根据全球市场需求去研发、生产适合全球的产品。在这个方面，中国在传统产业领域的能力和信心都存在不足，在新兴产业领域有比较大的突破。比如，小米除了占据中国市场之外，在全球范围也迅速扩大市场，根据全球市场的需求研发产品，这是小米迅速崛起的很重要的战略。再比如，在东南亚这些国家，中国的产品和服务主要体现在基建、房地产、中国式服务业（餐饮、按摩、足疗、卡拉 OK）等这些有中国特色和产品优势的领域，而汽车、摩托车、化妆品、日用消费品甚至是在中国满大街跑的电动车等产品并没有多少是中国的。印尼、泰国、马来西亚、越南这些国家，具有非常丰富的热带产业资源，当地企业的投资水平、创意设计、产品研发都不行，中国人去旅游就会大包小包买一些产品回来，而发达国家则会利用其原材料优势、品牌和技术，大规模开发出优质产品销往全球。过去我看过发达国家的若干个化妆品、功能食品、医药产品、健康食品、保健品的项目，很多项目的产品原材料都来自这些国家以及南太平洋。

当然，全球化的市场是需要进行系统研究的，发达国家的市场、发展中国家的市场、不发达国家的市场对产品结构的需求是不一样的，发达国家内部和发展中国家内部的消费群体、消费习惯、销售方式也是有差别的，我们需要认识产品市场在全球的复杂性。在传统产业，全球的市场秩序已经形成了很多年，不管是工业产品、生产服务还是消费品，中国过去几十年已经对这些领域的秩序进行了颠覆和改变，但是由于中国企业对于产品和市场的理解与发达国家企业存在很大的距离，中国的产品，尤其是服务和消费品在世界市场成功的并不多。除了华为、小米、联想、海尔、美的、格力之外，看不到多少成功的中国企业，尤其是在食品、精细化工（日用）、医药、奢侈品方面，更是寥寥无几。

第七，资本全球化。到海外投资、开展海外并购、在海外上市容易被错误地理解为资本的全球化。我所理解的资本全球化的概念同样是站在全球的维度，探讨资本的全球化配置，研究中国企业资本的全球化。包括全球投资、并购；包括引进海外投资和中国企业合作；包括在中国成立合资公司，出售中国企业的股份给外国资本；包括将中国企业出售给外国企业。

资本全球化是第二次全球化浪潮时期资本经济形态全球化的最高运营水平，但是经常参与资本全球化的企业家，并没有真正了解全球化的全部意义。我的一个合作伙伴所创办的企业被世界500强企业看上了，他后来把所有股份全部卖给了这个世界500强企业，自己实现了战略退出。对这位伙伴来说，他是在资本层面被全球化了，而不是主动开展了资本全球化。通过参加学习和培训，以及到日本、以色列考察之后，这位伙伴的企业发展战略方向有了很大的变化，那就是要通过资本全球化的方式运作医疗器械。但并不是每一个企业家都容易接受这样的观点。有一家企业是做自体细胞移植的，通过自体细胞移植进行医疗整形和美容。这家企业的创始人是一位非常有名的专家，做了多年的细胞移植手术，从来没有发生过一例医疗事故。通过学习和在海外的考察、交流，他打开了视野，看到了自己的企业优势。我建议他从资本层面进入国际市场，国内的相关政策体系不完整，把控股公司注册在海外，对接国际资本时，可以对接医学美容领域的全球性资源，然后把中国当成实施全球化战略的最重要的市场，同时面对全球开展业务。这样的建议对于他来说，接受起来不免有些难度，他一直在犹豫，企业高层在内部决策上也有分歧。

对于中国企业来说，如果没有经历过人才、产品、企业、市场、技术等多方面的全球化历程，深刻理解资本全球化是很难的。即使很多在海外融资上市的中国企业，或是已经走上资本全球化道路的企业家，也未必真正理解资本全球化的全部内涵。将资本全球化分解开来理解，有以下一些表现形式：

（一）海外直接投资

主要是指通过海外直接投资，创建海外投资和研发、生产制造平台，根据全球化布局实现海外投资的多重目的。包括在海外创建科研机构，从事研发工作；包括通过海外直接投资从事贸易或者生产制造业；包括创建产品全球化的企业在海外成立平台公司获取海外市场信息等。

（二）全球并购

全球并购是资本全球化的经典运作模式，全球并购既有产业方面的战略并购，也有金融、资本方面的并购。这是一个巨大的市场和机会，也是资本全球化最主要、最高水平的表现形式。我从2008年开始就开展过一些全球并购业务，也写作了《全球并购 中国整合：第六次并购浪潮》一书。10余年来虽然也有一些成功案例，但是10余年的经验和教训让我深深地认识到，中国的市场经济和发达国家的市场经济之间存在着巨大的鸿沟。中国的市场经济即使发展到今天这样的规模，从总体来说还是和发达国家的市场经济水平存在巨大的差距，关键是体制和机制的差距。这种差距导致中国企业很难像世界发达国家的企业开展重组并购一样，可以完全按照市场规律、资本运营的规则、全球并购的规范从事并购整合。所以我才觉得中国经济首先应该融入全球化，只有当全球化水平达到一定程度，全球并购这样的资本全球化运营能力才可能提高。

（三）成立海外合资公司

成立海外合资公司这样的形式，其目的性、目标性非常清楚，要么是与海外的合作伙伴达成了合作关系，需要通过设立海外的合资公司来开展运营; 要么是看上了某个国家的一项技术、一个项目、一个产品，专门针对这个技术、项目和产品成立合资公司。这是最简单、最常见的资本全球化的方式。

（四）海外上市

海外上市是企业资本全球化的一个标志。但是，大多数在海外上市的中国企业基本上都是把海外上市仅仅作为海外融资的渠道，没有真正理解海外上市的全部意义，尤其是没有很好地抓住资本全球化的机会，把企业发展成为全球化企业。结果大多数企业股票在海外上市了，产品、技术、市场、团队、管理模式、经营理念完全是中国化的，只是穿了一件"西装"而已。

（五）创办海外控股公司

创办海外控股公司有什么意义呢？这是很多中国企业不明白的。通过在海外成立控股公司有多重目的，一方面可以通过成立海外控股公司，把国内业务延伸到国际市场，有利于业务的全球化；另一方面，可以通过设立控股公司和国际资本建立合作关系，很多海外资本不愿意进入中国，但是又非常看好中国市场，想抓住在中国市场的发展机会，分享中国的市场红利。但是，由于外资对中国市场不熟悉，中国又没有实现资本项下的自由兑换，外汇管理体制让海外资本进出中国存在一定的障碍。如果设立海外控股平台也可以以国内业务和财务业绩作为支撑，获得海外资本，而海外控股公司可以将国内业务并表之后在海外直接上市，打通资本通道。除此之外，许多大型企业还可以通过在海外设立的控股平台灵活配置产业和资本的关系。

（六）设立海外投资基金

设立海外投资基金的中国企业很少，运作也不成功。

我曾经在2013年帮助一个重庆的实体企业进入国际资本市场，但是后来收效甚微。早在2013年，两位在国际上非常有经验的投资家——一位是毕业于哈佛，成长于华尔街的非常优雅的美女投资银行家；一位是美国海军陆战队的退伍军人迈克尔，后来从哈佛毕业之后成为职业投资家。他们在可持续产业这个领域都有非常多的投资经验，手上也有很多来自欧洲和北美地区的可持续发展的优质项目。对于发展中国家——中国来说，过去几十年的高速发展不太重视环保，造成了资源减少、环境破坏的结果，已经在国际上给自己带来了较大的舆论压力；而欧美国家过去在环境治理方面，已经非常成功，有非常丰富的环境治理经验和技术，如果科学地把这些技术带进中国，对中国产业结构的调整和转型升级都非常有利。这两位投资家准备在欧洲设立欧洲可持续发展基金，但是他们为了让他们的投资项目获得更加广阔的中国市场，想寻找中国的合作伙伴。于是，他们通过朋友找到了我。我根据中国市场的特点，提出创办中欧可持续发展基金的建议，得到了他们的响应。后来我把这个机会给了重庆企业家，也希望给家乡企业做贡献。重庆的企业家们反应积极，迅速投资到欧洲，在卢森堡一起参与创办了欧洲可持续发展基金，成为这个基金唯一的中国GP（普通合伙人）。然后我们就以中欧可持续发展基金的名义，到中国重庆来设立中欧可持续发展基金，然后通过这个基金，将国际上优质的可持续发展项目源源不断地引进中国。这样的尝试和创新在中国非常具有领先性，但是多年过去，中国的产业和国际产业之间所构架的资本通道还是不畅通。

（七）投资海外企业少数股权

投资海外企业少数股权对于中国企业和投资者来说，还是一种非常罕见的投资行为。过去经常有很多外国企业家找到我说，能不能找到中国投资者，参与他们的海外项目，几乎都被我回绝了。原因很简单，除了中国的投资公司以及很少的几个基金之外，中国基本上就没有什么在海外做直接投资的投资机构。但是有一种新的投资模式可能会流行，就是所谓的"外参内控"。发达国家也有很多优质项目希望进入中国，但是这些国家的企业一不熟悉中国法律，二不熟悉中国市场，同时又希望引进中国投资者，认为只有中国投资者成为股东之后，才会重视这个项目在中国的落地实施。投资外国公司之后，中方投资者往往可以拿到一个在中国成立合资公司的机会，而这个合资公司就可以选择在中国上市。这种"外参内控"模式接下来可能成为引进全球技术进入中国转化，然后帮助中国企业转型升级的一个主流模式，而这个方面对中国企业来说，最多的机会就在以色列。

（八）投资海外上市公司（非单纯买股票）

投资海外上市公司对于中国企业来说也是非常稀少的，皆因为中国的国际化和全球化都是被动的、输入式的全球化，主动出击、走向海外直接投资上市公司严重缺乏动力。这种行为不包括在海外开户投资美国股票或者欧洲股票。这里所说的投资海外上市公司不是金融行为，而是产业行为。这也是我在 2008 年受日本金融家古川令治先生邀请，对日本产业和资本市场考察之后的感悟。中国和日本、韩国、新加坡、澳大利亚、德国、法国、英国、美国、加拿大等国家的在国际资本市场上市的公司都存在产业、技术、市场、产品等方面的协同性。中国的企业，尤其是优质的上市公司其实应该大规模地在全球资本市场去寻找和自己存在协同性的上市公司，然后和这些公司在产业、产品、技术、市场空间上创造合作机会，再将这些机会带进中国市场。这样的投资不仅可以让中国企业获得丰富的国际资源，而且和国际优质企业的合作深入资本层次，建立资本合作纽带，更容易获得海外同行的认同。

中国几千家在主板、创业板、中小板、科创板上市的企业都缺乏这样的战略和意识。

（九）引进海外资本在中国成立合资公司

引进海外资本在中国成立合资公司一般来说是产业行为，中国企业在中国所拥有的优势，得到海外同行的认可，中外双方企业在中国成立合资公司，对双方发挥在中国市场的优势都有作用。

（十）出售中国公司的股份

出售中国公司的股份给外国投资者包括两种方式：一种方式是具有成长性的企业，在高速成长的过程中，通过私募的方式获得海外资本的投资；另一种方式是中国的上市公司在发展中获得国际资本的青睐，由国际资本对中国上市公司进行投资。

对于前一种方式，在中国直接投资市场还不成熟的时候，海外的投资者 KKR、高盛、红杉资本、华平投资、日本软银等都在中国有不少投资。后来，随着中国私募股权基金的兴起，这个市场基本被中国资本垄断，海外资本的投资逻辑、文化、估值与中国存在较大的距离，海外资本在中国的投资已经不活跃。对于后一种方式也是这样，很少有外国资本投资中国的上市公司，早年有巴菲特投资比亚迪、索罗斯（George Soros）投资海航，近年来还有 KKR 投资海尔，除此之外，我们很少听说有活跃的外国资本投资中国的上市公司。

出现这样的现象，难道是外国资本投资不活跃了吗？外国资本没有钱了吗？我觉得都不是，关键是中国上市公司的丑闻太多，具备投资价值的上市公司非常稀缺。同时，中国的监管机制也让投资者难以投资上市公司，不仅进入困难，退出也困难。这需要中国市场监管者深刻反思。

没有资本市场的国际化，怎么应对中国经济全球化，把握住全球化的机会呢？

（十一）出售中国企业的控股权

这样的事情时有发生，不要以为把控股权出售给外国企业或者外国资本就是什么不光彩的事情。我们经常看到中国企业之间买来买去没有任何媒体关注，一旦一个稍有影响的中国企业将控股权出售给外国企业或者外国资本，经常就会被媒体上纲上线去进行解读。

早年就有中国工程机械企业徐工集团被外国资本收购的事件引起轩然大波，也有过柯达收购中国感光材料企业而引起纷纷议论。几年前中国著名的果蔬饮料企业汇源果汁本来会被可口可乐收购，价格高达80多亿元人民币，结果在商务部审批的时候没有被通过，导致企业实际控制人朱新礼无法实现战略退出，近些年该企业业绩严重下滑，估值不到30亿元人民币。不久前，KKR收购中国LED龙头企业雷士照明，再次被国内媒体说成是中国企业贱卖给外国资本。在市场经济发展到今天这个时代，还有这样不顾事实的报道，更加体现了中国经济在国际化、全球化、市场化的道路上，行走艰难。雷士照明这样一家企业在非常成熟的LED行业早已经没有了当初的行业地位和优势，创始人吴长江和我曾经有过交集。在雷士照明和德豪润达产生恶性竞争之前，吴长江通过他的助理和我有过短暂的交流，他希望和我合作。我和他交流结束后，回去研究了他的资本运营动向，发现了他的企业危机，第二天再次主动约他，给他发出危险的警示，他完全沉浸在自我陶醉之中，听不进去我的建议，结果很快就在股权大战中败下阵来，身陷囹圄。经历这样的折腾，企业大伤元气，而这个行业由于技术门槛不高，雷士照明早已经没有当年的优势，价值低估很正常。如果 KKR 并购雷士照明之后，利用自己在全球的资源和整合能力能够让雷士照明再创辉煌，对于雷士照明这个企业来说，何尝不是一种幸运呢？

（十二）引进海外金融资本创建合资产业基金

这样的思路其实应该算是中国金融和资本的开放之路。中国私募基金十几年来经历了从无到有、从小到大的发展过程，也经历了从疯狂到衰退的过程。数不清的基金公司再也难以募集到钱了，前面投资的资金也都投光了，没有多少公司是成功退出的。在这样的乱象下，怎么会有海外基金来中国和中国资本合作组建合资基金呢？但是我相信，经历疯狂之后冷静下来的市场应该回到市场的本来状态了。

关于资本的全球化远不止这些内容和形式，我之所以把资本全球化的内容罗列这么多出来，还是觉得资本全球化在企业全球化这个话题中很重要。产品全球化、技术全球化、人才全球化、市场全球化、品牌全球化都是企业全球化的单一要素，只有资本全球化才是企业全球化的根本。没有资本的全球化，其他要素的全球化就会显得苍白无力，企业全球化也就是无本之木。

第八，全球化观念。如果说资本全球化是企业全球化的根本，那么观念的全球化就是企业全球化的灵魂。从我在 2008 年开始对全球并购业务进行探索和实践以来，我遇到的最大障碍就是观念问题。这个问题，仅仅从经济全球化的范畴已经难以解读，可以上升到政治、文明、历史、文化的角度去理解。

　　这是一个很深层次的问题，而且在不同的角度有不同的观点。中国和发达国家之间曾有过对立的观点，这来自非常久远的历史根源。中国在历史上曾是世界经济、文化的领先者，只是在工业革命和第一次全球化浪潮之后从世界巅峰跌落下来，既没有完全经历殖民地社会，也没有完全采用资本主义制度，而是依靠共产主义建立了中华人民共和国。中国社会的人文心理非常复杂而纠结，与西方文化很难深度融合，导致东西方产生巨大的文化和价值观差异。古代中国在西方人眼里就是神秘、古老、封闭的，中国在古代和现代、落后和进步的交替状态下，交织着自尊和自卑。中国自身的人文心理处在剧烈的碰撞和变革时代，尚未形成新的人文价值和审美体系，几乎所有西方著名的经济政治观点对于今天中国的解读都是不准确的。这就导致中国企业家的全球化观念淡薄，全球化意识也不强烈，而几乎所有进入中国市场的发达国家的文化、商业、科技成果都会被改造成为带有中国符号的东西。通俗的表达方式就是"山寨"。

　　中国对于西方国家的认识发生了很大的观念变化。从第二次全球化浪潮开始到中国改革开放前，由于东西方意识形态的对立，中国对西方世界的认识比较片面。改革开放之初对于如何融入第二次全球化浪潮，从民间到政府都有很大的分歧，一直到邓小平对于中国的改革开放到底是"姓资"还是"姓社"，做出了"不争论"的论述，中国才有机会从观念上接受市场经济，第一次用社会主义制度发展市场经济。从这以后，中国的全球化观念才开始发生深刻变化，中国才会大规模融入第二次全球化浪潮，也在融入全球化的过程中重建了对全球化的理解。但是，中国的全球化是输入式的，中国并没有全盘西化，一开始在融入全球化的过程中，中国没有清晰的价值和取向，而是采用"摸着石头过河"的方式。所以，中国的全球化观念异常复杂。由于各种原因，中国企业的全球化观念主要存在以下几种表现形式：

一是国企。国企主要承载发展国有经济的使命，它们在中央对外开放方针的指引下，也需要承担中国经济对外开放的职责。它们的全球化观念主要是对接全球化过程中在中国落地的技术、产业合作以及"一带一路"倡议，而像早期中国化工、中粮集团、中联重科等国有企业开展全球化产业并购重组的纯粹市场化和全球化的行为会渐渐减少。这些企业的全球化观念更多是以我为主的观念。

二是大型民营企业的全球化程度较高。尤其是珠三角和长三角一带的大型民营企业，从一开始就采用了外向型的企业创业模式，依托全球化浪潮进入中国的机会发展壮大起来，它们对全球化的理解相对成熟。最典型的就是华为，也包括福耀、美的、TCL、阿里巴巴等。这些企业对全球化都有非常系统的认识，全球化的程度很高，对全球化的理解也很深刻。阿里巴巴的创始人马云在演讲时就说，不管是大企业还是小企业，都应该成为全球化的企业。

三是大量内地民营企业、中小型民营企业对于全球化的理解存在巨大差距。大型民营企业虽然很有代表性，但是数量少、比例低，而大量的中小企业才是中国经济的主力军和最具有成长性的企业群体。而正是这个群体，对全球化缺乏全面的认识和理解。

中国企业从观念上缺乏对全球化的理解，理解误区包括以下内容：

一是不知道全球化为何物，不主动去理解全球化和自己的关系。

二是以为全球化等同于"走出去"。

三是各级政府、学术部门、科研部门也没有把全球化和企业的作为联系起来。

四是以为全球化只是一个概念，太大、太虚，不是操作性内容。

五是中国已经那么大了，全球化与我何干？

数字经济时代会出现全新的企业全球化模式。首先，数字经济会使企业全球化更加容易，因为数字技术和互联网本身就会将全球的物理空间紧紧连在一起；其次，资本经济的全球化模式将被重构，资本经济全球化时代的资本控制模式和产业、商品、企业要素资源的拥有模式将转换为价值协同、价值共享、利益共生、资源共有的关系。产品、技术、人才、市场、客户、品牌都不是通过控制和拥有来获得利益和价值，而是通过相互协同、相互关联形成的横向利益传递和价值传递来推动全球化。中国企业面临的任务就是要在第二次全球化浪潮时期，在推动企业全球化的同时，运用数字经济企业全球化的方式。

第二节　企业为什么要全球化

第二次全球化浪潮推进了几十年，最大的特点就是企业成为全球化的基本载体。资本驱动下的各行各业的跨国公司，在高度市场化的全球贸易规则下，构建了全球的技术、科研、产品、人才体系，成为全球产业链、价值链、供应链的构建者，开创了企业全球化的壮丽篇章。没有企业构建全球化的微观基础，不可能有产业的全球化分布、产业集群的全球化发展，也不会有经济的全球化。同样，通过企业的全球化分布，使企业可以在全球配置资源，寻求全球市场，发掘全球人才，整合全球技术。这也使得企业成为全球化最大的受益者，企业也具备了全球化的竞争力，企业全球化的程度越高，企业的视野就越宽阔。这也是企业为什么要开展全球化的根本原因。如果一个企业的所有要素都是全球化的，这个企业就一定是最有竞争能力的大型企业。所以，全球化的程度可以成为衡量一个企业是否强大的标准。

第一，企业全球化带来全球化的视野。

由于第二次全球化浪潮，全球所有行业几乎都实现了全球分工；农业、工业、服务业、金融业无不如此。几乎所有的产品都在全球范围内流动，市场本身也就是一个全球化的市场。如果一个企业很厉害，但是它仅仅是中国第一，就只能把产品卖到中国的每一个市场，覆盖中国的每一个区域，它的消费人口也就只有14亿中国人，而这个世界有70多亿人，在世界市场，这个企业的市场覆盖率仅仅只有20%。我们以餐饮企业麦当劳为例，麦当劳是一家美国企业，如果它仅仅是一家以美国市场为目标市场的企业，它的消费群体就主要在美国，而美国的麦当劳店只有1.3万家，仅仅占全球麦当劳门店数量的三分之一左右。如果麦当劳不是一家全球化的公司，它的销售总额、利润总额、税收、雇员人数等就会大幅度减少。

最简单的一句话就是：整合全球资源，获得全球利益。

第二，企业全球化可以整合全球的科研、技术资源。

全球有200多个国家和地区，不同国家有不同国家的优势，理论上存在着一个利用、开发、整合全球化资源的空间。全球范围内一般只有非常大的发达国家才会具有综合经济优势，许多国家则具有各自不同的一些优势。从科研和技术来看，几乎所有发达国家都具有科研和技术资源，没有一个国家能不依靠科研和技术而强大起来。但是科研和技术实际上是两个方面，很多科研成果是不具有技术性的，也不具有转化为产业成果的潜力，所以，科研成果如何成功地在产业中运用实际上是一个全球性问题。发达国家有很多技术成果，但是很多技术成果仅仅在很小的市场范围内使用，技术成果没有发挥出应有的价值。我们以环境保护为例，发达国家在工业革命的过程中，经历了早期重工业高速发展的阶段，对江河湖海、空气土壤造成很大的污染。在全球化过程中，发达国家的很多高污染、高能耗产业转移到发展中国家，然后随着科技的进步和产业升级，发达国家加大了环境治理力度，发明创造了很多环境治理技术和方法，使整个国家步入可持续发展的轨道。同时，环境保护产业也成为热门投资行业。随着发达国家环境治理模式的成熟，环保行业的市场开始萎缩，其价值被低估。但这个时候，中国进入经济高速发展阶段，开始重蹈发达国家的覆辙，生态环境恶化成为影响中国可持续发展的重要因素，于是，中国市场对环保行业的需求非常迫切。在这样一个大背景下，中国就不需要重复研究水的治理、土壤治理、空气治理、生态改造，而应该在全球化范围内去寻找发达国家已经成熟的技术资源和技术项目，这样就可以大大节约技术研发的时间和成本，而发达国家的很多价值被低估的环保技术就可以找到新的市场。

总体来说，很多国家在科技、教育等方面还是非常具有优势的，但这些国家的企业市场空间很有限，因此这些企业的技术就会在全球范围内寻找市场，寻找应用和转化落地的机会。比如俄罗斯、波兰、匈牙利、乌克兰等国家，就有丰富的科研和技术资源。

尤其是在医药和医疗器械方面，中国医疗健康行业的改革和发展相对滞后，最近几年才加快了发展的步伐，发达国家有大量的医药、医疗设备和器械都没有进入中国市场，我们完全有条件从知识产权、投资合资的角度引进这些技术。

在第二届中国国际进口博览会上，以色列的一家公司引起人们的高度关注，这就是 Water-Gen 公司。这家公司展示的空气制水机在展览厅不需要任何外部水源，可以直接将空气中的水分子采集进入设备，经过过滤、净化之后存储于储水箱，供参观者饮用。

这个项目我们跟踪了半年时间，对这个项目的发明背景、技术逻辑、各项技术和经济指标都进行了深入研究。这是一个以色列军方的项目，后来被企业家米歇尔（Michael Mirilashvili）收购控股，转为民用。通过多年开发，这个项目完全达到了民用和市场化的标准，对世界缺水地区尤为重要，也因此获得很多国际大奖。以色列这家公司在开发市场的初期，没有考虑进入中国市场，而是把精力放到了不发达国家。直到近几年，才开始把眼光放到中国。

按照中国人通常的思路，首先就是考虑怎么获得某个项目在中国的代理权，中国几十年来培养了数以百万计的代理大军，贸易思维让中国产业没有技术和核心竞争力。我认识这家公司中国区的总经理伊万先生之后，就建议他改变传统的只是卖产品的思维，科学地设计进入中国市场的方式，研究中国市场对空气制水机的需求特性，然后，在中国成立合资公司，由 Water-Gen 公司控股，寻求在中国拥有战略资源的国有投资公司和政府的合作支持。

在中国进行生产制造，不仅可以大大降低成本，还可以在中国整体布局产业链、价值链和供应链，而不只是简单地进行贸易。我的这个建议很快得到了 Water-Gen 公司高层的积极响应，在 2019年第二届中国国际进口博览会上，我直接见到了 Water-Gen 公司的董事长米歇尔先生。当我把这样的想法与他进行交流之后，他当即决定与我们一起合作，共同推进这个项目在中国的落地，也建议我们立即签署合作协议。

中国国际进口博览会几乎邀请了世界上所有著名企业参展，如果我们都用这样的思维去和这些外国企业交流，是不是可以获得更多的发达国家的技术成果呢？

这就是典型的中国企业在技术引进方面的全球化模式。

第三，企业全球化可以有效地配置全球的自然资源。

世界上分布了非常丰富的自然资源，这是人类赖以生存的基础。随着文明的进步和科技的发展，一方面出现了自然资源的枯竭；另一方面我们又通过科技的进步，减少了对不可再生资源的利用和依赖，同时也通过不懈努力，不断发掘新的自然资源。全球化浪潮的推进使得这个世界逐渐从资源价值驱动时代发展到科技和资本价值驱动时代，资本的流动性并没有完全让资源富集的地区成为经济发达地区。中美洲地区、南美洲地区拥有丰富的森林资源、铜矿资源、石油资源，对世界经济的发展做出了很大的贡献，但是这些地区并没有成为非常富裕的地区；非洲也是这个世界巨大的资源贡献区域，至今还是处在不发达阶段。

中国成为世界制造大国之后，也成为资源需求大国和消耗大国，而中国本土的资源远远不能满足自身需求。中国企业在全球资源配置中的能力也远远不如日本企业。日本在第二次全球化浪潮开始的时候，是一个战败国，整个国家是一片废墟。日本企业在迅速崛起的进程中，在全球采购所需要的资源，通过贸易的流动构建了全新的以贸易为源头的产业链、供应链，掌控了上游资源的话语权，形成了独特的商社模式，最终成为全球许多刚性上游资源和资本的拥有者，而中国企业却没有通过全球化的资源和资本的配置，获得这样的机会。

第四，企业全球化可以有效地利用全球的金融资源。

2019 年 11 月 7 日，中国国务院发布了《关于进一步做好利用外资工作的意见》，第二条就是全面取消在华外资银行、证券公司、基金管理公司等金融机构业务范围限制。这条政策的制定让中国金融机构感到了很大压力，但我认为这才是真正融入第二次全球化浪潮最重要的举措之一，原因是只有当大量的海外金融机构进入中国，才会吸引更多海外的产业、企业进入。如果只是开放海外产业资本，产业资本进入中国得不到和发达国家一样的系统金融服务，外资企业很难在中国站稳脚跟，中国金融机构的产品和服务就很难满足外资企业的需求。同样，当中国企业参与到全球化的进程中，也同样有机会分享全球金融服务，不论是在海外上市还是在海外寻求直接资本投资，或是在海外发行债券，中国企业在全球化的进程中都有机会获得优质的服务。

第五，企业全球化可以发掘全球的人才资源。

企业全球化能否成功，取决于人才的使用。不管是产品的全球化、技术的全球化还是资本的全球化，不管企业的触角伸到哪里，都需要大批高素质人才。不管到哪个国家，都不能完全靠自己国家派出的团队满足全球化对人才的全部需要，到什么国家都需要所在国家的人才来开展业务。以华为为例，华为近 20 万名员工中，就有超过 5 万名外籍员工，这些外籍员工不仅来自华为业务触及的国家，更是来自世界各地。

第六，企业全球化可以降低交易成本。

企业全球化有很多目的，有单一目的，也有多重目的，必须有全球化的企业战略才有全球化的布局。全球化布局一个很重要的原因是通过降低交易成本来创造更多的价值，从而提高企业的竞争力。曹德旺的福耀集团之所以需要到美国去建工厂，很大的原因就是成本。如果在中国生产出来的汽车玻璃直接出口到美国市场的价值，低于在美国生产制造的玻璃卖给美国市场的价值；如果到美国生产制造的成本以及比较收益优于在中国生产制造，为什么不到美国去投资生产呢？关键就是需要进行大量的测算，包括美国玻璃市场的价格曲线分析，美国生产制造玻璃的成本计算，从中国市场出口到美国市场的到岸价格等，投资融资模型的创建可以清晰地分析出到美国生产制造玻璃的成本。一辆汽车在哪里组装，底盘来自哪里，发动机在哪里生产，变速箱在哪里生产，组装完成之后的综合成本在全球进行比较分析，就可以确定在哪里创建汽车总装生产线。

特斯拉为什么选择在中国上海全额投资创建超级工厂，为什么选择来中国生产制造特斯拉新能源汽车，很大的原因就是中国市场巨大。如果在中国以外的国家和地区生产制造汽车，加上关税等税收，再将产品卖到中国很难有在中国生产制造汽车的成本优势。

第七，企业全球化可以提高企业的竞争力。

这是一项非常难以创建的综合要素，从 2019 年到 2020 年，华为几乎遭遇灭顶之灾，之所以能抵御风险而巍然屹立，核心原因就是华为的深度全球化使其具有极强的全球竞争力。华为的市场是全球化的，没有了美国市场，有中国市场、欧洲市场、东南亚市场；华为的技术是全球化的，美国对华为实施封锁技术，不让其搭载谷歌的操作系统，华为便创建了自己的鸿蒙系统；美国的很多软硬件产品从华为的产业链断供，华为可以通过在欧洲等地所设立的科研生产机构弥补；华为的手机从设计到内部元器件的生产，大部分依靠日本，使得华为手机非常具有技术和应用优势。

如果一家中国企业把产品卖到了全世界，其技术来自以色列和欧洲，资本来自美国，产品设计来自日本，团队来自世界各地，这家企业在世界各国建立生产制造基地，拟采购澳大利亚的资源，使用俄罗斯的木材，品牌设计师是法国人，企业战略是麦肯锡提供的服务，律师是英国律师，高级管理团队来自世界各地，我相信这家企业一定具有全球竞争力。但是放眼看去，达到这个水平的中国企业在哪里呢？而那些世界著名的跨国公司几乎都具备这样的条件。

第八，企业全球化可以防范企业风险。

企业全球化布局使企业的视野被打开，企业根据产业链、价值链、供应链在全球的分布规律来配置企业的全球化战略。这是一个非常复杂和专业的体系，但是一旦创建成功，就具有很强的抗风险能力。同样的原材料，这个来源没有了，我们有另外的来源；同样的配套零部件，国内的消失了，我们可以在全球寻找；我们可以根据全球的市场需求和市场差异开发不同的产品，丰富产品结构；这个国家出现了地缘政治冲突，我们可以换一个国家；这个国家的融资成本太高了，我们也可以找到低成本融资的市场。总而言之，东方不亮西方亮。欧洲的很多企业，在第二次全球化浪潮后期，因为中国产品和市场的崛起遭遇了很多困难，有的企业通过直接进入中国市场获得了生机，转危为安。沃尔沃这个瑞典著名的汽车制造企业，于1999年出售给了美国的福特，2008年全球金融危机之后，沃尔沃被中国民营企业吉利汽车收购。如果没有1999年福特对沃尔沃的并购，沃尔沃在欧洲也许就破产了，被福特并购之后的沃尔沃生存了下来。美国的金融风暴让沃尔沃再次陷入危机，中国吉利汽车的并购使得沃尔沃在企业全球化的过程中，进入了全球汽车市场最有活力和最具增长潜力的地方，这让沃尔沃不仅生存下来，而且达到了自身发展历史的巅峰。

第三节　发达国家企业全球化的方式

根据发达国家的相关概念和解读，我们可以把发达国家分为以下几种类型：

高度发达国家或地区：瑞士、美国、挪威、日本、德国。

中等发达国家或地区：澳大利亚、加拿大、英国、瑞典、中国香港、芬兰、法国、意大利、丹麦、西班牙、荷兰、比利时、爱尔兰、冰岛。

初级发达国家或地区：新西兰、韩国、卢森堡、葡萄牙、新加坡、中国台湾、奥地利、捷克、以色列、匈牙利、中国澳门、塞浦路斯。

列出这个名单可以发现，世界上的著名跨国公司基本都来自以上这些国家和地区；同样，以上这些国家和地区的企业，也非常普遍的都是全球化企业。从全球化跨国公司的分布来看，全球化企业的数量和规模，也基本和国家的实力是成正比的。高度发达国家中，瑞士、美国、日本、德国占据了全球高度发达国家的主要位置，同样，这些国家也是世界跨国公司数量较多的国家。从这个角度来说，中国如果没有一批在世界上处于龙头地位的全球化企业，是不可能成为发达国家的。

从发达国家所处的不同阶段来看，发达国家企业的全球化具有以下特点：

第一，高度发达国家都是企业全球化程度非常高的国家，依靠企业的全球化能力而跻身高度发达国家的行列。

这个特点突出的高度发达国家包括瑞士、美国、日本、德国。而挪威是一个例外，这个北欧滨海小国之所以成为世界高度发达的五个国家之一，主要是因其拥有丰富的石油资源，是世界天然气和石油的出口大国，有丰富的石油资源作为原材料，石化产业必然发达，这也造就了挪威发达的化肥工业。

瑞士、美国、日本、德国这四个高度发达国家中，除了瑞士是一个西欧地区的山地小国之外，美国、日本、德国这三个国家毫无例外都是世界综合经济强国，它们的强大体现在各行各业拥有在全球最领先的企业。即使瑞士这么一个山地小国，也有包括雀巢、先正达、嘉能可、诺华、瑞银等10多家世界500强企业。如果这些企业都是以瑞士作为市场的公司，没有一家企业会被这个世界广泛认知，正是因为这些企业从瑞士走向全球，才有了这么多的全球化企业，也就造就了瑞士这个国家经济的强大。

美国、日本、德国就更不用说了，世界上几乎没有哪一个领袖级别的企业不是来自这三个国家。在世界 500 强企业中，这三个国家也长期占据着非常大的比例。以 2017 年为例，当年世界 500 强企业中，美国 132 家，占据 26.4%；日本 51 家，占据 10.2%；而德国则是 29 家，占据 5.8%。这三个国家的世界 500 强企业加起来，总数为 212 家，占世界 500 强企业的 42.4%。这里还需要说明的是，世界 500 强企业并不一定都是全球化企业，像一些中国企业不是因为成为全球化企业而进入世界 500 强的，而是因为中国太大，成为中国某个行业的最大企业，就成了世界 500 强企业了。比如中国的太平洋建设集团，完全就是因为大规模参与中国城市的投资与开发建设，完全没有全球化的任何要素，却成为世界 500 强企业。包括中国的几家大型房地产企业，如万科、恒大、碧桂园等，也都是因为体量大而非全球化而成为世界 500 强企业的。

第二，综合经济要素齐备，涌现出各行各业的全球化企业。

综合经济要素包括国家的科研力量、教育力量、金融发达程度、制造业综合水平、国民综合素质等。

世界上各行各业排在前 100 名的企业中，来自美国、日本、德国的企业总是能够占到非常重要的位置或者占有很大的比例。这三个国家在科技、教育、人力资源、国民综合素质等方面都是非常突出的。在这方面尤以美国为甚，哈佛、斯坦福、耶鲁、哥伦比亚等一大批大学以及这些学校的科研机构都为美国全球化企业的发展贡献了技术成果，贡献了优秀人才。美国的硅谷成为全球最大的科研成果创新、转化集散地。

第三，在全球产业的细分市场和产业集群方面成为全球化领先的企业。

这方面比较典型的例子是瑞士。瑞士是一个位于阿尔卑斯山麓的山地国家，人口只有 800 多万，不如中国一个大型地级市的人口多，地域面积只有 4.1 万平方公里，只有重庆的一半大，没有任何丰富的自然资源，也不是一个依靠海洋、港口发展的滨海国家。但瑞士却成为发达的内陆国家，拥有全世界高端手表 95% 的市场份额，处在绝对的垄断地位。瑞士是全球较大的离岸金融中心，拥有世界 35% 的市场份额。全世界非常多的私人银行密集地分布于瑞士的日内瓦、苏黎世等地的私密别墅里。

除了综合工业水平之外，意大利的高端消费品企业在世界占据了主要的位置。尤其是那些饱含文化底蕴的奢侈品企业，包括汽车、珠宝、服饰、软家装、工艺品、皮具等企业品牌，企业规模都不大，但是很多都是享誉全球的全球化品牌。仅仅汽车领域就有菲亚特、阿尔法、法拉利、玛莎拉蒂、兰博基尼这样一些享誉世界的品牌，从而巩固了意大利汽车产业的地位。

法国和意大利有很多相似之处，法国除了在航空、汽车、医药、化学、装备制造等领域有很多世界著名的全球化企业之外，其香水、化妆品几乎成为美妆行业的代名词。法国的葡萄酒起步晚于意大利，但是法国同样有最主要的全球化红酒品牌。

日本是一个精细制造业非常著名的国家，其家用电器产业集群，包括松下、日立、夏普、东芝都是世界著名的全球化家用电器品牌。除此之外，在全球所有的电子产品中，日本企业还拥有许多世界级隐形冠军，这些冠军几乎包揽了全世界所有高端电子元器件的生产制造。

第四，充分利用国家在某个经济要素中的独特优势发展全球化企业。

　　澳大利亚和新西兰都是南半球的海洋型国家，它们远离北半球市场，它们的企业也很难在北半球人群密集的市场找到全球化的生存空间。它们的企业全球化程度不高，但是它们充分利用了海洋、草原、地广人稀的优势发展了畜牧业和矿产业，这类资源型、地理标志型企业不需要到全球去竞争就可以发展得很好，这两个国家也因此成为发达国家。

　　以色列和新加坡是两个很典型的案例。新加坡更是一个袖珍国家，亚洲四小龙之一。新加坡地处马六甲海峡东口，处在太平洋和印度洋的航运要道上，扼守东西方海上交会的"十字路口"，背靠东南亚各国，有着物产丰富的地缘环境，具有非常重要的地理位置。这使得新加坡发展航运，包括发展海上运输和航空服务都具有了天然的条件，由于国土面积的局限，新加坡就在服务业上下足了功夫，新加坡的航空服务、海运服务、物流行业、金融行业也就成为新加坡企业全球化的另一种类型。你在世界各地看不到什么大型的新加坡企业，但是到处可以看到新加坡的服务企业和新加坡的资本。所以新加坡企业的全球化更多体现在产业服务企业的全球化、贸易服务企业的全球化和金融企业与资本的全球化等方面。包括淡马锡、新加坡政府投资公司这样的资本集团，以及新加坡航空公司、新加坡港口、莱佛士饭店、星展银行等都是新加坡的著名企业。

　　以色列这个发达国家和世界上很多发达国家的企业全球化也是不一样的，你到德国、日本、英国、法国可以看到国家的现代化和城市建设的现代化是一致的，但是到以色列却难以感受到这个国家的发达，这个国家不会把强大和发达写在城市建设的现代化上，因为这是一个从建国以来几乎没有停止过战争的国家。所以，你很难看到世界级大企业中有以色列的企业，但是几乎所有的科技型大企业，都有可能用得上以色列小型科技企业的技术和创新成果，尤其是在军工、农业、医疗健康行业。科技与创新成就了以色列的中小型全球化企业。

第四节　全球化企业是如何走向全球的

全球化企业之所以走向全球，主要是受工业革命以来所掀起的两次全球化浪潮的影响，这个历史原因和背后的逻辑在《第三次全球化浪潮》一书中已经作过详细的介绍。虽然总体来说这是人类文明发展、科技进步所推动的，总的体现为资本主义制度所推动的全球化市场经济体系作为驱动力，同时又有资本和金融的全面服务，还有世界各国的贸易壁垒被打破，产品、服务、贸易可以通向全球所有地方，但为什么是这些国家的这些企业成了走向全球化的先锋呢？总结起来，大致有以下几个原因以及走向全球的方式。

第一，国家经济的整体强大。第一次全球化浪潮时期，英国通过工业革命使整个国家的经济得到快速发展，国力增强，军事力量强大，使其具备了利用军事和贸易两个手段掀起全球化浪潮的能力。英国依靠殖民地模式，把商业行为、工业产品、企业带到了世界各地。在英国的推动下，完成工业革命的发达国家都在向全球扩张的过程中，把自由的市场经济模式和商人、企业、金融带到了世界各地。没有国家力量的整体强大，在全球化市场经济体系尚未建立的时候，企业的全球化是不可想象的。

第二次全球化浪潮时期，美国成为全球经济最强大的国家，但是美国强大的方式和英国强大的方式有个最大的区别，就是在经济上全面推动了资本主义市场经济制度的建立，这个制度催生了第一次全球化浪潮时期所不具备的企业全球化能力。美国也成为企业全球化程度最高的国家。强大的资本金融市场、强大的产业体系、强大的教育科研体系、强大的人才体系构成了美国强大的经济体系。而连接这些体系，同时也被这些体系所连接的就是庞大的美国企业体系。这些体系相互作用、相互协同、相互支撑、相互竞争、相互关联，也使得美国企业具备了走向全球的能力和自信。当资本主义市场经济体系成为全球经济发展的主要动力时，毫无疑问，这些企业也就伴随着产业链、价值链和供应链的链接走向了全球。美国主导了第二次全球化浪潮，美国企业也成为第二次全球化浪潮时期各行各业的领导者：在航空界有波音，在汽车界有福特，在化学界有杜邦，在医药界有辉瑞、强生，在零售界有沃尔玛，在互联网有微软，在金融界有摩根大通，在娱乐界有迪士尼，在装备制造界有通用等。

第二，发达国家主导了第二次全球化浪潮。大规模的企业全球化开始于1945年之后，以美国为首的发达国家主导了第二次全球化浪潮，成为第二次全球化浪潮的规则制定者，这些国家的企业具备了成为全球化企业的综合实力，掌握着成为全球化企业的游戏规则。由于一些国家参与制定了相对平等、自由的全球化市场经济规则，给发达国家的企业进入发展中国家、不发达国家营造了企业全球化的氛围和环境，帮助发达国家的企业迅速展开了全球化经营。

第三，发达国家的企业具有成为全球化企业的综合优势。

要成为大型的全球化企业必须具备多方面的条件，必须要有技术优势，可以将技术优势转化成为产品优势，当产品在市场竞争中处于领先地位的时候，产品就会从国内市场进入国际市场，一旦产品具有国际市场优势，产品就会成为率先走向全球化的因素。而为了保持产品在全球市场的优势地位，除了技术之外，还要重视产品的质量、产品的使用寿命、产品的性价比等，这就需要研究产品在全球市场的持续竞争优势。于是企业就会在全球市场进行研究，吸引全球的人才，建立企业在全球市场的综合优势。

以波音为例，波音是全球航空航天行业的领袖企业，也是航空领域著名的全球化企业，其客户已经分布在全球 150 个国家和地区，企业的 17 余万名员工也分布在全球 70 个国家和地区，其中近 3.5 万名高学历人才也来自全球约 2700 所大学。这么一个伟大的企业于 1916 年创立，创立者是威廉·爱德华·波音（William Edward Boeing）。毕业于耶鲁大学的威廉·爱德华·波音是一位业余飞行爱好者，1915 年与一位海军军官合作研制了一架双座双浮筒水上飞机之后，第二年就创办了波音。随后，从第一次世界大战的军用机到民用机，再到第二次世界大战的各种军用机，航空业的高速发展使得波音成为全球著名的军用、民用航空器生产制造企业。作为一个全球化企业，波音深知其在全球的影响力，企业也创建了"全球企业公民"这样的全球化企业文化，这成为波音的核心价值观。波音的董事长对于全球化有非常鲜明的观点："市场全球化和竞争全球化的趋势不可阻挡。我们想要继续创造价值、营造商机，就必须实现全球化。生产卓越的产品、提供完善的服务以及打开销路，还远远不够。任何大企业要想在未来取得成功，都必须走全球化的道路。"在波音负责国际关系的高级副总裁托马斯·皮克林（Thomas Pickering）也认为："实现全球化的一大好处在于，企业可以更好地利用其在世界各地的生产能力和资源，好的建议不是某个国家和某个人的专利，我们要想做到最好，必须从全世界网罗精英人才、收集好建议和采用先进技术，应用到我们的经营、产品和服务中。"

波音这样一个早已经把产品卖到全世界的全球化公司，却在完成企业多元化战略的实施之后，开始努力地成为全球化公司，也就是不仅在采购和销售上做到全球化，在人才、经营、研发上都要做到全球化。波音的全球化战略最重要的观念就是：全球化就是本地化，只有成为所服务的社会的组成部分，才可以在未来取得成功。

第四，发达国家企业全球化的主要方式。几乎所有发达国家的全球化企业都走过了一个从产品全球化到战略全球化的过程。

早期的全球化主要是通过产品和技术优势，将企业的产品卖到全世界，形成产品在全世界的优势，从而使企业成为全球化的企业，企业的主要利润就是来自产品在全世界的销售利润。从1945年第二次全球化浪潮袭来，一直到20世纪90年代，几乎都是如此。这期间全球贸易主要是终端产品贸易和初级原材料贸易。

到改革开放之后，中国这个大国融入第二次全球化浪潮，开始大规模改变这个进程。中国在承接全球化产业转移的时候，周期很短。中国的市场纵深改变了全球化的游戏规则，尤其是中国在2001年加入WTO之后，特殊的国情改变了中国的全球化进程和全球化方式，企业的全球化方式也随之改变。中国全面降低关税之后，使得全世界企业通过出口获得的利润远不如到中国投资建立企业获得的利润，从产品利润转化为投资利润、品牌输出利润、技术输出利润，由此全球性产业链、价值链、供应链从国家到地区，从区域到全球就构建了起来，企业全球化的方式发生了根本性变化。

随着全球化的发展，产品竞争越来越激烈，产品的利润下降，企业之间的竞争就从单纯的产品竞争上升为技术竞争、人才竞争以及全方位竞争，企业的全球化也就演变成为企业在全球战略上的竞争。企业战略就会在全球范围整合全球资源。同样的产品有可能在意大利设计，在日本采购原材料，在中国完成生产加工，然后打上法国的品牌，卖到全世界的消费者手上。如果一架空客A320飞机的用户是中国国际航空公司，那么就会按照用户提出的配置要求进行设计，然后在中国天津进行组装，其中飞机的发动机是英国罗尔斯·罗伊斯公司生产的，起落架可能在法国生产，大量的零部件来自空客在全球的采购联盟。

在全球化高度发达的今天，发达国家企业全球化的方式也是多种多样，总结起来大约有以下几种：

（一）产品全球化

产品全球化是企业全球化的基础，如果企业没有产品的优势，是不具备实现全球化的条件的。产品全球化也是全球化最普遍、最基本的方式。产品全球化主要指在自己国家生产制造产品，然后通过出口行为将产品销售到全球。但是产品全球化在发展过程中也有很多变化，很多国家和市场同样可以生产出来产品，只是没有生产技术和工艺等条件，于是很多企业就把产品放到其他国家去生产，采用当地的劳动力、原材料来降低产品生产制造成本，产品全球化的方式就越来越丰富了。

（二）品牌全球化

企业经过长期发展，优质企业和优质产品形成了巨大的品牌价值。企业过去都是在创立品牌的国家和地区生产加工制造产品，然后把产品卖到全世界，后来品牌所在国家和地区的生产成本越来越高，消费市场也发生了变化，再后来就出现到发展中国家生产制造，然后到发达国家市场销售这样的全球化模式。当中国这样的大国迅速崛起之后，中国也成为全球化的巨大市场，于是，大量品牌就从中国转移到越南、缅甸、柬埔寨这些新的发展中国家，在这些国家生产制造产品，然后再把产品卖到世界各地，中国也成为最大的消费市场。这些品牌包括产品品牌、企业品牌等，既有消费品也有工业产品。虽然这样的全球化模式主要是在发达国家的企业品牌和产品品牌的全球化过程中形成的，发达国家的品牌通过品牌输出获得了巨大利益，但是同样在这样的过程中，也培育出鸿海这样的"打工皇帝"的全球化模式。由郭台铭领导的鸿海和富士康在全球化的推进下，抓住了企业全球化、全球产业链运动规律，专门承接大型企业委托生产、委托加工的订单，成为全球最大的为大型跨国企业提供生产加工服务的企业。鸿海和富士康作为代工企业，也在不断根据全球产业链、价值链、供应链的运动规律，布局其全球化企业战略。

（三）企业全球化

企业全球化是指企业走出本国或者以企业的名义到国外通过投资、合资、并购的方式获得企业全球化所需要的条件，然后到海外扩大企业规模，进入全球多个国家和地区。企业全球化的实质实际上是投资和资本全球化的表现形式。当产品全球化的利益小于投资全球化的利益的时候，企业全球化就会成为一个普遍现象。第二次全球化浪潮最大的特点就是通过国家与国家之间建立新的有利于产品、技术、品牌、人才、资金在全球流动的秩序，催生了大规模的投资全球化行为。企业全球化是产品全球化的全面升级，也是全球化质量、规模、效率全面提升的体现。企业的全球化能够更好地配置全球化资源，打破全球化障碍，改善全球经济发展不平衡的状况。

虽然企业在实现全球化的过程中，产业链、价值链、供应链的全球配置同样存在价值不对等、利益不平衡的情况，但是和产品全球化比较，这是进步和文明发展的必然结果。

（四）技术全球化

企业拥有专利技术，通过知识产权在全球范围内的授权，获取技术转让收益、技术使用收益，或者将知识产权证券化、资本化，从而获得在全球的收益。

全球化带来企业要素的进一步分离。作为一个企业，由很多要素构成，包括产品、品牌、生产设备、生产技术、原材料、管理系统、团队、资本、财务等。企业发展早期，什么条件都需要具备，在计划经济体制下，企业不仅需要具备经营要素，还需要具备非经营要素，一个大型企业拥有医院、学校、商店、幼儿园等非经营机构。现代市场经济的分工越来越精细，很多企业都不需要完全具备企业的所有要素。产品生产加工、产品品牌、企业资本、经营管理、企业技术、企业知识产权、企业财务等很多要素都可以从企业分离出来，由专业机构经营。所以，企业要素的全球化分工也是实现企业全球化非常重要的方式。

在技术全球化方面，如果以一个国家为例子，最成功的就是以色列。以色列是一个创新和技术立国的国家，在第二次全球化浪潮到来之后，从 1948 年开始，以色列就利用自己在全世界的犹太人资源，在国内从事大规模的应用技术研究，然后将这些技术推广到全世界。以色列深知很多技术如果仅仅是在国内市场是没有多大市场规模的，于是一旦技术研发出来，以色列一定借助全世界犹太人的力量，把这些技术成果应用在美国、日本等很多产业能力和经济实力很强的国家。大量的技术输出使得以色列的技术公司在美国纳斯达克股票市场占据了世界第三的位置，技术成果的资本化、证券化给以色列带来巨大的回报，这样的良性循环形成了世界技术创新领域最靓丽的风景。

当以色列发现中国经济的快速增长带来了巨大的技术需求的时候，大量的犹太人开始进入中国。每年都有很多中国的政府官员、企业家，以及科研人员到以色列考察、学习、合作；同样，以色列大量的企业家、金融家、科技人才也纷纷进入中国。技术全球化战略将会成为以色列全面进入中国市场最大的动力。可以相信，不出几年，大量以色列的技术成果，不管是医药和医疗设备、农业高科技、生物技术，还是 TMT（电信、媒体和科技）、金融科技，都会在中国取得巨大的成功。

（五）科研全球化

企业通过在全球范围内投资创建科研机构，广泛招募全球科研人才，或者与发达国家的科研机构建立合作关系，从事各种科学研究和应用研究，或者委托全球的科研机构按照委托方的要求从事各种研究。

我们知道以色列是依靠科技立国的国家，以色列除了让自己的科研体系研发出的技术走向全球之外，已经成为全球大型跨国企业的研究集散地，成为世界上仅次于美国硅谷的第二大创新中心。虽然以色列只有一家曾上榜世界 500 强的企业，但世界 500 强企业里，有近 300 家企业在以色列设立研发中心，几乎所有知名的 IT 公司，包括微软、谷歌、苹果、高通、思科、SAP 等都在以色列设立了研发机构。

（六）全球化战略

这是最为复杂的全球化方式，就是站在全球的角度，将全球作为市场空间，整合全球资源，研发在全球销售的产品和服务，在全球范围内组织设计力量进行设计，同时在全球寻找、发掘原材料，也在全球组织生产加工，最后通过全球的物流在全球进行销售。企业进行全球核算、全球管理。而全球的行业领袖除了让产品、企业、人才、原材料、生产制造、市场销售、技术科研等实现全球化之外，更是从金融资本的角度进行全球并购。通过全球并购、整合，达到按照产业链、价值链、供应链的运行规律在全球进行优化配置的目的，从而实现企业在全球利益最大化、价值最大化、成本最优化、效率最合理的目的。

全球化战略是发达国家企业在全球化进程中根据企业的发展变化和市场的发展规律总结出来的，不一样的全球化企业和行业有不一样的全球化战略。特斯拉看到中国政府在全球范围内推广新能源汽车的力度最大，中国在新能源汽车转型方面发展速度最快，新能源汽车在中国的销售比例也最大，于是特斯拉在中美贸易战正在激烈进行的时候，逆势而行，直接选择在中国上海建设全资企业，生产特斯拉新能源汽车。不到一年时间，工厂就要建成投产了，很快就会实现生产销售。这样的速度在全世界任何一个地方都很难达到。

在第二届中国国际进口博览会上，我看到大量的世界500强企业来到上海，充分展示它们全新的全球化战略，给我的几个突出印象是：第一，几乎所有在第二次全球化浪潮时期崛起的世界著名企业都在通过移动互联网、物联网、云计算、大数据、人工智能的升级，拥抱第三次全球化浪潮时期的产业形态，打造第二次、第三次全球化浪潮融合时期的全球化战略；第二，根据中国在第三次全球化浪潮时期最新的崛起势头，重构与中国之间的产业、技术、市场的融合关系，甚至有的企业直接打出的口号就是："在中国，为中国。"

通过发达国家企业全球化的特征，我们也看到一个规律，全球化的程度越高，全球化带来的全球性不平衡问题就越严重。就像一个国家一样，每一个发达国家内部，发达和不发达也是不平衡的。当世界成为一个整体的时候，全球化就会因为资本经济的特征使全球的财富往发达国家集中，发展中国家，尤其是贫困国家要想追赶发达国家是非常困难的，因为全球化使得全球所有要素都会集约到发达国家，包括资本、资源、科学技术力量、人才等。以资本经济作为主要经济形态的第二次全球化浪潮的成功必然带来全球化的很多弊端，资本经济带来的全球化弊端所造成的鸿沟也越来越难以填平。就像当年苏联解体时，苏联大量的经济文化成果和科研精英都离开了苏联前往发达国家，仅仅在以色列，就有30万人是从苏联过来的。

历史就要翻篇了。

数字经济时代企业的全球化形态会改变现有的企业全球化生态，既包括中国企业的全球化，也包括全球企业的全球化。当然，没有全球企业的全球化基础，数字经济时代的企业全球化也就不存在。所以，数字经济时代的企业全球化也必须建立在资本经济全球化的基础之上。

首先，对于发达国家已经创建的全球化体系和已经创建的企业全球化的产业链、价值链、供应链来说，信息链和数字链的介入，不是对原有的全球性产业生态的破坏，而是推动其进步。

由于新冠肺炎疫情，原有的全球化产业生态遭到严重打击，一些国家会考虑重构能够适应疫情以及后疫情时代的全球化格局，本来就要重新改变的一些产业生态关系就要调整，很多不适合在中国继续生存的产业也会流向其他国家。第二次全球化浪潮时期形成的产业生态本来就会在第三次全球化浪潮来临之际进行重组，而疫情加速了这一进程。

其次，新冠病毒在全球的蔓延给在第二次全球化浪潮时期创建的有物理形态的全球化产业体系造成巨大打击，从而调整了全球化的方式。数字经济的虚拟性、人工智能的特性正好可以规避有物理特性的全球化带给人的困扰，数字经济的全球化会大规模减少依附于全球产业链、价值链、供应链的人群活动，全球化的商业行为在数字经济时代会大幅度减少，这不仅会大大降低全球化的运行成本，提高全球化效率，还会有效地防止疫情的蔓延和传播。

最后，即使这次疫情会导致第二次全球化浪潮时期构建的全球化体系遭遇惨重打击，数字经济时代的全球化模式和生态仍会按照数字技术和产业规律重构。因为数字经济时代的全球化比资本经济时代的全球化更容易、更便捷，它代表了生产力和全球生产关系的全新方向和未来，资本经济市场那只看不见的"手"和数字经济那双看得更清楚的"手"，紧紧握在一起，这才是全球化的未来。

第四章

中国企业的全球化现状和全球化机会

讨论中国企业的全球化是一个全新而重大的课题，在中国经济全面融入全球化的今天，这个题目尤为重要。因为至今，中国政府、中国学术界、中国金融界、中国企业界都没有一个关于中国企业全球化的系统观点。中国企业的全球化不能由中国企业的主观意志决定，我们必须根据全球范围内经济政治的发展规律、复杂的产业运动规律和全球化企业的运动规律去寻求中国企业全球化的机会和方法。中国企业全球化的程度不高，全球化企业的数量也不多，中国也没有一个权威的中介机构对中国企业的全球化展开过调研和分析，也很难从数字上去比较中国企业的全球化程度与全球化企业的数量。

困难的是，中国企业还没有在资本经济时代建立起中国企业的全球化体系，目前又要面临数字经济时代全球化的新课题。

中国企业的全球化既是一个理论问题，同时也是一个实践问题。原因就在于中国在第一次全球化浪潮时期是一个被全球化赶下世界第一位置的失败者，是殖民经济时代的牺牲者，又是第二次全球化浪潮的被动输入者，同时还是第三次全球化浪潮的发动者之一。中国还是第二次全球化浪潮和第三次全球化浪潮交织的最核心的策源地之一。所以，不仅中国需要廓清企业全球化的原理、方向和方法，同时，世界各国也需要对此形成认知，理解中国企业全球化的特殊背景和中国企业全球化的可能性与方式。

　　由于中国在全球化的历史和现实中扮演的角色特殊，以及中国在经济、政治、社会、文化上的特殊性，中国实现企业全球化也有其特殊的方式。对于这样重大的涉及价值观、历史、文化、经济、政治、思维模式、专业技术的问题，确实存在太多需要厘清的内容。这不仅是中国企业全球化的问题，对于全球来说，如何看懂和理解中国企业全球化以及全球企业如何对待中国企业全球化，全球企业如何在全球化进程中和中国企业打交道，或是在中国和中国企业打交道，都是非常新鲜的需要探讨的问题。空白和盲点极其普遍，误会、曲解甚至是谬误也比比皆是。

第一节　中国企业的全球化现状

　　既然要讨论中国企业的全球化，就必须回答什么是中国企业的全球化，中国企业的全球化标准是什么。当然，这里讲的全球化还是资本经济时代的全球化，如果对于资本经济时代的全球化还没有理解，也很难走向数字经济时代的全球化。比如，中国在数字经济时代的代表性企业，除了华为、小米、阿里巴巴之外，其他著名企业的全球化程度其实并不高。

　　也许很多人会问，一个企业完全是外向型企业，企业所有的产品都卖到了全世界，这就是全球化企业吗？我认为不是。在我写作这本书的过程中，我和很多人交流过企业全球化的话题，绝大多数人对于企业全球化的观点和概念理解都是错的。

　　中国企业从改革开放以来首先面对的不是全球化而是国际化。

　　改革开放之前，在资本主义市场经济是全球主要经济形态的时候，中国的经济形态是社会主义计划经济。当时的那种计划经济是一种非国际化的、封闭的经济形态。社会主义制度下的计划经济和发达国家的市场经济完全是水火不容的两种经济形态。在完全不同的两种经济形态下生长的企业就一定有完全不一样的企业制度和经营管理模式。

　　中国从 1978 年开始进行的经济体制改革是一种渐进式的改革

和开放。在改革和开放之前，中国的企业是计划经济体制下的企业，也被称为国营企业。国营企业在计划经济时代，不是一个独立的、自主经营的经济实体，也不是一个在法定意义上承担责任的企业载体，只是一个在计划经济体制下，由政府经济部门管理的生产单位。企业的人事权、财权、经营权都不在企业本身，而在企业的上级主管部门。

当时的企业基本上都是本土化的，只有极少数从事外贸的企业有一定的国际化能力。企业内部既没有外国的技术，也没有外国的人才，只有很少的外国的机器设备，但都是几十年前由苏联或者东欧社会主义国家生产的产品。所以可以说，改革开放以前中国企业的国际化、全球化程度基本为零。

改革开放以来，引进了大量的海外产品、设备、技术、资本、人才，中国才进入国际化时代。中国也从 20 世纪 80 年代开始尝试企业的独立性改革，使企业和政府脱钩，让企业成为自主经营的独立承担法律责任的经营实体；同时可以允许个体户和私营企业的出现。对外开放和对内改革才让海外的一些元素和规则渐渐进入中国，也让中国企业开始拥抱国际化，开始了国际化进程。中国企业开始学习国际化规则，从产品到设备再到技术、管理、人才、资本，都进行了学习。这不仅带来生产力的提高，同时也带来发达国家的国际化惯例和规则，大大促进了中国对于国际化的认识和理解。中国逐渐通过改革引进了发达国家的市场经济制度，大大加快了中国企业的国际化进程，因为市场经济制度本身，就是一个国际化的制度，不是中国原创和发明的。这个进程到了 20 世纪 90 年代之后，开始产生根本性变化。这个变化开始于邓小平在 1992 年提出来的对资本主义市场经济的理解，提出市场经济不是资本主义，社会主义也可以搞市场经济，中国需要建立市场经济体制，要进行经济体制改革。通过从 1992 年开始的国有企业改革，中国国有企业走上了资产资本化的道路，政府和企业脱钩，现代企业制度得以创建。中国在 1993 年按照国际规则制定了《公司法》，使中国企业成为市场经济的主体，民营企业也在《公司法》的规范下，迅速成长起来。

也是从这个时候开始，中国开始发展社会主义市场经济，这个经济形态和资本主义市场经济存在本质的区别。

市场经济制度本身就包含了产品、品牌、标准、技术、工艺、管理、投资、融资、贸易规则、资本市场、财务制度、法律制度等，使得中国企业在"引进来"和"走出去"的过程中，学习、掌握了国际化规则。尤其是中国经济的快速发展，使得中国企业加强了和国际的联系，通过技术管理、资本引进、产品出口，很多企业发展成为具有一定国际化程度的企业。

但是，由于中国的历史和社会主义制度的原因，中国的资本并没有向全球开放，也没有进行真正的全球性流动，导致中国企业的全球化程度很低。大量引进的东西都不是为了适应国际化、全球化的需要，而是为了适应中国市场的需要。所以，中国的国际化是通过引进国际技术、设备、管理、原材料来满足国内市场的需求，没有多少全球化意图，导致国际化的东西进入中国之后被严重同化。以中国的医药工业为例，中国是全世界较大的医药工业设备的销售市场，全世界最先进的医药工业设备在中国比比皆是。但是，由于中国高端药品都是不能出口的，只能在中国廉价生产、廉价销售，使得制药企业产出的药品卖不出好价格。企业国际化程度提高的同时，企业的全球化程度并没有提高。

为什么会这样呢？还是因为中国医药工业的市场开放度不够，在准入门槛上限制了发达国家的产品进入中国市场参与竞争，落后的产业被保守的准入政策保护，中国制药企业不用参与国际市场竞争就可以过上好日子。

以以色列为例，我 2018 年考察以色列医药工业的时候，感到非常吃惊，这么一个饱受战争侵害的国家，在只有 800 多万人的状况下，竟然有 1000 多家医药企业，除了少数医药企业是大型企业之外，其他几乎都是初创型小公司。这些小公司没有一家是把以色列的国内市场当作目标市场的，如果将以色列的市场设为目标市场，这些企业几乎没有任何存在的市场意义，因为 800 万人的市场根本养不活一个医药企业。这就使得以色列的这些企业所研发的产品无一不具备全球化的市场竞争优势。这些企业不是已经获得美国 FDA 认证就是在获取美国 FDA 认证的路上，而中国迄今为止，在全国 17 万多个药品批准文号中，只有一个原研药获得美国 FDA 认证。这就是企业全球化与非全球化的差别。中国 7800 多家制药企业中，没有一家具有国际竞争能力，世界制药企业前 50 强中，没有一家是中国企业。

比如说，在美国市场销售的医药产品都是经过美国食品药品监督管理局审核批准的，美国的标准、欧洲的标准、日本的标准都是通过国际药品认证合作组织（PIC/S）来确定的。如果中国没有加入这个组织，中国生产的药品要获得美国、欧盟、日本的认可就非常困难。这样中国生产制造的药品就很难出口，在中国要诞生国际化、全球化的制药企业就非常不容易。改革开放 40 多年，中国的很多产品卖到了全世界，但是中国的医药产品就很难卖出去，即使每年有 500 多亿美元的医疗产品出口贸易额，但所出口的不是原材料就是中间体，或者是低附加值的医疗设备和器械。

改革开放 40 多年来，中国从全球最大的加工中心成为全球最大的制造中心。目前正在从全球最大的制造中心发展到全球最大的创造中心，也将会成为全球最大的市场。中国将是全球最大的产品销售市场，也是全球最大的消费市场，同时还会成为全球最大的服务市场。这几个最，毫无疑问可以让中国成为一个全球化国家。中国可以成为全球最大的贸易国和进出口国。

但是，我们应该看到，中国的全球化仅仅表现在全球化的数量上，即人口带来的红利。专利的全球布局、品牌的全球化、技术输出的全球化、管理输出的全球化、服务输出的全球化、资本输出的全球化、人才输出的全球化和发达国家比起来差距很大。中国企业在过去 40 多年只是解决了从无到有、从小到大、从少到多的问题，中国经济从高速度转向高质量发展，必须解决由弱到强、由封闭到开放、由国内竞争力的提高到国际竞争力的提高、由参与国内市场竞争到参与国际市场竞争等问题。

中国经济的全球化也给中国企业带来全球化商机，一个转折性的事件就是 2001 年中国加入 WTO。中国加入 WTO 之后，第二次全球化浪潮滚滚而来。中国成为第二次全球化浪潮袭来以后最大的赢家。从 2001 年到 2018 年，中国在第二次全球化浪潮的影响下，迅速超越日本，成为世界第二大经济体。2014 年，中国第一次出现资本净流出，成为对外投资大国。中国投资、出口、消费的"三驾马车"继续同步驱动中国经济的同时，中国的消费支出在 GDP 中所占的比重逐渐上升，中国经济全面融入第二次全球化浪潮给中国企业的全球化带来了巨大的机会。但我觉得非常有意思的是，中国经济发展这么多年，政府或者私人机构从来没有系统地思考和研究过企业全球化，尤其是研究中国企业和全球化之间的关系。令我百思不得其解的是，为什么这个课题会成为中国经济学术领域的空白？

我对于企业全球化的思考来自我的业务困惑。我在 2015 年出版《全球并购 中国整合：第六次并购浪潮》一书的时候，曾经非常乐观地认为中国将掀起第六次并购浪潮，通过中国企业和资本在全球范围内进行并购，以及中国与全球之间的产业链和价值链进行整合，中国将站在全球产业链、价值链的最高端。但是在我看到一个个中国企业在海外并购中的失败案例之后，我终于发现，中国企业整体上完全不具备"全球并购、中国整合"的能力，中国也完全没有能力在整体上把握通过全球并购走向工业化、现代化的机会。为什么眼睁睁看着千年难遇的商机从我们眼前静静地溜走呢？经过对全球经济发展史和中国经济政治体制的反复思考，我终于认识到，中国改革开放 40 多年的发展，和第一次、第二次全球化浪潮叠加起来所构成的 200 多年的现代工业文明之间，存在非常深刻且不太容易被我们发现、认可、谦虚接受的鸿沟。于是，我认为，中国企业最需要的不是全球并购，也不是全球投资，而是全球化。企业如果不融入全球化体系，不对全球化有一个清晰的认识和理解，就不可能承载中华民族伟大复兴的使命。

2018 年，我对 10 多年来从事全球并购业务的整个过程进行系统的梳理和思考后发现，在经济全球化这个大潮中，中国企业几乎游离于其外。作为一名投资银行家，我在分析每一个海外并购标的的时候，都要去研究这个标的的产品、技术、品牌、财务、股东以及产品上下游的关系，再把这个上下游关系放在全球的关系中进行梳理。比如，我们要并购一个日本的特种阀门制造企业，所谓的特种阀门主要是指耐高温、耐腐蚀、耐高压的阀门。这种阀门主要用于石油、化工、冶炼等领域，在全球的主要市场一定是制造大国。中国已经成为制造大国，就一定是全球特种阀门的需求大国。特种阀门由于有耐高温、耐腐蚀、耐高压的特殊性，使其对生产制造技术和制造工艺要求很高，即使进入 21 世纪，中国也没有一家企业能够制造高水平、高标准的特种阀门，中国就只能从全世界进口特种阀门。而全球由于市场的转移和需求的下降，只有日本、美国、德国等少数几个国家有不超过十个特种阀门企业。那么，全球特种阀门行业上下游的产业链、价值链、供应链以及这些链条在中国和全球之间的关系就可以清楚地分析出来。如果有中国企业或者中国资本收购其中的某一家特种阀门企业，和中国阀门的需求市场进行整合与重组，全世界特种阀门的产业链、价值链、供应链关系就会重构，原有的行业秩序就会被改写。对这种关系，我最早的认知来源于德隆系。唐万新领导的德隆系的一系列令人眼花缭乱的"全球并购、中国整合"案例，涉及水泥、通用设备、重型汽车、航空等若干个领域，让我有了规律性认识。在 2008 年到 2018 年的整整 10 年间，我从中韩、中日、中美、中加、中新、中以等数百个项目的关系中，发现了中国与发达国家之间存在的产业链、价值链、供应链关系，这个关系让我得出的几个结论是：

第一，世界经济存在一个全球化体系，中国经济虽经 40 多年的发展，但是中国企业基本游离于这个体系之外。游离于这个体系之外的表象原因是中国没有同步和发达国家一起进入工业化，没有一起参与第一次、第二次全球化浪潮的协同和规则制定，中国是最近几十年才开始追赶全球化的步伐的。但是从深层逻辑来看，实际上是中国的社会主义经济制度与发达国家的资本主义经济制度带来的价值观的根本冲突。

第二，中国本可以通过对第二次全球化浪潮的理解和中国产业与全球产业之间产业链、价值链、供应链的不对称关系，利用资本在全球范围内进行优化配置，但是中国缺乏方方面面的能力和体制机制的优势。而当中国资本这个非常敏感的工具大规模出现在西方产业和资本市场的时候，几乎所有发达国家都产生了紧张情绪，多个国家设置了限制中国企业在该国进行收购的政策。

第三，中国从 1949 年到 1978 年已经建立起了一套完整的经济、政治、社会、文化体系，建立了社会主义计划经济体制。而从 1978 年开始的经济体制改革不是把已有的经济体制完全颠覆进行重建，不是完全照搬发达国家的市场经济制度。中国走了一条继续坚持公有制，坚持共产党领导的道路，而在经济制度上，走了具有中国特色的社会主义市场经济道路，过程漫长而艰辛。产品、服务、贸易、技术的浅层次合作，与资本、文化、金融、教育、医疗等很多领域的深层次冲突交织在一起。

第四，中国经济在融入第二次全球化浪潮的过程中，已经获得了巨大的机会，但是，中国企业对于全球化的理解还没有达到应有的程度，也非常难以完全按照发达国家的全球化思维和全球化逻辑，从企业全球化的过程中寻求发展空间，从而跳出地域红海。

经过这样的思考，我也一边研究，一边尝试，通过 2018 年到 2019 年的工作，我终于获得了许许多多关于中国企业全球化的系统知识和实际操作的成功体验。

我也在连续多年的海外并购、重组业务中，看到中国企业实现全球化机会的来临。于是，我通过一些项目的推进，看到一个巨大的变化：从 2001 年至今，中国已经成为全球最大的制造大国。这个巨大的变化，使得中国与全球经济之间形成了特殊的产业链、价值链、供应链的"三链关系"。为什么我会发现这样的机会呢？我从 2008 年开始，多次来往于中国和日本之间，探讨中国和日本在产业和产业、产业和资本、资本和资本之间的协同性。通过对这种协同性的探讨，同时对中日之间这种协同性案例进行考察和分析，我发现了中日之间难得的投资、并购、重组、整合的机会。

深度研究和把握中国与发达国家、发展中国家、不发达国家之间形成的这个"三链关系"，有助于推动中国企业实现全球化。于是，我在 2015 年非常匆忙地写作了一本书《全球并购 中国整合：第六次并购浪潮》，希望通过这本书，能够让更多的中国企业看到并把握这样的机会。

因此，目前中国企业在国际化和全球化的问题上，存在的主要问题是：

第一，国家层面并没有真正推动中国企业全球化。

过去 40 多年里，中国从计划经济开始向市场经济转变和改革的时候，学习了西方的先进技术，引进了西方发达国家的产品、技术和管理模式，也通过对外开放吸引了发达国家的资金进入中国。这使中国经济获得了高速发展，中国企业的国际化水平也有很大提高，也培育了一些具有全球化战略和能力的企业。看起来中国经济和发达国家之间的距离越来越近了，这个状态让中国上下产生了一个巨大的误解：我们依然按照过去的方法就可以逐渐达到或者超过发达国家的水平。但实际上，中国企业的国际化程度和全球化程度距发达国家还很远。中国企业的规模、管理水平、研发水平、国际竞争力和发达国家企业的差距很大。要提高中国经济的质量，要让中国经济达到从高速度向高质量发展的转变，提高整个中国企业的国际化、全球化水平是必然选择。没有拥有国际竞争力的企业，中国经济的质量是不可能提高的。

由于中国非常清楚发达国家不可能接受中国完全成为西方世界在第二次全球化浪潮时期的"朋友圈"里的一员，于是中国制定了自己的、符合第二次全球化浪潮逻辑的全球化战略，那就是"一带一路"倡议。中国希望通过"一带一路"倡议成为全球化的规则制定者之一。

第二，国家也没有制定中国企业的全球化战略。

2007年召开的中国共产党第十七次全国代表大会上提出了国家的"走出去"战略，并指出：坚持对外开放的基本国策，把"引进来"和"走出去"更好结合起来，扩大开放领域，优化开放结构，提高开放质量。但是，对于如何走出去，谁走出去，走到哪里去，去了干什么，达到什么目的并未形成深刻的认知，也没有建立系统的机制。既没有把"走出去"和国际化、全球化的高水平要求结合起来，也没有制定科学的国际化、全球化的"走出去"战略，导致企业盲目"走出去"，参与对外投资和并购，实际上造成了巨大的损失。

当时"走出去"的主体是国有企业，"走出去"的目标国主要是不发达国家，实施"走出去"战略主要是希望获取中国经济高速发展中所需要的稀缺战略资源，包括投资收购海外的石油、天然气、有色金属等资源。包括中信泰富这样的企业在内，都付出了很大的代价。

中国从 1992 年开始大规模进行企业股份制改革，1994 年开始进行全国性的现代企业制度改革，1993 年颁布第一部《公司法》，逐渐让国有企业和民营企业改造成为有限公司或者股份有限公司。但是中国的企业一直没有在资本和股权上实现国际化与全球化，资本项下的外汇自由兑换一直没有开放，影响了中国企业全球化程度的提高。

第三，最具有国际化、全球化能力的大型国有企业缺乏相应机制，实现国际化和全球化的动力不足。

从企业的规模和实力来说，在中国最具备国际化、全球化条件的企业应该是国有企业，尤其是大型央企。在过去几十年，也曾经有很多大型国企参与了国际化和全球化竞争。虽然有很多教训，但是也有很多成功的案例。包括华润集团、中国化工集团、中粮集团、中交集团等都曾经取得了不错的海外投资并购成绩，掌握了实现国际化、全球化的很多技巧和方法。

但是，国有企业受自身机制的影响，如果没有明确的由中央决策机构制定的战略规划，这些企业就缺乏推行国际化、全球化的动力，也不会按照国际化、全球化的要求来制定全球化战略。这使得几乎所有的国企只是开展国际贸易、开展国际技术合作、参与国际工程、参与国际投资，而没有进行真正的全球化布局，也没有成为真正的全球化企业。

第四，民营企业是中国企业发展国际化和全球化的主力军，但是它们又受到国际化、全球化的若干限制，以及自身能力不足、意识不足、理解不足的局限。

过去 10 年中，中国民营企业曾经掀起过国际化、全球化的高潮。

早在 20 世纪后期，依靠资本市场快速崛起的民营企业德隆集团成为最早参与国际化、全球化的中国企业。德隆集团在经历一些小型国际化案例之后，于 2000 年通过内保外贷的方式，在美国用 3.75 亿美金收购了美国的百年老店莫瑞公司，也由此拉开了实现国际化、全球化的序幕。

为什么会有这样的行为呢？唐万新不止一次和我分享过他的全球化故事。

德隆集团创立成功之后，唐万新有了钱却不知道干什么。唐万新和他的创业团队曾经在北京的达园宾馆开过一次会议，意思就是让大家商量究竟是把钱分了还是继续干，几乎所有的人都同意由唐万新带领大家继续干。但是到底干什么，大家没有统一的认识。于是唐万新在加拿大设立了公司，让他的英语老师黄三星负责研究国际业务。唐万新也经常去美国，考察美国这个全球化的领导者是怎么做的。通过在美国的交流、考察、合作、投资，唐万新和他的团队率先并购了一个美国公司，这个公司是一个台湾人在美国创办的从事丝网栏杆加工的企业。通过这次并购，唐万新对美国的市场经济体制有了比较深刻的认识，初步懂得了战略投资、产业整合的基本概念。

2000 年，德隆集团在上海成立德隆国际战略投资有限公司，第一次从公司名称上把自己定位为国际化企业，之后也开始了一系列国际化、全球化战略的构建。尤其是在并购莫瑞公司这么一个百年老店时，唐万新成功地运用美国著名的管理咨询公司麦肯锡提供的并购后战略整合的咨询方案，采用整合在前，并购在后的思路。同时，他又和世界著名的产融结合的企业 GE 金融合作，由 GE 金融提供杠杆融资。这让唐万新如获至宝，他学习到了美国通过资本运营进行产业重组，然后通过整合创造价值的一系列令人眼花缭乱的交易技巧，发现了资本和资本运营的奥妙。于是，唐万新领导的德隆集团才开始在资本市场、在国际国内大展拳脚。德隆集团也成为中国早期第一个真正意义上的全球化企业。

早期民营企业家仰融创办的华晨汽车，于 1993 年在美国成功上市，然后迅速与世界著名企业宝马汽车在中国合作建立合资公司，实现了国际化、全球化的高起点布局。

中国第一代民营企业家牟其中所创办的南德集团，早在 20 世纪 80 年代，就用中国廉价的日常生活用品，与苏联通过以物易物的方式，换回来 3 架图 -154 飞机。后来牟其中也是最早到美国进行金融投资的企业家，在纽约创办罗斯福投资公司。

过去 10 年，中国民营企业成为海外投资和并购的生力军，复星、海航、美的、万达、联想、海尔、吉利、华信、明天、安邦、万向等著名民营企业都在海外大规模开展投资，成为中国民营企业中国际化、全球化的佼佼者。

但就是这样一批民营企业也受到体制机制的影响，在全球化中遭遇阻力，全球化的势头锐减，多家企业从过去的"买买买"，变成今天的"卖卖卖"，渐渐退出了国际化和全球化的竞争。

第五，历史原因和传统观念也是中国企业实行国际化、全球化的障碍。

中国市场经济的历史很短，同时中国是陆地面积较大的国家，虽然也有 3.2 万千米长的海岸线，但是除了邻近的日本之外，中国和发达国家集中的欧洲、北美距离很远，与这些国家也没有一样的民族、宗教、文化、语言、历史体系，这也加大了中国企业实现国际化、全球化的难度。而由于中日甲午战争和抗日战争等历史原因，中日两国在经济上的融合度还不及中国和欧美地区发达国家之间的融合度。另外，中国人口众多，市场巨大，再加上传统文化的影响，也形成了相对封闭的生产制造、科研、消费市场体系，和发达国家市场经济体系的交融度不高。所以，中国企业的国际化和全球化程度远远达不到应有的高度。

在中国企业全球化的数量和质量问题上，麦肯锡全球研究院有一些研究成果，对我们有一些借鉴意义。自 2010 年以来，除中国以外，其他各国共有中国企业 10167 家，到 2019 年，增加到 37164 家，每年以大约 16% 的速度增长，但即使这样，在整个中国企业的总数中，这个数量所占的比例不到 10%。2018 年，在世界 500 强企业中，有 111 家中国企业，接近美国的 126 家。麦肯锡全球研究院的一项研究显示，从 2014 年至 2016 年，经济利润排名全球前 1% 的企业中，有 10% 是中国企业，而 1997 年这一比例尚不足 1%。但是另外一个数据显示，进入世界 500 强的一些中国企业，海外营收比例不足 20%，而相比之下，标准普尔 500 强企业平均的海外营收比例则高达 44%。世界 500 强的中国企业尚且如此，世界 500 强以外的中国企业的海外营收比例则更少。

第二节　中国企业的全球化机会

毫无疑问，中国进入第三次全球化浪潮时期就是中国企业全球化的最佳时机。由于第三次全球化浪潮时期的基本经济形态是数字经济，使得中国企业通过第三次全球化浪潮发展成为全球化企业，需要完全不同于第二次全球化浪潮时期的战略、战术和思维。同样，由于中国具有推进数字经济驱动的第三次全球化浪潮的先发优势，中国企业完全具有成为数字经济时代全球化先锋的潜力。

按照中共十九大报告的观点，我国经济已由高速增长阶段转向高质量发展阶段。从1978年到2018年，是中国经济高速度发展的40年，那么从2018年开始，中国经济将进入高质量发展时代。我认为，高速度和高质量发展的一个很大的分水岭就是一个企业如何从纯粹的中国企业发展成为全球化企业。中国经济全面融入全球化经济将会是中国经济高质量发展的体现，那么中国企业发展成为全球化企业也将是中国企业成为高质量发展企业的标志。但是问题来了，中国5G商用的第一年是2020年，而在2018年左右的时候，人们还没有形成对于数字经济的整体认识，还没有把数字经济放到一个全新经济形态的高度去认识和理解，中国经济的高质量发展还没有和数字经济全面联系起来。

但是，在全球范围内，第一次将数字经济视为全球创新增长主要驱动力的国家却是中国。2016年，在中国杭州举办的G20峰会上，中国作为主席国，推动G20峰会签署了《G20数字经济发展与合作倡议》。随着2016年杭州G20峰会上倡议书的达成，世界各国加快了对数字经济的理解和规划。中国更是在党的十九大之后，大规模展开了对数字经济的研究和规划。数字经济虽然在理论上还没有上升到一个更高的层次，但是，数字经济的发展将对国家经济、政治、社会、文化、生态各方面产生影响，已经成为全社会的共识。

所以，中国企业在数字经济时代，不仅要考虑通过全球化来发展，而且还需要将全球化和数字化结合起来，也就意味着数字经济时代的企业全球化和资本经济时代的产业全球化、企业全球化有很大的不同。我们必须重新思考数字经济驱动下的经济全球化、产业全球化、企业全球化的新思路。

从宏观上，中国企业在数字经济时代成为全球化企业具有以下几个背景条件：

第一，中国经济的发展从高速度向高质量转变。

通过改革开放的 40 多年，中国经济已经走过了一个高速发展的时期。这期间，中国与经济全球化的关系主要体现在输入式全球化，比如输入产品、输入技术、输入资本、输入人才、输入制度、输入标准、输入模式、输入管理等。通过市场经济体系的输入，中国不仅在经济总量上获得大幅度增长，而且企业达到了一定规模，已经很大程度上融入了第二次全球化浪潮时期形成的经济全球化体系，很多企业也具备了全球化的能力。经济质量的转变，需要企业的国际化、全球化能力的全面提升。通过全面输入第二次全球化浪潮时期的产业链、价值链、供应链体系，中国企业从在中国与全球企业打交道，发展到去海外与全球企业和市场打交道。中国企业和全球企业的发展渐渐趋于一致。

我们以房地产行业为例，过去经济高速度发展的时候，房地产行业成为中国的造富行业，房地产企业家成为主要的财富拥有者。经济从高速度发展到高质量发展的转变，开始让大型房地产企业转型，万达和恒大的转型就和全球化有很大关系。万达在电影业、体育行业的发展就是全球化的发展；恒大最重要的转型就是大举进入智能网联汽车领域，进入这个领域的起点就是整合全球智能网联汽车领域的技术链条，打造全球最先进的汽车。

中国在医药领域，也加大了国际化、全球化的融入力度。比如，中国通过加入人用药品注册技术国际协调会议（ICH），统一国际药品注册资料，逐渐使中国医药注册和国际接轨，提高中国医药在国际注册和国外医药在中国注册效率。采用国际通行的药品上市许可持有人制度，使药品审批和生产制造分离，加速了中国医药融入全球医药体系的步伐，有利于中国医药产业和医药企业的国际化和全球化。

但是，在这期间，中国的企业和企业家们在融入全球化的过程中还是采用融入第二次全球化浪潮时期的资本经济全球化的模式，所学习的知识和方法也基本都是资本经济全球化模式下的知识和方法，形成的产业价值观和企业价值观也是资本经济时代的产业价值观和企业价值观。

第二次全球化浪潮和第三次全球化浪潮交替的时期也是资本经济和数字经济两种经济形态交织的时期，对于中国企业来说既是一个巨大的转型发展和提升的机会，同时也是巨大的困难和挑战。也就是说，中国企业家们通过40多年艰难、快速的学习和发展，好不容易渐渐掌握了第二次全球化浪潮时期所形成的资本经济理论、实践和理解全球化的方法，突然又要面对5G时代带来的关于数字经济的全新技术、理论、方法。

第二，中国加大对外开放的力度。

党的十九大之后，中国加大了在金融领域的开放力度。根据麦肯锡的报告，中国虽然已经是全球第二大外商直接投资来源国，也是第二大外商直接投资目的地，但是外资在中国银行系统的投资比例仅占2%左右，在债券市场也只占2%左右，在股票市场约占6%。2017年中国的整个金融市场（直接投资、债券、贷款、股权和准备金）流动输出和输入的资金只有美国的30%左右。

按照当时的开放政策，外资可以在中国设立全资银行、证券、保险、基金，外资可以持有中国银行、证券、基金、保险等金融机构 51% 以上的股权。这样的开放政策可以理解为深化开放，这些内容的开放可以吸引更多资金进入中国，提高中国金融行业的竞争能力和服务能力，促进中国金融行业的发展。更重要的是，外国金融体系进入中国才能真正为外国产业企业和产业资本进入中国创造更好的金融环境，有利于更多海外产业企业进入中国。这样的开放政策看似对外国金融和产业更加有利，但对于中国金融和产业来说，只有真正开放才能真正融入全球，开放是中国企业全球化非常重要的环节。

比如说，中国已经有超过两亿的中等收入人群，他们的财富增长需要高水平的金融服务，包括高水平的私人银行业务。但是，迄今为止，中国没有一家独立的私人银行，已有的私人银行业务虽然管理了 11 万亿元的私人银行理财资产，但是和专业的私人银行业务相比还是具有很大的区别。开放金融领域就可以引进外资私人银行进入中国，和中国金融机构成立合资的私人银行，这样不仅会大大提高中国金融业的全球化能力，提高中国金融业的全球化水平，也会大大减少中国财富的外流。

中国经济发展的成功与开放息息相关，没有对外开放，中国不可能融入第二次全球化浪潮，也不可能成为第二次全球化浪潮的受益者。第三次全球化浪潮的数字经济形态是一个更加开放的经济形态，中国需要保持更加开放的态度才有机会成为数字经济的受益者。数字经济形态是更加虚拟的形态，信息的传输、数字的交换、人与人的交往、贸易的流动、金融的结算等大量经济活动都可以跨越国界，没有边际，而且速度很快，世界零距离。第三次全球化浪潮时期，全球化的时间概念和空间概念都和第二次全球化浪潮时期完全不一样了，只有更加开放才会全面融入全球化。

第三，中国企业全面融入第二次全球化浪潮。

从 1978 年开始至今，尤其是 2001 年中国加入 WTO 以来，第二次全球化浪潮时期形成的产业链、价值链、供应链已经全面进入中国，中国也已经全面融入了第二次全球化浪潮，只是在产业链、价值链、供应链各个环节还没有和西方市场经济国家完全融为一体，融入的水平也不高。但是随着第三次全球化浪潮的展开，随着中国经济进一步对外开放，中国经济的发展从高速度向高质量转型，中国企业的全球化程度和需求会大大提升。只要有很好的引领和培训，在观念上、方法上让市场理解全球化的意义，中国企业的全球化速度会非常快。

我从 2018 年 11 月开始进行的关于中国中小型企业全球化的实验就是一个非常精彩而成功的实验。

当时参与培训的企业不超过 30 家，经过专业的理论授课、圆桌互动之后，我带队进入日本、以色列考察，全球化的观念和方法基本上得到大家 100% 的认同，当时已经参与或者准备参与全球化实践的企业已经有 8 家，占到参与学习企业总数的 26%。如果把这样的活动在全国范围内进行推动，中国企业的国际化、全球化水平和比例都会大幅度提高，中国融入第二次全球化浪潮的程度就会更深。

第四，中国企业全面迎来第三次全球化浪潮提供的机会。

第三次全球化浪潮已经滚滚而来，势不可当。第二次全球化浪潮和第三次全球化浪潮的融合速度也非常快。我参加了第二届中国国际进口博览会，在国际装备馆，100% 的参展企业都在和第三次全球化浪潮进行融合，每一个企业都在拥抱工业互联网、大数据、云计算、人工智能。这些百年企业积淀的技术资源、管理资源、市场优势和第三次全球化浪潮的技术链、数字链已经打通。来自中国的互联网企业——百度，在展示其研发的智能网联汽车系统，融合了第二次全球化浪潮的业态。华为作为通信和信息设备制造服务商，也从多个维度把其产品、技术、研发应用到汽车、城市化、传统的工业企业。而这些融合的核心都是给工业增加了数字的链接、技术的链接，这些数字和技术都是全球化、跨地域、跨国界的。

一些中国企业在第三次全球化浪潮时期通过数字和技术的链接实现全球化的速度和程度远远高于和深于传统企业。中国的小米、共享单车、智慧城市、智慧家居都已经开始进入全球化时代。我有个朋友的孩子在美国某著名大学毕业之后，开始在华尔街投资银行工作，当他准备回国创业的时候突然发现，中国在互联网领域的应用创新已经开始从过去对美国进行模仿进入被模仿时代。美团网创始人王兴创办的团购模式就是从美国引入中国的，但是，今天已经有很多中国的原创应用被美国模仿，从而进入美国。

数字经济驱动的第三次全球化浪潮虽然刚刚开始，目前还处在大规模的数字基建阶段，但是新基建的巨大投资将率先拉开数字经济的序幕。未来五年，也就是中国的第十四个"五年计划"，一定是一个"新基建大投资"的计划。新基建包括 5G 基础设施建设，涉及基站、传输设备、基础数据建设、各种软硬件设备和系统以及 5G 终端产品等。除此之外，还有特高压电力传输、高速铁路、城际轨道交通等。仅仅在中国范围内的直接投资和间接投资会达到数十万亿元人民币的规模，这样基础设施的投资建设才能保证数字经济形态的全面运行。数字经济除了基础设施建设和运营维护之外，还将移动互联网带到一个新的时代，这就是产业互联网时代。产业互联网通过数字世界的万物互联，连接世界每一个人、组织和家庭，大数据、云计算、物联网、人工智能、区块链技术的全面应用，带来无限的应用场景。这些场景的丰富将改变我们的生产方式、加工方式、经营方式、技术结构、产品结构、商业模式、盈利模式、消费模式、生活方式等。

所有的经济形态和数字技术融合之后，所有企业都有投资参与数字基建的机会。有的企业会通过产业互联网生态，全面融入各行各业的产业互联网领域；还有很多企业通过数字化转型改变企业的商业模式和盈利模式。

几乎所有企业都会和产业互联网生态发生联系，这些企业不是产业互联网生态的主动构建者，就是被动融合者。每家企业都有可能是一个产业互联网生态或者多个产业互联网生态上的一个节点。

而所有这些，又都是全球化的。中国企业不仅通过数字经济完成数字经济转型，把数字经济的每一个节点和全球的技术、产品、服务、品牌、人才、资源连接起来，还将通过数字经济技术和模式的领先，将数字经济带到全世界。

第五，中国从制造大国走向消费大国。

中国已经成为制造大国，成为"世界工厂"。由于中国的国土面积巨大、人口众多，制造业的所有业态和相互之间的专业人才、市场都具有难以替代的特性，即使全球化带来产业链、价值链、供应链的快速循环，有些产业从中国转移到越南、印尼、泰国这些国家，中国也难以被完全取代。因此，巨大的中国制造体系对全球各种产业要素具有巨大的吸引力，也形成了巨大的产业要素采购市场和终端消费市场，从刚刚举办的两次中国国际进口博览会的隆重程度就可以看到中国市场的巨大潜力。

通过对两次中国国际进口博览会的观察，我认为博览会的意义绝不仅仅在于启动中国内需消费市场，或是加大中国对全球消费品的采购力度，而是会引进全球发达国家的产业要素。包括产品的合作生产制造、销售；技术的多种引进模式，丰富中国产业的技术链，提高中国产业的技术水平，同时也帮助全球技术找到中国市场；还有大量的服务贸易，如培训、教育、管理咨询、法律服务、财务税务规划、人力资源咨询、软件设计、建筑规划、工业设计、创意产业、文化艺术、品牌管理、金融服务等。只有全方位与市场经济体系融合，中国企业和产业的全球化水平才会大大提升。

有位中国企业家过去是做产品营销的，有很强的产品销售和渠道创建能力，后来通过和五常的农村共同开发五常大米，将农田产品直接和销售渠道打通，从而成功创业。这个企业家后来发现云贵高原的很多高品质野生菌菇具有很高的产品价值，于是把产品开发的眼光放在这个地区的松茸、松露这些高品质产品身上，同样获得了很好的成绩。我建议她应该抓住中国的市场机会，发挥中国已经创建的渠道优势，在全球整合高端消费品进入中国的市场渠道。不是仅仅寻找优质产品的中国代理权，而是主动走向全球，寻找最适合的优质产品，然后和外国企业共同根据中国市场的需求进行开发，再打上自己的创意、市场、品牌烙印，利用中国的渠道优势，创建"新零售"模型，就会让企业从一个中国的产品经销商发展成为一个全球化的集产品开发、加工销售、品牌经营于一体的优质企业。这样的全球化模式既引进了全球产业要素，又把握了中国市场。

消费互联网是数字经济时代早期互联网最直接进入的领域，包括阿里巴巴、百度、腾讯、抖音、快手、滴滴出行、拼多多、携程、途牛、美团都是在这个领域，所以马云提出新零售概念。

但是随着产业互联网在5G时代的大规模应用，消费互联网变革，各行各业的产业互联网崛起，消费很快计入产品本身。消费者通过产业互联网与生产者建立直接联系之后，传统产业的产品引导消费、产品决定消费走向的市场结构发生根本改变。所有消费领域将会根据消费者的决定提供生产和服务，从产品到市场再到消费者的产业形态将变成从消费者到市场再到生产服务的逆向产业形态。消费者成为真正的上帝。大量的消费者和企业将会从消费互联网、产品互联网、服务互联网分裂出来，公域流量会逐渐转化为私域流量，产品设计、产品结构、产品规划、产品生产、产品包装都会体现消费者的需求。在大数据、人工智能、物联网技术的全面支撑下，产生了产业互联网生态，打破了阿里巴巴、京东、美团、苏宁易购、携程、拼多多等消费互联网"一统天下"的局面，产业互联网时代来临。

第六，全球技术成果向中国转移。

我在思考和实践这个话题的时候，正好阅读到2019年麦肯锡的《中国与世界》这份咨询报告。其研究成果和我的观察不谋而合。在德隆辉煌的时期，麦肯锡就是德隆最主要的咨询合作机构，我也非常喜欢阅读麦肯锡的研究报告。在《中国与世界》这份报告里面，技术是报告的内容之一。报告指出，中国的国内研发支出从 2000 年的 90 亿美元增长到 2018 年的 2930 亿美元，位居世界第二，仅次于美国。但是，2017 年中国的知识产权进口额为 290 亿美元，而知识产权出口额仅为 50 亿美元左右，这些采购一般来自美国、日本、德国三个国家。

虽然在第二次全球化浪潮时期，中国在产业转型升级过程中，从发达国家获得技术成果会越来越困难，不过，由于中国制造的综合优势，中国在各种技术上逐渐达到发达国家的水平也仅仅是时间问题，但是也就在这个时候，数字经济时代的到来使技术不再成为一个难题。

原因就在于资本经济时代的全球化生态和产业互联网时代的全球化生态发生了本质的变化。在资本经济时代，产业链、价值链、供应链在全球的配置主要是通过资本和技术的价值来控制和实现的。资本通过控制企业从而控制技术、人才、品牌等产业要素，这样就能实现对技术的封锁，从而创造企业的资本利益和资本价值。

产业互联网通过数字技术来连接全球的企业和产业，企业和企业之间不再是资本控制关系，而是通过数字技术带来客户需求。在产业互联网上的所有企业都可以将自己控制的技术、品牌、人才实现共享，不需要出售企业、技术、品牌就可以获得全球性利益共享，因为再好的技术、再好的产品，如果不在产业互联网生态，也很难满足客户的需要，很难获得市场。

所以，数字经济时代，技术再不是制约经济发展的瓶颈。

第七，中国的"一带一路"倡议。

中国通过"一带一路"倡议将开创中国主导的全球化模式。不管是第一次全球化浪潮时期的殖民模式，还是第二次全球化浪潮时期以资本为中心的市场经济模式，或是第三次全球化浪潮时期的数字经济模式，都和中国推动的"一带一路"倡议下的全球化模式有着很大的区别。中国的"一带一路"倡议是通过企业和市场行为打通国际地缘联系，通过公路、桥梁、港口、码头、通信、信息这些基础建设，打通和"一带一路"沿线国家的联系，构建全球化的有形和无形通道，这给中国企业和这些国家的企业加强各种全球化联系创造了条件。"一带一路"倡议实施 7 年来，中国已经在"一带一路"沿线国家投资上千亿美元，仅仅 2017 年就有 143.6 亿美元的投资，同年中国与"一带一路"沿线国家的贸易总额已经达到 7.37 万亿元人民币。中国企业在"一带一路"沿线国家所构建的产业链、价值链和供应链关系也将会迅速形成。比如，中国参与建设了一条从昆明到新加坡的高速公路，直接连通中国云南、泰国、老挝、越南、马来西亚、新加坡，这样的跨境高速公路有利于东南亚国家丰富的热带经济产业资源通过综合开发进入中国市场，也有利于中国和这些国家开发利用旅游资源和市场。

"一带一路"倡议将会非常有利于中国企业提高全球化水平，推动更多中国企业成为全球化企业。比如，中国与巴基斯坦、越南、印尼、印度、菲律宾这些人口众多的国家存在很大的产业落差，中国企业完全可以和这些国家的企业合作或者独立投资开发与中国有关的农业资源、旅游资源、矿产资源，然后在这些国家开展服装加工、食品加工、装备制造等业务，同时开展互联网、物联网、大数据、医疗健康、云计算、人工智能业务。

尤其是中国在大规模发展数字经济之后，由于"一带一路"沿线国家主要都处在发展阶段，这些国家在数字经济高速发展时期，存在基础设施严重不足的状况，新基建投资不足使得"一带一路"沿线国家在数字经济的发展上，会滞后于中国5—10年时间。中国用2021年到2025年的"五年计划"，全面完成数字经济基础设施建设之后，数字经济将迎来飞速发展。同时，中国本着"一带一路"倡议下互通互联的基本原则，将会给"一带一路"沿线国家带来巨大的新基建输出机会，然后中国的数字经济模式也将会全面进入"一带一路"沿线各国，给各国带去美好的数字世界。

第三节 中国企业全球化的产业机会

中国企业全球化的产业机会在数字经济全球化时代被赋予了全新的意义和内涵，也需要全新的理解和解读。

中国的产业规模巨大，产业门类非常齐全，全球有的产业中国都有，全球其他国家没有的产业中国也有。这就使得中国企业在全球化的产业选择上充满可能，没有任何限制。从大量的传统产业来看，中国在很多产业上严重过剩，而中国很多过剩的产业已经处在一片红海中，处在竞争白热化的状态之中，即使这些产业都过剩，中国的技术、创新、效率、材料在全球范围也是遥遥领先的，中国已经具有将这些过剩的优质产业向产业严重不发达国家转移的能力。这些产业包括钢铁、冶炼、化工、水泥、建材、汽车、家用电器等。这些产业在印度、印尼、巴基斯坦、越南等国家都具有市场优势。中国企业可以通过产品、技术、资本、金融、人才的有效组合，以产业集群、产业园区的模式实现全球化。

　　随着中国和全球经济之间的联系在不断变化，中国和全球之间的产业链、价值链、供应链的关系也在不断变化。原则上，中国所有的产业都和全球化有关系，也就意味着中国所有的产业都存在全球化的机会。如果要把中国产业的全球化关系梳理清楚，实在是一个高难度的工作。我这里仅仅用一个行业的全球化关系来解读中国产业全球化的机会。这个行业就是老龄产业，也称为养老产业。

　　2019 年 11 月，我带着中国大连的一家从事老龄产业的企业圣同润集团到日本全面考察，通过对日本老龄产业以及老龄产业全球化关系的考察，我们对中国老龄产业的全球化关系和机会有了一个全新的认识。

　　按照联合国的标准，一个地区，只要 60 岁以上人口达到总人口的 10%，或者 65 岁以上人口达到 7%，该地区就视为进入老龄化社会。按照这个标准，中国早在 1999 年就已经进入老龄化社会了。而日本进入老龄化社会的时间为 1970 年，比中国早了 29 年。早在 1961 年，日本政府在全国范围内建立了基础养老金制度，规定 20 岁以上的国民都有义务加入基础养老金。由于日本进入老龄化社会比中国提前了 29 年，同时，日本也建立了非常成熟的养老金制度，加之日本经济非常发达，使得日本的老龄产业也非常成熟，养老设施、老人健康理念、老龄健康医疗产品和技术都非常成熟，我们在考察过程中，无不啧啧称赞。通过考察，我们把中国的老龄产业、老龄数据、养老模式和日本进行比较，就会发现以下几个问题：

　　一是中国已经进入老龄化社会 21 年了，但是今天中国的养老保险机制仍不健全。

二是中国的产业水平整体上落后于日本，而在老龄产业领域，更要落后于日本。

三是中日文化一脉相承，在养老观念上中国与日本有相似的价值观，中国从顶层制度到产业规则再到市场开发，都应该好好学习、借鉴日本的经验。但是，中国的老龄产业在这些年却是经历了无序发展的阶段，巨大的养老需求在供给侧结构中找不到更好的解决方案。

根据这样的分析，中国就应该在考虑中国国情的基础上，按照产业的全球化分工原理，从国家养老制度设计到老龄产业打造，都和日本全面进行合作，成系统、成建制地引进日本在老龄产业领域的经验、产品、技术、服务、管理、机制，在这个基础上，与中国的企业进行对接，通过产业和企业全要素的合作，让产品、企业、金融、资本进行深度融合，提高中国产品生产加工的水平，提高养老服务的水平。这样的产业全球化方式不仅可以让中国老龄产业的发展少走弯路，提高中国老龄产业的发展效率和质量，也可以培育出一大批优质的中国企业。

通过这次考察，我一下子就明白了为什么中国的市场化养老院、老龄公寓很难成功，很多房地产开发商都为此投入巨资，却交了学费。随同我一起去考察的大连圣同润集团，找到了在中国投资养老院的弊端，决定调整集团战略，放弃投资养老的重资产计划。而通过与日本著名的医疗床研发生产企业八乐梦的交流，我发现这家企业非常不愿意把自己最新的产品带进中国。我问为什么，这家企业的负责人告诉我，中国这个行业太分散，都是生产仿制品，价格低廉。日本产品进入中国市场的审批时间很长，即便审批成功，中国的仿制品也会以很低的价格抢占市场。在中国这样的市场秩序下，要提高产业质量是很困难的。

其实，研究中国全球化的产业机会同样需要研究中国的每一个产业和全球之间的产业关系，搞清楚这些产业关系在全球范围的运动规律和价值取向才能够找到在这些产业链、价值链、供应链上不同企业的全球化机会。我们以全球的化工产业为例，全球化工产业主要的原材料是石油、天然气和煤。石油、天然气、煤的拥有国家和地区一定是化工产业原材料最上游的资源存储与加工的国家和地区。如美国、科威特、卡塔尔、阿联酋、俄罗斯、委内瑞拉、中国、加拿大等国。由于有的国家拥有资源优势，但是国家规模不大，对化工产业下游产品的需求不大，于是这些国家就不会大规模发展化工产业的下游产业链，所以俄罗斯和中东地区的一些国家在化工行业的企业主要就是资源类企业。而中国是缺油、少气、富煤，同时又是一个资源消耗大国和制造大国，石油化工、天然气化工、煤化工都会发展，于是，中国就有全世界最大的煤炭企业、煤化工企业。由于很多国家因为环保要求，不再开展化工原材料的生产加工，于是，全球著名的化工巨头企业就会在全球最适合的地方布局化工原材料生产制造的产业链，而石油化工、天然气化工、煤化工的下游主要是经济化工和化工材料的应用市场，所以化工产业的应用市场主要在全球的发达国家。由于全球化工产业形成这样的分布格局，全球的资本流向、企业流向、人才流向、技术流向、物流、交通都会按照这样的布局和运动规律进行配置。全球化工产业的价值链也会按照这样的规律产生财富的流向。以中国为例，由于中国的石油和天然气对全球化的依存度很高，中国每年就会大规模在海外采购石油和天然气，然后在国内进行石油和天然气加工。中国在这个领域的大型企业中石油、中石化、中海油会走到全世界石油、天然气富集的地方，通过投资、并购去获取产业链的上游资源，然后通过海上运输、陆上管道运输，把石油、天然气源源不断地运到中国，然后在中国南北方的沿海地区附近，包括湛江、上海、浙江、江苏、山东、天津、大连等地，创建中国的石化企业。这些石化企业又成为石化产品上游原材料的生产加工企业，产业链的下游便是纺织、汽车、农业化工、精细化工、建材、装饰、制造业等行业。这些行业的生产加工一方面在中国，一方面在世界各地。这些行业由于对成本、品牌、技术、市场非常敏感，于是出现了快速的行业运动周期。这些行业的竞争性很强，在全球的流动性非常大。大量的全球化企业都需要随时掌握市场和行业在全球和地区的运动变化规律，也需要通过市场和消费的变化来调整企业的地区战略。于是，这些行业的全球化企业就会随着行业的变化、区域的变化实现企业的全球布局。

但是，以上对于产业全球化的理解还是基于第二次全球化浪潮时代的特征，在资本经济这个经济形态上进行理解的。全球的产业关系通过纽约、伦敦、东京、香港、上海、深圳、新加坡等地的金融资本市场，以资本作为核心纽带，以系统金融服务和金融产品作为金融杠杆，以全球化尤其是世界500强企业作为载体，在全球通过跨国公司以资本为主形成的产业链、价值链、供应链的关系，构成了全球的产业关系和产业生态。

但是，数字经济时代以及数字经济驱动的全球化将彻底颠覆这种关系。数字技术和经济融合产生的数字经济将取代资本的核心作用。

第四节　中国具备企业全球化的条件吗？

由于中国不是第二次全球化浪潮的规则制定者，也不是第二次全球化浪潮的主导者，中国企业也不是主动的全球化接受者，普遍不熟悉企业全球化，没有掌握企业全球化的系统知识、方法和资源，尤其是不懂得第二次全球化浪潮运行几十年来的系统性规则，更没有看到已经到来的在第二次全球化浪潮和第三次全球化浪潮交织阶段形成的全球产业重构带来的全球企业重构和创造新的企业全球化的机会，所以中国企业往往不知道自己是否具备全球化的条件。

在我看来，除了房地产企业，绝大多数中国企业都具备全球化的条件，甚至很多创业者一开始就是以全球化思维和全球化视野进行创业的。即使是房地产企业，在中国房地产市场转型、房地产企业寻求转型的时候，也可以把转型和全球化结合起来。2018年初，我在美国和美国的一些中国留学生进行交流，发现他们已经看见中美之间在科技、产品、服务、数字化等领域的关系在发生着深刻的变化。这些变化也让很多中国留学生的就业选择和创业选择发生了一些变化，甚至伴随着中国经济的强大，中国文化走向世界的机会也已经重新开启。一位耶鲁的博士后，放弃这么多年学习的环境科学与工程专业，按照国际生活习惯，创业开办了一家中餐厅，他的中餐厅完全摆脱传统的广东、福建华侨在海外开办中餐厅的模式，用中国的核心文化内涵作为餐厅的内容 IP。但是，在很多细节的设计和处理上，这家中餐厅完全尊重外国人的用餐习惯，使得其在耶鲁校区取得成功之后，就敢立足于纽约曼哈顿时代广场这样的全球最时尚的商业中心。随着中国经济全球化的推进，中国企业全球化的进程加快，富含中国人文底蕴的中国文化产品和产业也一定会迎来全球化的机会。所以，在我看来，中国绝大多数企业都具备全球化的条件，只是大家缺乏对企业全球化的认知。

我从以下几个角度来讨论中国企业全球化的条件。

第一，企业全球化的行业条件。原则上，中国绝大多数行业的企业都具备全球化的条件。不管从事农业还是工业，不管从事制造业还是服务业，比如机械、电子、冶金、纺织、服装、珠宝、健康、医疗、医药、化工、建材、装饰、设计、金融、汽车、环境、体育、教育、文化、科研、餐饮、财务、法律、影视、互联网、物联网、大数据、云计算、通信、信息、食品等，这些领域的企业都具备全球化的条件。

但是，不同的行业、不同的企业，其全球化的"走出去"方法是不一样的。这些年中国"走出去"最多的就是基建。中国的基建队伍几乎走遍了世界各地，全世界都有中国基建队伍的身影。中国的基建最先主要是进入落后的非洲国家，后来进入发展中国家，现在已经开始进入发达国家。中国建筑集团已经成长为全球最大的基建集团，到2018年，中国建筑集团已经在世界500强排行榜位列第23名，总收入已经超过10000亿元，俄罗斯联邦大厦、印尼首都的地标建筑、新加坡超过200亿元的水利工程、越南的轻轨项目都由中国建筑集团承建。2017年，全球承包商250强的营业收入总额为16351亿美元，中国建筑、中国中铁、中国铁建、中国交建依次包揽了前4名。中国的基建企业在全球建筑业10强中占据 6 席。但是我们还是要看到，中国这几家世界基建巨头中，中国建筑的国际收入仅仅占到收入总额的 9.6%，中国中铁为 4.6%，中国铁建为 6.8%，中国交建为 30.6%。也就是说这 4 家"基建狂魔"中只有中国交建称得上是全球化企业。再往下看，处在全球建筑业 10 强第 6 位的中国水电的海外收入占比 26.8%，第 8 名中国中冶的海外收入占比为 9.5%，而前 10 名基建企业中，只有 4 家企业是外国企业，但是它们的全球化程度都远远高于中国企业。第 3 名是法国万喜集团，海外收入占比为 40.9%，第 9 名法国布依格集团的海外收入占比为 45.9%。如果单纯从每个企业的海外收入进行比较，中国处在全球前 10 名的基建企业全部排在海外的 3 家企业后面。那么，为什么处于全球前 10 强的中国基建企业中没有一家出来并购前 10 强的外国企业中的某个企业呢？不论并购前 10 强的哪一家外国企业，中国企业都有能力，一旦实现这样的并购，中国企业的全球化程度立马可以提高。但是为什么就没有这样的并购呢？答案不得而知。

中国的水泥行业在全球也是数一数二的，在全球 40 多亿吨水泥制造总量中，中国占了 24 亿吨，超过 50%。在全球前 10 的水泥企业中，中国也已经占了 4 席，包括中国建材、海螺水泥、华润水泥、台泥水泥，但是，这 4 家水泥企业基本上都是中国的本土企业，还没有听说哪一个企业占有多少全球化份额。在水泥行业，不管是技术还是效益，中国都很有优势，也完全具备了全球化的条件，可中国就是没有一家全球化的企业。

汽车行业目前还是发达国家的天下，这个行业中世界著名的企业都是外国企业，它们也都是全球化程度最高的企业群体。由于中国具有强大的市场优势、资金优势，中国很多汽车制造企业都具备全球化的条件，都可以在全球化过程中杀出一条血路来。但是，除了吉利、宇通这样的企业，中国在这个行业的企业基本都挤在国内市场厮杀，都没有抓住机会成为全球化企业。

相对来说，中国在电子、家用电器行业的全球化程度比较高。从电子终端产品到电子元器件，再到家用电器，中国的小米、美的、海尔、联想、海信、TCL等企业都在这个行业里成了企业全球化的佼佼者。

装备制造行业也是中国非常具备全球化条件的行业。由于中国已经成为全球最大的装备制造市场，市场的优势也培育中国企业逐渐成为中国市场主要份额的占有者。在工程机械、矿山机械、机床行业、金属加工机械领域，通过市场优势培育起来的中国企业相对于中亚国家、东南亚国家、非洲国家的企业，都有全球化的优势。

中国应该在各行业都有全球化的机会，中国企业可以借助市场优势成为行业的龙头，然后成为走向全球化的生力军。

中国最不具备全球化优势的行业是农业。虽然中国在农业加工领域诞生了新希望集团这样的中国饲料行业的龙头企业，中国的中粮集团也可以利用市场的垄断地位和强大的经济实力，开展一些全球化投资和并购活动，中粮集团已经在全球化道路上有一些布局，但是由于中国农村的土地经营模式和产业化模式与中国经济的社会化大生产规模严重不适应，中国农业的产业化水平不高，也就让中国的农业企业难以具备全球化优势，只好大规模从海外进口粮食。因此，中国在农业产业化领域缺乏有国际竞争力的企业，这个领域的企业全球化的程度更低。

第二，企业全球化的规模条件。企业全球化的规模条件是企业全球化的一个很重要的条件，是不是企业规模越大，企业就越具备全球化的条件呢？不一定。

比如，中国这些年发展起来一大批规模非常巨大的房地产企业，包括万达、恒大、万科、富力、碧桂园、融科等，这些企业得益于中国城市化高速发展的机会。但是，由于房地产行业的特殊性，全世界最大的房地产市场和投资机会都在中国，而发达国家早在第一次、第二次全球化浪潮期间完成了城市化发展，中国房地产行业的高速发展不可能让房地产在全球范围内形成产业链、价值链和供应链关系。中国的房地产具有鲜明的土地依赖性和地域特性，和全球化没有多大关系。万达几年前投资于英国、西班牙的不动产，最后也都不成功。同时，发达国家的房地产开发模式和中国房地产开发模式也不一样，使得房地产这个行业虽然有这么多大规模的企业，但是也基本没有一家全球化的房地产企业。

由于国情，中国规模大的企业几乎都是国有企业，尤其是中央直管企业。这些企业的规模都具备全球化的条件，但是我们看到，这些企业的全球化程度也不高。这是什么原因呢？

一个原因是曾经的失败。过去中央也曾经号召国有企业"走出去"，但是，那个时候中国经济处于快速增长期，这个时期的特点是需要大规模消耗石油、天然气、矿产资源，而中国完全通过采购贸易来获取这些资源很不划算，便希望通过投资、并购全球的资源类企业，掌握产业链上游资源来保障中国经济安全。但是由于准备不充分，也由于被国际投资商误导以及间谍的出卖，导致中国对上游资源企业并购时出现较大失败，造成了不小的损失。中国企业对于当时"走出去"战略走到哪里、谁走出去、怎么走出去、走出去怎么做、带什么东西回来都缺乏经验。这么大的失误使得中国的国有企业缺乏再次"走出去"的动力。中国的国有企业中的另类就是中国化工，这家从地方国有企业成长为中央企业的化工企业，在全球化的过程中，成为佼佼者。它成功地并购了意大利著名的轮胎企业倍耐力、瑞士著名的农业化工企业先正达等。

另一个原因是由于体制的局限，中国央企的全球化动力还是不足。央企的全球化受制于体制的内外因素。内部因素是中央对央企的监管、考核中，并没有把国际化、全球化作为考核指标，央企普遍没有全球化的积极性。如果国务院、国资委要给央企下一个指标，要求央企在一定时间内让海外收入达到一定比例，我相信央企很快就会成为全球化的企业。当然，外部因素是因为央企有党委的领导，由于企业并购需要进行一系列的重组、整合，被并购的外国企业不能够完全适应央企的管理模式，这也给央企的全球化带来一定的障碍。央企的全球化普遍采用了"一带一路"倡议的方式，通过互联互通首先进入俄罗斯、中亚各国以及东南亚各国，主要是通过公路、桥梁、隧道、港口、机场、通信、信息系统的建设来创建中国和"一带一路"沿线国家的联系，用这样的方式开启央企的全球化之路。

如果把企业的全球化仅仅理解为全球并购、全球投资，那么没有一定的资产规模，没有一定的投资能力确实不具备全球化的条件。

我更看好中国中小型民营企业全球化的机会，更希望中国中小型企业理解全球化的价值。中国中小型企业的规模都不大，但是很多企业都具备全球化的条件，在具备全球化条件的情况下，中国中小型民营企业的全球化能力为什么很弱呢？原因是多方面的，关键在于它们缺乏与全球化相关的知识、经验和资源。这些年即使很多中小型企业的企业家也出于好奇到海外考察、学习，但往往组织者都是旅游机构，带他们去看的都是非常希望别人来参观的企业，主要是消费品行业的品牌企业。几乎没有专业的企业家带他们进行深度考察，中小型企业的企业家无法跟着专业人士，一边考察一边分析比较，也无法讨论合作的可能性。

总的来说，大型企业有大型企业的全球化内容，中小型企业有中小型企业的全球化内容。大型企业全球化的内容相对更加丰富一些，中小型企业受制于能力，全球化的内容可能会单一一些。中小型企业"走出去"首先应该考虑的是产品"走出去"，在大众消费品这些领域，中国中小型企业是产品"走出去"的主力军，虽然占据了全球主要大众消费品的主流市场，但是往往都是被动地接受海外产品代理商的要求进行制造和销售。中小型企业自己主动"走出去"，发掘全球市场需求，研发设计适合不同国家需求的产品，实现产品全球化的情况非常稀少。中国中小型企业的很多产品在国内竞争中，在产品品质、品牌、包装、价格等方面很有优势，但就是没有把这样的思维用到全球市场。

第三，企业全球化的资本条件。中国企业全球化的资本条件往往被企业所忽略。在中国，除了国有企业之外，中小型企业一直面临着融资难、融资贵的困惑。很多企业受制于没有很好的融资机制而得不到很好的发展。这个地方所讲的资本包括长期资本和短期流动资金。如果把眼光放到全球范围，很多企业的资本路径就会被打开。

发达国家资本充足，但是投资不活跃，原因就是市场活力、经济活力不够，投资回报不高，融资需求不旺盛，导致巨大的资金流动性不够，资金成本很低，很多大规模、长周期的资本找不到很好的投资机会。因为外汇管制，海外资本在中国的直接投资也不活跃，中国引进的外资基本都是产业资本，很少有股权资本直接投资。这其实给中国企业的全球化创造了很好的通过资本通道走向全球的机会。大体路径有中国企业在海外上市，通过在海外上市获得海外融资机会，然后在海外投资，将中国企业的产品、技术、服务带到全球，甚至选择海外的低成本生产制造基地，利用海外金融市场的持续融资，输出团队、产品、品牌进入全球市场。

没有选择在海外上市的企业同样可以考虑让自己在海外有优势的产品、技术、服务与海外资本达成合作，从而进入海外市场。这样的全球化思路也和企业规模没有多大关系。

我有一个朋友做了很多年的进出口贸易，主要做电器产品的进出口。他所在的企业曾经是计划经济时期的专业外贸企业，那个时候企业的进出口贸易资质是要审批的，没有进出口资质绝对不允许从事进出口业务，也没有外汇兑换指标。那个时候，这样的外贸企业绝对是金饭碗。改革开放之后，外贸进出口权放开了，每个企业都拥有自主进出口产品的权利，这样的金饭碗企业一开始还有些优势，渐渐优势失去，业务急剧萎缩，即使企业自己通过股权改制，完全把国有企业改制为民营企业，也是风光不再。这种情况下，我就建议他们充分利用多年来积累的品牌信用和进出口企业的资源优势、专业优势，从全球化产业链、价值链、供应链的角度给企业提供进出口买卖，此外还要挖掘服务深度，学习日本的商社企业模式，从进出口数据领域进入品牌授权、产品代理、投资融资、金融服务领域，彻底改变传统进出口贸易的商业模式和盈利模式。

第四，企业全球化的人才条件。中国企业全球化的人才条件也是越来越好，大体有几个内容：改革开放至今，中国已经有几百万出国留学人员，这些留学人员有的回到国内，有的留在海外。不管是回国的留学人员还是在海外的留学人员，都具备了一定的专业交往能力。以日本为例，我在日本华侨华人博士协会交流的时候，相关负责人告诉我，在日本仅仅是这个协会就有800多位在日博士，这些博士分布在日本的各行各业，可以和中国企业对接交往。另外，由于中国经济社会的发展，每年也有几十万外国人到中国留学，在中国工作的外国人也有数百万之多。我的一位在中国人民大学外事处工作多年的朋友向我介绍，他在中国人民大学这个工作岗位上工作多年，专门负责在中国人民大学留学的外国留学生的管理工作，他跟踪了几十位来自20多个国家的留学生，了解了这些学生毕业后的去向以及工作动态。除了少量留学生留在中国工作之外，大量留学生都回到各自国家，专门从事经济、政治、外交方面和中国有交往的工作，目前这个数字每年都在增加，使得海外学生来中国留学的意愿越来越强烈。这些留学生都成为中国企业全球化的人才储备。

第五，企业全球化的技术条件。在技术上，中国很多中小型企业也具备了技术优势，依靠技术立足，从中国走向世界。这些技术可能和发达国家相比还存在很多不足，但是在发展中国家和不发达国家，我们的技术优势还是很明显的。如果和日本、韩国、欧美国家到第三方国家去竞争高科技产品的市场，我们就算没有技术优势，也会有价格优势。

经济全球化给技术在全球的流动创造了机会。现代企业中，以技术创业和以技术优势立足的企业有一半以上。中国的改革开放和中国经济的全球化给技术要素的全球性流动带来了更大的市场机会。由于中国的经济没有同步和西方发达国家的经济进入第一次、第二次全球化浪潮，中国在技术上和发达国家的差距很大，这种技术上的巨大落差使得全世界和技术相关的产品与企业在中国拥有了巨大的市场机会。以飞机为例，中国在改革开放初期，只能购买很少量的俄罗斯图 –154 飞机，中国自己没有生产大型客运飞机的技术。随着中国经济的发展，中国客运航空市场的需求出现持续性增长，在中国自己没有大型客运飞机制造技术的背景下，欧洲的空客、美国的波音这两大世界大型客机制造商就利用其技术优势大举拓展中国市场，这两个企业通过中国经济的全球化获得巨大成功。中国商飞公司发布《2019—2038 年民用飞机中国市场预测年报》，预计未来 20 年内，中国民用航空市场需要补充 7630 架客机，平均每年需补充 380 多架，中国市场每年将获得不少于 500 亿美元的订单。不管中国商飞公司以什么样的速度发展，也不可能全部替代空客和波音两家公司。

　　中国经济发展 40 多年之后，中国也在科研方面取得了很大的成功，也掌握了各行各业的很多技术，逐渐从经济大国发展成为技术大国。一方面，由于技术升级，中国还需要全球的先进技术；另一方面，中国具有领先地位的技术成果也具有了进入全世界的能力。世界上很多拥有技术的个人和企业，自身所在的国家市场有限，而进入中国就可以获得自己国家所不具有的市场空间，这就给这些国家的技术创造了施展才华的机会。

　　所有发达国家从第一次全球化浪潮出现以来，在基础科学、应用科学、科研成果转化、产业应用体系等方面，积淀了丰富的资源，随着全球化的变化以及市场和需求的转移，这些国家的很多科研力量渐渐失去市场需求。中国已经成为全球最大的技术需求市场，将全球技术资源与中国市场结合，既可以帮助全球技术资源继续保持历史的传承，也可以让技术资源通过大规模进入中国而发扬光大。对于中国来说，这也完全符合中国经济转型升级、新旧动能转换的发展方式。重庆市原市长黄奇帆在演讲中非常形象地说明了这个道理，他认为，如果好的技术不能和产业结合，这些技术就会成为孤魂野鬼，而产业不和好的技术结合，也会成为行尸走肉。

第六，企业全球化的规范条件。市场经济在全球化的发展过程中，形成了非常庞大的规范体系，保障了市场经济发展的运行秩序。我暂且把这个秩序称为企业全球化的规范条件。在我过去10多年开展的全球化业务中，我的主要工作就是把中国企业与全球企业联系起来，在这个过程中，我遇到的最大障碍就是规范条件的障碍。

企业全球化的规范条件是一个企业的软实力。由于我们没有和全球化的市场经济体系全面融合，我们和全球企业的规范化条件就存在很大的差异，有的是主观的，有的是客观的。规范条件的差异，从大的方面来说，影响到中国经济开放的水平和质量；从小的方面来说，影响到中国企业全球化的能力和企业发展的综合能力。

企业全球化的规范条件包括企业的产品标准、企业所用的技术规范、企业产品质量评价体系、企业的知识产权、企业的法律规范、企业的财务规范、企业的业务流程、企业的智力水平、企业的履约状况、企业的员工素质、企业的行为规范、企业的价值观、企业的商业模式、企业的盈利模式、企业的发展战略、企业的文化、企业的诚信度、企业的礼仪规范、企业的公共关系、企业的形象识别、企业的品牌管理等。

企业全球化的这些规范在西方世界主导的全球化时代运行了很长时间，中国企业不仅参与市场经济的时间短、企业全球化的时间短，而且在政治体制、经济制度和历史文明的发展中，并没有完全融入西方全球化规范体系，导致全球化的规范体系和发达国家存在巨大差异。全球化的规范将会永远存在，有的规范会使中国企业不折不扣地学习、遵循；有的规范会保持中国人的历史文化习惯；有的规范也会随着时间的推移被中国企业改变。

比如西方企业的计划性很强，当年的年度计划就会把第二年的计划非常详尽地列出来，包括各项经营指标、支出计划、收入计划、实现方式和来源、资金使用计划等，到了年底，结果和年度计划没有多大出入，这样的企业首先就保障了持续稳定的经营。而中国企业通常很少对第二年的预测有那么认真的态度，经常出现经营过程中完全不尊重年度预算，导致实际与预测出现很大差距的情况。

发达国家的企业非常注重行为规范，而中国的企业在和国际企业打交道的时候，就会临时遵循国际惯例，一旦交往结束，马上就恢复到国内企业的交往习惯。

包括资本市场，中国的资本市场仅仅是一个刚刚创建 30 多年的舶来品，一个从零开始创建的资本市场，完全可以借鉴发达国家 100 多年来创办资本市场的经验和教训，设计出中国的资本市场。但是，由于中国与西方不同的经济政治体制，不同的价值观和文化，所以在设计资本市场的时候，就存在巨大的分歧，也导致中国的资本市场很难完全和发达国家的资本市场接轨，难以融入全球化的资本市场体系。

我在 2017 年发掘出来一家法国的全球化汽车工程技术企业，这家企业是全球汽车工程技术领域的佼佼者，也是一家纯粹的技术型、服务型的世界级企业。而坐拥全球最大汽车市场的中国，也是全球拥有汽车企业最多的国家之一，却没有一家可以从能力、规模、技术等方面与法国那家全球化汽车工程技术企业对标的企业。中国汽车产业正面临从传统的燃油汽车向新能源汽车、智能网联汽车转型的历史关口，如果能够成功并购这家企业，不仅可以获得很好的投资收益，还能够对中国汽车行业以及出行工具的世界性变革起到非常重要的作用。我发现这个企业后，知道这个企业可以出让控股权，几乎激动得夜不能寐。但是接下来一年多的工作让我非常失望，我基本把中国合适的企业都联系了一遍，竟没有找到一家合适的对标企业。一年之后，这家上市公司的股票价格从 35 欧元涨到了 70 多欧元。不管哪家中国企业去并购这个标的，一年之内在汽车领域的投资回报都会超过一倍。在汽车产业的寒冬和转型之时，这种回报在全球也是难得的，何况还可以通过"中国整合"获得巨大的中国汽车工程服务市场，由此改变中国汽车工程技术落后的局面。

但事实上，整个中国汽车产业领域，不仅销售额大幅度下滑，新能源汽车市场也被特斯拉抢占。力帆汽车、众泰汽车、华泰汽车等民营企业纷纷陷入困境，蔚来汽车、小鹏汽车、前途汽车、零跑汽车、拜腾汽车等造车新势力也都纷纷跻身终端产品的设计制造，包括贾跃亭的 FF、恒大集团也投下巨资，就是没有企业很好地站在汽车产业全球化的角度，从丰富的产业链、价值链寻找更多的系统性机会。

同样，在中国医药领域，由于国内医药体制出现颠覆式改革，彻底打乱了原有医药生产制造的审批和销售体系，政府通过带量采购，直接越过传统销售渠道，让医院和制药企业直接对话，重构了中国医药产业的市场秩序。数千家中国制药企业依然反应迟钝地等待着市场的重新洗牌，而没有考虑如何在全球范围内找到突破重围的方法。由于体制改革，医院和政府协同合作，直接通过带量采购，就把过去20多年形成的医药代理体系彻底抛弃，让数以百万计的医药销售专业队伍面临失业和转型。制药企业不善于在技术先进、产品丰富的全球医药市场寻找到好的技术、好的方法、合作模式。比如，在特殊医学用途配方食品领域，一方面，国家医疗管理部门要求强制设立中国的临床营养机构；另一方面，中国又没有多少医药企业去开发特殊医学用途配方食品，使得经过批准的特殊医学用途配方食品只有几个项目，完全不能满足患者的需求。巨大的患者群体几乎都不可能获得精准的临床营养食品的供给，所有具有临床营养功能的食品只有通过广告、直销甚至传销手段进入市场，丧失了产品的市场信用，而经过国家食品药品监督管理总局审批的临床营养食品寥寥无几。在中国香港上市的四环医药集团投资3亿多元人民币，专门致力于从发达国家开发特殊医学用途配方食品，几年时间才初见成效。这样高门槛的投资模式在中国就是凤毛麟角。这些都和国际上成熟的医疗体系存在很大的差距。

由于中国的改革开放不重视对发达国家全球化体系进行全面、科学的引进，导致中国企业严重缺乏在全球化系统中的规范，由此也大大影响了中国企业全球化的进程。

第七，数字经济时代的企业全球化。如果中国在第二次全球化浪潮时期没有赶上企业全球化的步伐，那么数字经济驱动的第三次全球化浪潮将会彻底改变中国企业的全球化生态。

因为数字经济和资本经济作为基本经济形态存在很大的区别。数字经济是以互联网作为载体，通过万物互联的数字技术让世界成为一个整体，缩短了世界任意两点之间的物理距离，改变了时空关系。企业的全球化变得简单和容易了，商业活动通过数字的流动超越了物理空间，全球化的人际交流加快了。商业活动的各种数据，包括产品信息、技术信息、海关信息、物流信息、商检信息、贸易信息、支付信息、汇率信息、结算信息等，都可以进行数字化、标准化、不可篡改化的交互，大大降低了全球化的成本，提高了全球化的效率，减少了全球化过程中人与人的直接见面沟通，很多数据和信息都可以通过数字化协议和合同来传递。

另外，数字经济时代和资本经济时代的产业关系发生了根本变化。第二次全球化浪潮期间，全球形成了庞大的产业规则、行业规则，通过资本进行配置，以跨国公司作为载体，让全球性产业链、供应链和价值链的关系形成。在整个行业关系中，资本是顶端配置力量，也是根本决定权所在，更是利益分配者。利益冲突、全球产业分工不平等、全球资源分工不平等、全球经济发展不均衡，都和资本的本质相关。

我在中国著名的民营企业德隆工作过。德隆在深刻研究了美国产业的发展模式和全球化的产业关系之后，在麦肯锡以及世界主要咨询公司的帮助下，创建了完全符合美国产业和资本运营规律的战略投资、战略并购、产业整合、战略管理体系，这套体系曾经让德隆在中国产业和资本市场呼风唤雨、攻城略地、无往不胜。

这个模式在美国最成功的代表就是通用电气公司，其著名的 CEO 被称为"20 世纪的 CEO"，德隆模式就是通用电气公司在中国的翻版。产业整合的核心是以资本作为纽带，以金融作为杠杆，以战略管理作为控制手段，从而实现资本利益最大化。整个产业链之间所关联的所有企业和个人，都被资本控制的跨国公司的垂直整合力量所组织。

数字经济时代的整合逻辑将发生巨大变化。以互联网作为链接、数字技术作为支撑的产业互联网将重构资本经济的产业关系，行业的所有相关资源将通过数据共享，这使所有产业资源不是被资本控制，而是被数字技术链接，从而形成利益共享、价值共享的关系。资本整合的垂直关系变成万物互联的横向链接与共生关系。中国企业不需要通过资本并购、产业整合的方式来实现全球化，在全球化的数字关系之下，全球的技术、信息、数据、产品、生产、加工、服务、消费、知识产权、人才、市场等节点都在数字技术的组织下，形成新的产业生态关系。

2016 年初，时任阿里巴巴董事局主席的马云第一次提出创办全球化的电子世界贸易平台（e-WTP），目的就是希望创建一个互联网时代的数字化全球贸易生态。如果这个生态创建起来，就会给数字经济驱动的全球化创造一个先进的数字技术贸易秩序，中国将成为数字经济驱动的第三次全球化浪潮的规则制定者。这种贸易生态相当于数字经济时代市场化、中小型企业组成的 WTO，可以实现"全球买、全球卖、全球付、全球运、全球玩"，可以掀起数字经济驱动的全球化的高潮。据悉，目前全球已经有 26 个国家在落地实验 e-WTP 的应用。

e-WTP 在全球的推行，必然带来产业互联网的全球化创立，在 e-WTP 支持下的产业互联网生态，必然创新中国企业全球化的方式，减少资本经济时代全球化的障碍。

第五节　中国应当建立什么样的企业全球化体系

这是一个很难解答的问题，也是一个企业没有能力解决的问题。这需要经济主管部门、行业协会、行业监管部门共同思考。中国到底是需要融入全球化体系，还是完全借鉴发达国家的市场经济体系自创一套经济体系，然后让全球化和中国市场体系融合？

我个人认为，中国需要重新认识资本主义社会经历第一次、第二次全球化浪潮以来形成的全球化经济体系。这套体系是建立在法制基础上的，符合各行各业的规则，同时又满足科学技术的发展要求，也符合出于对知识产权的尊重和保护而建立起来的产品标准、技术标准、市场标准、质量标准、价格机制、安全标准、贸易规则、竞争原则等。中国需要在这些方面融入全球化规则。在早期，中国由于经济总量太小、竞争能力不够、企业体量不够，在市场化、全球化的竞争中处于非常不利的地位，中国经济容易受到不公平的对待。但是这个时期已经过去了，中国在加大开放力度的同时，也应当加大和全球化规则的融合力度，使中国成为全球认同的市场经济国家。

比如在中药产业，我们完全可以根据全球化的规则制定两套市场规则，一套规则是完全遵循中国中医药的传统文化和历史形成产业体系，保持中医和中药一体化的模式，同时按照中成药标准体系发展中成药。但是，为了让中医走上现代化、全球化道路，我们完全可以开辟另一套规则，即通过现代生物学技术，将传统的中医学理论和西方医疗医药的科研体系相结合，通过创新让中医学的成果随着中国企业的全球化走向全球。一位老中医在改革开放初期到美国去了，在美国很好地推动了中医、中药的发展。他发现，美国很多特殊医学用途配方食品都有很大的市场，同时，美国的功能食品、临床营养食品都是非常简单的，甚至是单一的植物提取物。他尝试将重要配方中的多种饮片，采用单一植物提取再混合的方式，转化成为功能饮料和功能食品，同样具有很好的治疗、保健效果，还完全符合西方的消费习惯。这样，中医、中药的精髓同样可以通过现代科技创新和观念的变革发扬光大。中国企业如果在这些领域打开市场通道，就可以独创性地开启中国中药企业的全球化路径。

中国应当建立什么样的企业全球化体系这个问题包括两个方面：第一个方面是全球化的体系；第二个方面是这个体系内无数的全球化企业。

从全球化体系来说，目前处在第二次全球化浪潮和第三次全球化浪潮的交织阶段，同样也是两个全球化体系的交织阶段。一方面中国是第二次全球化浪潮体系的输入者、接受者；另一方面中国成为第三次全球化浪潮的规则制定者。目前处在早期的交织阶段也是非常复杂的融合阶段。

对于中国来说，在第二次全球化浪潮袭来时，中国全面融入了第二次全球化浪潮，同时，中国在融合的时候，没有和全球同步融合，从而使得中国成为一个有选择融合的国家，也使得中国在融合第二次全球化浪潮体系的时候，和全球体系存在一定的冲突和矛盾，存在深层次不兼容的问题。同样，中国在第三次全球化浪潮时期处于和发达国家同步发展，甚至在很多地方领先于发达国家的状况。由于中国人口众多，数据资源巨大，产业互联网市场巨大，中国又在全国范围内全面规划数字经济，客观上非常有利于第三次全球化浪潮系统的形成，使中国在第三次全球化浪潮系统规则形成的时候具有很大的优势。中国已经决定大规模启动新基建投资，将 5G 基站建设、特高压电网建设、城际高速铁路建设、城市轨道交通建设、充电桩建设、大数据中心建设、人工智能建设、工业互联网建设放在重要位置，并对这些建设加大投资力度。这些投资不仅能够缓解新冠肺炎疫情给中国带来的经济压力，同时会给数字经济的发展创造良好的硬件基础条件。

而相反，发达国家由于在第二次全球化浪潮时期占有优势，是第二次全球化浪潮规则的制定者和利益拥有者，发达国家会继续分享第二次全球化浪潮给它们带来的红利，一旦它们的既得利益受到伤害和冲击，它们就会寻求改变全球化游戏规则的机会。由于第二次全球化浪潮经过几十年的运行，已经形成了庞大的全球化体系，在这个体系中的各种利益主体，包括国家、跨国公司、金融机构、政治集团的关系和利益都被严重固化，发达国家推动数字经济会遇到很大的阻力，要改变资本经济时代形成的全球化游戏规则非常困难。

我们以中美贸易冲突为例，中美之间大规模的贸易开始于2001 年中国加入 WTO 之后，中国严格遵守第二次全球化浪潮时期的商业规则。随着中美两国产业结构、市场结构、技术的变化，中美之间的产业链、价值链、供应链也在发生着变化。以美国制造和中国制造为例，过去美国制造相对于中国制造很有优势，美国制造的产品直接出口中国，不仅给美国带来贸易收入、资本利益，还带来充分的就业机会。但是，随着中国制造能力的增强，美国进口中国原材料、半成品的关税降低，使美国的制造成本提高，中美相关的制造业转移到中国，中美之间的贸易不平衡就打破了。美国主导的第二次全球化浪潮的利益结构开始向中国倾斜，美国就想要重新改变全球化的游戏规则。2001 年，按照中方统计，中美贸易总额为 744 亿美元，中国对美国的贸易顺差为 280 亿美元。而 2018 年，中美贸易总额增加到了 6335 亿美元，增长将近 10 倍，即使出现中美贸易战，中国对美国的贸易顺差依然还有 3233 亿美元。而 10 多年来，美国贸易总额仅仅增加了一倍，达到 4.27 万亿美元。中美贸易总额占美国贸易总额的比例，从 2001 年的 5% 增加到 2018 年的 14.8%。

第二次全球化浪潮变化的同时，第三次全球化浪潮袭来。中国全面融入第二次全球化浪潮就已经对全球化秩序产生了巨大的影响，全球化的利益机构已经随着中国的融入发生巨变，而第三次全球化浪潮又悄然来临了。第三次全球化浪潮下的中国已经有巨大的经济总量作为基础，毫无疑问，中国将有更大的优势来参与、融入全球化，甚至将成为数字经济驱动的第三次全球化浪潮的引领者。而以美国为首的国家，是第二次全球化浪潮的引领者、规则制定者、利益拥有者，这些国家不想失去在第二次全球化浪潮中的优势和利益，所以它们不会成为第三次全球化浪潮的积极推动者，而是会努力维护第二次全球化浪潮时期已经形成的全球化秩序和全球化体系。这样，中国反而有机会成为第二次全球化浪潮原有规则的改写者和第三次全球化浪潮规则的制定者。

我们用 LED 这个产业来举例。LED 是一种将电能转化为光能的半导体器件，不同材料的芯片可以发出不同的颜色，也被称为发光二极管。和传统照明相比，LED 不仅节能，而且亮度提高、成本降低，被称为继爱迪生（Thomas Alva Edison）发明白炽灯之后的伟大发明。LED 被广泛地应用于信息显示、信号灯、车用灯具、液晶屏背光源、通用照明等领域。虽然早在 1907 年，人类就发现了半导体材料通电发光的现象，然而直到 20 世纪 60 年代，第二次全球化浪潮全面袭来的时候，LED 才开始实现真正的商用。进入 20 世纪 90 年代，随着 LED 发光效率提高、发光强度增强，其优势逐渐凸显，应用领域扩大。作为第二次全球化浪潮时期的产业，美国、日本、德国、英国拥有先发的产业技术优势和制造设备优势，中国的 LED 产业主要由发达国家和地区的企业主导。但是，中国由于市场化的形成以及第二次全球化浪潮的融入，通过引进、吸收、消化技术，在 LED 封装业务上的优势迅速形成，珠三角、长三角成为中国最大的 LED 密集区。由于这样的综合优势，中国企业的设计、加工、封装、运营以及成本优势远远强于欧美发达国家。于是，当 LED 产业与第三次全球化浪潮融合的时候，中国企业就开始了全球化的步伐。目前，中东、中亚、东南亚、中欧等地区甚至美国都成为中国 LED 业务的市场，这个行业秩序的变化也使得中国企业的全球化在 LED 行业取得了巨大的成功，中国企业从第二次全球化浪潮时期的弱势地位走向第三次全球化浪潮时期的强势地位。随着 5G 时代的到来，以 LED 产业为核心的产业互联网一定会兴起，通过互联网技术，可以连接全球 LED 市场，产业互联网一定会整合全球范围内的设计专家、制造厂商、运营维护机构，然后通过人工智能、物联网、AR、VR 技术，客户会获得更好的场景体验。更快的个性化设计和定制、更加有效的运营维护等工作都可以通过产业互联网、人工智能来完成。

随着 5G 时代的到来，数字经济将成为 5G 时代的里程碑，未来将进入中国制定全球化规则的时代。这包括以下几个内容：

第一，中国在第二次全球化浪潮后期，将通过持续的技术进步，达到发达国家所形成的全球化技术水平。

由于技术壁垒和知识产权保护，中国在很多高端技术领域仍然和发达国家存在差距，尤其是一些系统性差距还需要很多时间去追赶，但是我们看到正在发生一些变化。比如，第二次全球化浪潮时期形成的全球技术链条已经在发生变化。

由于中国有市场优势，全球的技术和科研力量将在市场、资本、利益的驱动下进入中国，这种进入不一定是将所有先进技术让中国企业掌握，而是全球的企业和资本推动这些企业和技术进入中国。过去是美国、以色列、英国、日本、加拿大这些国家的技术，通过各种方式被发达国家的全球化企业所应用，然后把产品卖给中国。接下来会是这些国家的技术与全球化企业一起，到中国进行生产、加工，在中国与中国的各种应用终端进行融合，形成中国市场的全球化产品、技术、企业、资本大融合。

最典型的案例就是特斯拉。2019 年 1 月 7 日，特斯拉在上海建设超级工厂，这个超级工厂从奠基到投入生产仅仅用了一年时间，创造了全球汽车制造史上的最快速度。这样的示范效应给中国的对外开放政策树立了一个前所未有的经典标杆。这不仅宣示了中国全方位开放的决心和能力，同时对中国的整个汽车产业都是一个警示，狼真的来了，你到底是成为狼，还是成为被狼吃掉的羊。比较有讽刺意味的是，特斯拉作为一个美国的高科技企业，居然选择在中美贸易冲突非常激烈之际在中国建厂，这让我们看到了全球化的魅力，逆全球化的力量是挡不住全球化的力量的。

特斯拉建厂的意义远不止于此，特斯拉虽然诞生在资本经济最发达的美国，但并不是资本经济的产物，而是数字经济的产物。一个数字经济的产物在资本经济国家的生存环境很糟糕，会受到来自美国的所有汽车巨头企业的封杀，因为特斯拉挑战了传统汽车产业的地位，挑战了资本经济秩序。而中国却可以给特斯拉这个数字经济的产物提供最好的生存环境。

特斯拉之所以选择中国，首先是看中了巨大的中国市场，其次是看中了中国的配套能力和制造业效率。还有一个非常重要的原因，中国是新能源汽车生产和销售大国，同时，中国在汽车领域的变革，让汽车成为第三次全球化浪潮时期新的产业力量。特斯拉进入中国绝不仅仅是为了中国市场，而是要利用中国这一片对新能源汽车、智能网联汽车、城市出行工具最有前景、最有利的沃土。特斯拉没有选择美国,更不可能选择欧洲、日本或者印度，因为中国所具备的代表第三次全球化浪潮的体系，在全球任何一个地方都找不到。因为特斯拉生产制造所需要的材料、技术、零部件、电池、电机、电控以及各种电子通信元器件在中国都应有尽有，要么是中国企业可以提供，要么是在中国的外资企业可以提供。还有就是遍布中国的充电装置是很多国家不具备的，5G在中国的布局也将会是最广阔的。如果特斯拉不到中国布局，未来也许就没有特斯拉的发展机会。所以，特斯拉这个数字经济的产物在中国这个崇尚数字经济、推动数字经济发展的国家就如鱼得水。

以色列的库克曼集团就是抓住了这个全球化趋势的金融集团。2013年，以色列最大的投资集团库克曼集团开始转型，它们开始把业务重心向中国转移。作为投资集团和精品投资银行，它们过去的业务模式就是投资和服务于以色列的新技术项目，然后把这些项目转化到全球主要的发达国家，与发达国家的产业和企业融合，然后通过出售资本、转让股份或者到世界主要资本市场上市的方式寻求溢价退出。库克曼集团之所以选择把目标市场向中国转移，就是看到了中国经济体系的崛起。库克曼集团通过几年的工作和努力，在中国形成了越来越大的影响力。库克曼集团每年在中国举办一场中以科技论坛，中方都会组织数千人来参加，而库克曼集团也会从以色列带来上百家企业和创新技术项目与中国企业对接。相信用不了多久，就会形成一个非常有意思的全球化现象，即许多以色列技术进入中国，助推中国中小型企业与这些技术融合，然后帮助中国企业成为全球化领先的技术企业。这些以色列企业在中国生产制造，但是具有全球化的先进性，从而使中国企业走向全球，成为全球化企业。

一位叫叶欢的企业家学员跟我到日本、以色列进行全球化考察之后，企业战略观念发生了很大的变化。她本来就是浙江宁波的一位优秀女企业家，她创办的一家疫苗生产企业，由于技术、产品都具有核心优势，被世界 500 强的默沙东公司并购，目前她还有一家专门从事医疗器械生产制造的企业。通过学习和考察，我问她有什么体会，她说坚定了自己未来专门投资医疗器械的目标。我建议她在宁波创办一家国际医药转化中心，专门将适合中国市场的国际医疗器械通过投资、合资方式到中国转化，要么获得全球的知识产权，要么成为中国的 MAH（药品上市许可持有人）。

以上分析说明，中国虽然在第二次全球化浪潮的产业体系里还没有达到与发达国家同等的水平，还需要在科研、教育、人才、创新、体制机制改革等方面不断发展，但是在巨大经济总量、巨大市场、完整配套体系的支持下，中国逐渐可以弥补技术、工艺、知识产权、运营体系等方面的不足，吸引全球技术资源、科研资源、人才资源、知识产权、产业体系、教育资源进入中国。

法国里昂商学院的副校长王华教授早年留学法国，后来成长为里昂商学院的教授，并且成为难得的华人副校长。王华教授就是充分把握了中国经济的发展在教育资源、人才资源方面的巨大需求，带着里昂商学院跳出传统商学院思维，将里昂商学院创办100多年来所积累的教育科研资源结合起来，提出全球化商业教育的理念。里昂商学院不是在法国等待中国学生的进入，而是主动适应中国市场的需求，在上海创办中国校区，帮助中国企业家跳出传统的商学教育模式，给企业家建立全球化的知识和经验系统，深受中国企业家的欢迎。

第二，中国在产业互联网领域形成全球化的系统优势。

第三次全球化浪潮开启的时候，产业互联网一定是一个非常庞大的生态。我愿意把这个理解为第二次全球化浪潮体系和第三次全球化浪潮体系的高度融合。互联网创建至今已经几十年了，早期的门户网站就是一个互联网媒体，和企业的融合最多就是创建一个企业网站、行业网站，然后发展为互联网社交平台、大数据搜索平台等。亚马逊、阿里巴巴、京东开启了电子商务时代。过去这些年要么是传统产业创办企业网站、企业公众号，要么是互联网企业渗透进入传统企业。第二次全球化浪潮时期形成的产业生态还是在相对独立地运行，在受到很多冲击的同时，也带来了很多便利，但总体上还是两张皮。

5G时代是一场革命，就是传统产业和互联网生态的融合带来的革命。这将是影响人类生产方式和生活方式的一场里程碑式的革命。我曾帮助一个老龄产业领域的企业打造一个老龄产业的互联网平台，通过这个平台，我们来解读一下未来产业互联网给我们的生产和生活带来的改变。

养老已经成为中国的一大社会问题，中国社会已经进入老龄化社会，60 岁以上老人和 65 岁以上老人占总人口的比例都已经超过了世界卫生组织对老龄化社会设定的标准。但是，中国比发达国家面临的老龄化问题更为严峻，发达国家是富裕之后进入老龄化社会的，而中国则是未富先老。除了这个严峻的问题之外，中国在 20 世纪 80 年代开始执行计划生育政策，一对夫妻只允许生育一个子女。而目前的中国，在 20 世纪 50 年代、60 年代出生的人进入退休年龄，进入养老阶段，但他们的孩子几乎都是独生子女，他们成为老人之后，已经成为 20 世纪 80 年代、90 年代出生的人的最大的养老责任和负担。根据这样的国情，中国政府只好制定出"9073"的养老政策，也就是 90% 的老人居家养老，7% 的老人在社区养老，3% 的老人由机构养老。独生子女家庭的老人，如何做到居家养老呢？由于人均寿命延长，有的独生子女家庭还有爷爷、奶奶、外公、外婆。这样一个严重的倒金字塔结构已经来临。

大约在 20 年前，中国社会其实已经预见到这样的问题，很多市场人士非常乐观地认为，这是一个巨大的银发产业，房地产投资商就开始打起了养老房地产的主意，纷纷投资养老公寓。当老龄社会到来的时候，要么是大多数投资严重失败；要么是公共养老机构严重不能满足需求，一床难求；要么就是各种中高档养老公寓没人入住。于是，坚强、乐观的中国老人开始了他们独特的养老模式——集体出游、集体跳广场舞、集体打太极拳、抱团养老、集体到山清水秀的农村过世外桃源的日子。但是，再过 10 年呢？

他们进入 70 岁、80 岁之后，需要卧床、看护的时候，幸福在哪里？

中国已经有两亿多 60 岁以上的老人，养老产业规模预计在 2020 年将达到 8 万亿元人民币，但是今天的中国有一家专门以老龄产业为主营业务的上市公司吗？在我印象中一家也没有。涉足老龄产业的 82 家上市公司，没有一家公司的主营业务是养老产业。什么原因呢？人群太分散，同时养老机构很少，很难形成产业的集中度。但同时，我们又深深地感受到，几乎所有的老人都在经历大量产品的过度营销。各种各样的保健品、保健器械通过各种方式，渗透到没有陪护的老人身上，由于老人的孩子都没有时间陪他们，老人完全无法自主判断，甚至大量的老人成为电信诈骗、传销欺诈的目标。

这期间，诞生于大连的一家从事老龄产业的企业圣同润集团，在经历多年的艰难创业和各种失败经历之后，及时把握产业互联网崛起的机会，开始打造中老年人群产业互联网平台。这家公司在创业之初，没有房地产背景，也没有大规模投资的能力，同样是通过组织老人旅游，顺便给老人销售商品，或是通过线下会员的方式，给老人提供各种商品和医疗康养服务。无法进入机构集中养老，也没有下一代看护人的老人非常依赖圣同润集团的组织，几年时间，圣同润集团的线下互动人群达到数十万，适应了中国市场的需要。

全世界公认，日本的老龄产业做得很好，日本的人均寿命也是世界最长的，应该是中国老龄产业学习的目标。中、日、韩三国首脑会谈时，日本前首相安倍晋三在谈到中日合作的时候，主要推荐的就是老龄产业和环保。我和圣同润集团的主要负责人到日本进行了一个星期的考察之后，得出一个结论，中日之间的老龄生态完全不一样，日本的养老模式完全不能模仿。由于日本进入老龄化社会的时候，已经是发达国家，国家承担的养老保险和指定的养老保险金使日本具备了以机构养老为主的社会条件。机构养老和居家养老是两种完全不同的养老生态，由此也使得中日之间老龄产业的形态完全不一样。日本老龄产业的产品只需要规模化、标准化地提供给养老机构就行，而中国只能直接针对老人本人。日本的老龄产品容易标准化、规模化、市场化，企业容易监管；而中国与老龄产业相关的企业非常分散、各自为营，产业质量、企业质量、产品质量不可能提高。即使在这样的情况下，圣同润集团也成功地成为这个行业的佼佼者。但是，这个阶段，圣同润集团也只是一家专门从事老龄人群综合产品销售和服务的服务性传统企业，它和互联网的关系也最多就是建立一个企业网站，而它所服务的老龄人群又不是对互联网黏性很高的人群。但是，圣同润集团开始了产业互联网的创业征程，它投资创建了一个老人互联网社交平台叫"享乐吧"，首先通过各种方式将线下的老人会员不断地引流到线上，网络后台给老人提供各种线上服务，给老人带来移动互联网的社交乐趣；然后就是根据老人的需求，在线上给老人提供商品，让老人感受到在线上买的商品优于在线下买的商品；最后就是逐渐让线上的老人从线下带来更多的老人成为"享乐吧"的会员。圣同润集团通过大数据，分析老人的线上线下需求，再根据老人的需求提供更好的服务和产品，然后开发为老人量身定制的可移动穿戴装备和居家智慧终端，同时，研发生产老人喜欢的各种商品和服务，形成全方位综合服务于老人的幸福生态。到这个阶段，圣同润集团就会利用全球化战略在全球范围内开发适合老龄人群的各种物质和精神文化产品，提供全球化的老人服务，同时也会把市场扩展至全球。这个时候，通过产业互联网可以链接全球的老人，通过人工智慧终端可以让老人和老人，老人和服务平台，老人和家庭智慧终端，老人和家庭成员，老人和产业互联网平台提供的产品、服务、医生、医疗机构、养老机构、康复机构等形成万物互联，这不仅打造了一个庞大的老龄产业生态，还构建了一个全球化产业、企业平台。这就是第三次全球化浪潮带来的全球化产业和企业体系。

对于这样的系统性打造，我相信最早一定是从中国市场开发出来，从而走向全球。目前，要达到这样的目的，几乎不存在技术壁垒，关键是组织行为能力。

2020年开始，随着5G的商业化应用，产业互联网作为数字经济最主要的产业形态，将在越来越多的产业场景里全面发展。这个体系的打造，将全面弥补中国在第二次全球化浪潮中的不足，同时还由于产业生态的打造，将形成强大的产业虹吸效应，吸引全球的产业资源进入中国。嘀嘀出行起初就是一个汽车出租共享服务软件，由于巨大的行业前景，安装滴滴出行软件的客户越来越多，2018年就超过4.5亿人，这就导致越来越多的汽车司机成为网约车司机。人与人、人与车通过互联网实现了线上线下的互动。我们看到，嘀嘀出行平台推出了自己的汽车，但是，这个时候的汽车还是直接向汽车生产制造商采购的。我相信，随着5G的应用以及智能网联汽车技术的不断升级，滴滴出行这个网约车平台，一定会根据大数据得出的结果，设计出符合网约车运行特征的智能网联汽车，生产出定制汽车。这样，汽车的设计、生产、销售和运营就被改变，汽车制造企业就不会成为出行工具生产制造的主导者，网约车平台就成为产业互联网平台，汽车制造技术就会服从市场的需要和平台的需要，传统的汽车制造技术同样会毫不保留地从全世界进入中国市场，市场和生态的变化就会弥补中国在第二次全球化浪潮中技术不足的短板。同时，中国将第二次全球化浪潮的产业体系和第三次全球化浪潮的产业体系融合，催生出新的产业生态，这种产业生态完成在中国市场的全面应用之后，就会走向全球，成为中国企业全球化的主力军。

第三，中国在人工智能机器人领域形成全球化系统优势。

就机器人本身来说，从早期出现机器人的概念到今天人工智能机器人的话题热点，已经 100 年了。也就是说，机器人本身其实是第二次全球化浪潮期间形成的产品。联合国给机器人的定义是："一种可编程和多功能的操作机，或是为了执行不同的任务而具有可用电脑改变和可编程动作的专门系统。"传统机器人一般由执行机构、驱动装置、检测装置和控制系统组成。

1920 年，捷克斯洛伐克作家卡雷尔·凯佩克（Karel Capek）在他的科幻小说中第一次创造出"机器人"一词。1939 年，美国纽约世博会上展出了家用机器人。1942 年，美国科幻作家阿西莫夫（Isaac Asimov）提出"机器人三定律"，成为学术界研发机器人的"三原则"。100 年来，机器人产业已经发展成为美国、日本、德国等发达国家的优势产业，2019 年，全球机器人产业的市场规模已经达到 300 亿美元的产值。

中国虽然近年来加大了对机器人的研发、投资力量，但是在机器人整体设计、材料、关节、感知系统、控制系统、工作系统这些核心技术领域，和发达国家相比还存在很大差距，反映了在第二次全球化浪潮中，中国产业和全球产业之间关系的基本特征。这样的状态下就会出现两个行业发展趋势：一个趋势就是传统机器人产业的世界龙头企业，将会在中国进一步扩大开放的市场政策支持下，加大进入中国市场的力度，通过技术优势进入全球最大的市场；另一个趋势就是中国在智慧技术领域的优势企业，会结合中国的市场优势，尽可能地与全球优秀机器人生产企业合作，给发达国家的传统机器人安装上智慧的大脑以及中国元素，包括中国的语言输入系统、中国的文化系统、中国的生活习惯等。

以风靡日本的伴侣机器人为例，随着老龄化社会的来临，也随着机器人研发技术的进步，日本伴侣机器人产业发展迅速。尤其是人工智能技术的快速发展，使得机器人的智慧程度越来越高，成为陪伴中老年人群的重要产品。日本的这类产品具备传统的硬件和材料优势，包括皮肤、毛发、关节等环节的硬件生产制造技术都处于领先地位，机器人植入高等级芯片、应用各种人工智能技术之后，将越来越能够满足老年人的需求，这是一个巨大无比的市场。那么，日本的技术和企业一定希望进入中国这个巨大的市场，但同时，在这类机器人的研发设计和生产制造方面，需要研究中国市场需求的特性，研究中国人的生理习惯、心理习惯、文化特质以及审美要求。这样的机器人就会由中国的专业人士和市场人士共同开发，以适应中国市场的需求。伴侣机器人在个性化定制设计上有独特的文化特质，这样，在机器人市场领域就会大量出现企业全球化的创新行为。

在人工智能机器人这个领域，已经出现巨大的市场和想象空间，比如军事应用、工业应用、环境应用、家庭应用、医疗应用等。来自全球的企业，包括德国、美国、日本、以色列、英国、法国、加拿大等国家所有在硬件上具有优势的企业，几乎都会通过各种途径参与中国人工智能机器人产业的发展。我相信，中国在人工智能机器人这个领域的云计算优势、大数据优势、系统规划设计优势、线下市场人群优势以及各种场景应用需求优势，会使全世界的机器人产业都进入中国市场，与中国企业构成企业全球化体系，这将成为中国企业全球化最大的特点。

第四，中国在数字经济领域形成全球化优势。

数字经济是人类通过大数据的识别、选择、过滤、挖掘、存储、计算、场景化应用，引导，实现资源的快速优化配置与再生，从而实现经济高质量发展的经济形态。数字经济通过不断升级的网络基础设施和智能设备等信息工具，使互联网、云计算、区块链、物联网等信息技术与传统经济融合之后，实现经济形态转化，降低社会成本，提高资源优化配置的效率，创造全新的经济形态，使得中国有机会与发达国家一起，同步进入后工业社会。但是，由于中国有一个特殊的国情，使得中国与发达国家相比，在数字经济时代更有优势。这个国情就是人口多。

数字经济的第一个定律是梅特卡夫法则：网络的价值等于网络节点数的平方。由于中国拥有世界最多的人口，在人口节点上，中国具有世界优势；万物互联时代，人多就意味着与物的联系节点也多。人与人、人与物、物与物、物与人的联系节点最多的国家就是中国。按照梅特卡夫法则，中国具有全球化时代最大的网络价值，即以中国市场为基础，中国就会诞生全球最大的数字化企业。比如中国最近兴起的抖音、快手这样的短视频企业，能够迅速崛起，成为数字经济的赢家，就是遵循了梅特卡夫法则。

数字经济的第二个定律是摩尔定律：计算机硅芯片的性能每18个月就翻一番，而价格以减半数下降。这将大大降低数字经济的研发、投资、开发成本，同时能够缩短发展周期。第一个定律和第二个定律结合起来，意味着中国的企业在数字经济时代具有价值优势的同时，还具备了速度快、开发成本低的优势，而且还具有速度越快成本越低的马太效应。这就是抖音、快手、拼多多这样的企业能够迅速获得巨大成功的根本原因。

数字经济的第三个定律是达维多定律：进入市场的第一代产品能够自动获得 50% 的市场份额。也就意味着，在一个行业领域领先的企业。成为数字经济的领头羊之后，后面的企业很难超越这个企业。强者恒强。抖音和快手在 2020 年春节期间，投入数十亿元展开激烈的竞争，就是遵循了这个定律。这两个同质化的企业就是用这种白热化的竞争方式在争取生存的权利和机会。

从我们已经看到的这些企业的成长状态来看，这三条定律正在把中国企业引向全球化数字经济企业的高度。同时我也发现，由于第三次全球化浪潮的关系，数字经济时代的全球化速度比任何时候都快，全球化程度比任何时候都深，这使得中国的网络节点很快辐射进入全球化节点。以抖音为例，抖音的日活量已经达到 4 亿，海外下载量已经突破 10 亿。这是中国任何传统企业在海外都不可能拥有的业绩。

所以我认为，数字经济还应该有一条定律就是，一个企业一旦在一个节点取得成功，之后很快会成为全球化的大型企业。这不仅包括数字经济企业，也包括数字经济时代把数字化与传统产业高度融合的产业企业。在这个领域最成功的无疑就是特斯拉。特斯拉的市值已经达到 4000 亿美元，这是全球汽车产业的最高市值。但是，如果把特斯拉理解为新能源汽车制造商，那就大错特错了，因为特斯拉不仅是汽车制造商，也是新能源企业，同时还是一家典型的数字经济企业。特斯拉的数字化体现在它的客户未来都是数字节点中人与人、人与物、物与物、物与人连接的重要节点。如果特斯拉继续保持这样的领先速度，它的股票超过万亿美元也是很有可能的。而特斯拉之所以如此成功，很重要的一点就是它已经全面成为中国数字经济市场上的领导者。中国的数字经济市场成就了特斯拉。

数字节点的优势使中国很快会在产业互联网时代获得非常高的市场地位。原因就在于产业互联网时代的互联网优势都在中国，各行各业的企业与产业互联网融合之后，企业的全球化能力就会自然释放出来，就能利用互联网优势将互联网线下的产品、服务、技术带到全球。企业也会很快在产品、市场、技术、管理、人才、服务方面整合全球资源。

第五，全球化企业融入中国的全球化体系。

这个趋势会很快来临，不仅因为技术的变化，也因为中国对外开放的加速加快，更因为数字经济的共享特征。这个观点是指中国以外的全球化企业会更加紧密地和中国的全球化体系通过数字经济连接起来。中国以外的全球化企业主要是指美国、加拿大、英国、德国、法国、意大利、日本、韩国、以色列、新加坡、澳大利亚、荷兰、瑞士、西班牙等国家的跨国公司。这些国家的全球化企业都是通过第一次、第二次全球化浪潮发展起来的，这些企业积累了非常丰富和全面的全球化经验和文化，但是对中国一直心存戒心，也缺乏了解，因为中国过去并没有真正地融入全球化，不是经济全球化体系中的一员。但是，由于第三次全球化浪潮表现出来的特点让这些国家的全球化企业越来越没有市场优势，使得这些国家的全球化企业基本没有高速发展的可能，寻求最好的发展市场是它们最本质的要求。而中国会顺其自然地通过产业互联网，包括区块链技术这样一系列的数字经济优势建立起新的数字经济全球化体系以及数字经济全球化优势，发达国家的这些全球化企业全面进入中国之后，可以充分利用中国的数字经济优势进入中国市场，然后再伴随着数字经济走向全球。

最近我在华尔街的一位朋友回到中国，和我一起探讨全球化的创新模式，这让我深深地感受到这个机会即将来临。

从国家主权和国家经济政治利益的角度来说，中美之间的冲突还在继续，并且不会因为中美之间签署第一阶段的协议而结束，这份协议的第一个内容就是关于知识产权的问题。毫无疑问，美国的高科技进入中国将会很困难了。可如何理解高科技进入中国呢？如果要去并购、投资控股美国的高科技公司会很难，即使想获得美国高科技项目在中国的授权，也是有难度的，但是，企业家尤其是企业背后的资本不一定会这么认为。任何用于商业的高科技都是商品，都需要获得市场利益，尤其是需要获得资本的市场利益。特斯拉在中国的超级工厂如果没有成功，绝对没有资本市值千亿美元的突破。所以，中国与美国投资者和企业家背后的逻辑，一定是千方百计地让美国具有技术优势的成果进入中国这个巨大的市场。我看到有一项美国的减肥技术还在申请 FDA 认证的过程中，投资人是一个典型的美国投资家，他非常清楚全世界最大的减肥市场在中国。我通过医疗渠道找到医疗专家，对减肥器械进行了简单咨询。专家都认为，在中国，不论是医疗减重还是非医疗减肥，都具有巨大的市场空间。根据《2019 减肥白皮书》，中国的肥胖人群急剧增加，已经超越美国成为全球肥胖人群最多的国家，肥胖率已经达到 17%。但是全世界目前也没有公认的减肥方式，减肥产业巨大，而美国完全无创的减肥器械效果很好，成本不高，操作容易还不会造成创伤，当然具有很强的竞争力。这样的产品如果完全由美国企业和投资人引入中国市场，将有很高的门槛，而且在中国的市场推广肯定不如中国企业和专业人士在中国推广得那么顺畅，所以这种产品需要在中国找到合作伙伴，从而进入中国市场。问题的关键是如何防止知识产权在中国被侵犯。有了中美贸易关系协定，中国企业在知识产权方面的违法成本不一样了。

即使是其他高科技，就像我在华尔街的朋友最近专程回国和我讨论的模式一样，都是可以操作的模式。

这位朋友在回国之前，发给我四个科技项目的简单资料，虽然暂时还不清楚这些项目所涉及的行业领域，但它们都是中国新兴产业范畴之内的高科技项目，也一定是美国对中国需要进行技术封锁的项目。如果要从投资、并购的角度让这些项目进入中国肯定是难上加难的，但并不是没有办法，原因还是美国的企业家、科研人员、投资者同样希望这些在全球领先的高科技项目能够进入中国这个最大的应用市场。

我的这位朋友回国之后，通过和我交流发现，这是完全可以操作的业务，但是中国的投资银行家做不了这种业务，美国的投资银行家也没有做这种业务的激情，只有在华尔街有非常丰富资源和经验的中国投资银行家才有动力和能力做这种业务。这位朋友于 20 世纪 80 年代就公派去了美国，在华尔街主流投资银行做了多年，也一直没有回来。只是最近 10 年参与了中国和欧美之间的一些重组并购项目。他设计的基本方式就是在美国发掘可以出售并被并购的高科技企业，然后通过在欧洲组建的基金实施并购，之后在中国找到产业合作伙伴，将这些技术在中国市场的应用权授予中国平台，从而将知识产权转化为资本权，最后再将资本权益注入在欧洲的上市公司。这样的结构设计看似比较复杂，也需要很强的全球化交易能力，但是，大家可以看到，全球化往往不是政治家们可以随便阻挠的趋势，经济全球化、企业全球化、技术全球化、资本全球化同样有着自身的运行规律。一旦这些技术进入中国市场，在与中国产业、中国市场、中国技术融合之后，会再生为中国企业的新的全球化能力，由此使中国企业走向全球。

第六，科技金融全球化演进为数字金融系统。

随着技术的进步和更新，互联网开始给金融业带来冲击和创新。互联网技术、机制、系统、生态都给传统金融业带来新的冲击。支付方式的变化增加了金融的外延交易，银行和互联网既竞争又合作共享，在增量上创造挣钱机会。微信支付、支付宝成为科技金融产品；电子商务通过大量的预收款沉淀了巨大的资金，这些资金转化成为货币基金以及金融理财资产池；金融机构互联网化、大数据化，云计算、人工智能、区块链、虚拟货币的出现，创造了巨大的金融科技生态。而这些领域一开始就是全球化的，这些内容很快就成为第三次全球化浪潮在技术和应用层面的基本内容。在这些方面，中国人总是走在世界前列。

5G时代的到来会加速中国这类企业的全球化速度。产业互联网的推进也会加速中国区块链的应用。从某种意义上讲，区块链兴许就是产业互联网的一种更加有宽广度的应用。产业互联网毕竟还是产业组织通过企业和个人的交易行为来创建的基于某个产业链的线上线下的交易模式，而区块链的去中心化不是由一个企业可以组织的，这取决于每个区块链上的交易信用节点。

从这个角度来说，中国的节点优势很快会凸显出来，中国有可能成为全球产业互联网后来居上的成功者。如果中国用 5 年时间完成 5G 基础设施建设，在两三年之内完成系统建设、产业链搭建、人与物的连接，就会催生出一大批产业互联网的优秀企业，这些企业会很快进入全球化阵营。由产业互联网搭建的企业全球化有可能成为企业全球化的高峰。每一个产业互联网平台都会很容易地在全球范围内找到所需要的原材料、加工方式、生产基地、消费人群、科研开发方式、市场精准营销方式。

到这个时候，中国企业全球化、全球企业中国化、全球企业全球化将开始新的篇章，我们将真正迎来第三次全球化浪潮的高峰。我觉得 5 年之内就会出现这种状况。这个时候，金融科技这个概念基本可以结束历史使命，数字金融将取代金融科技概念，数字经济时代的数字金融将全面登场。和第二次全球化浪潮一样，当数字经济驱动全球化时，也会出现数字产业和数字金融，数字金融也将由数字货币金融和数字资本金融构成。中国央行发行的主权数字货币会作为法定主权货币进行数字结算，由此产生的主权数字货币的存贷、结算、流通将会促进数字货币金融体系的形成。数字资本金融将会借助资本和数字要素的结合，与企业、产业进行连接和融通，数字要素和资本要素将共同作用于企业和产业，在产业互联网的创建、孵化、运行、发展和数字资产的市场配置下，形成数字资本金融体系。数字投资银行将成为数字金融时代的新物种。

第五章

中国企业全球化的方式与误区

在这一章，我们必须回顾一下中国企业的全球化之路。

三次全球化浪潮产生了三种不同的经济形态，第一次全球化浪潮时期的殖民经济、第二次全球化浪潮时期的资本经济以及第三次全球化浪潮时期的数字经济有着非常不一样的经济运行规律。中国在前两次全球化浪潮中的经济形态都处在被动地位，目前是资本经济和数字经济相交的重要历史节点，中国必须把握数字经济全球化的基本规律，才能够最终获得发展数字经济的全面成功。

改革开放40多年的发展历程，并不是中国经济从资本经济发展到数字经济的简单历程，中国是从最终没有成为世界经济主流形态的计划经济走向不完全的资本经济的。为什么是不完全的资本经济呢？资本经济是一个私有制国家将私有财产通过资本形态开展经济运行，并在这个基础上建立政治制度的完全市场化的经济形态。由于中国实行社会主义经济制度，学习借鉴的市场经济并不是资本经济的全部。中国开始进行改革开放的时候，全球化尤其是第二次全球化的资本经济形态已经非常成熟了，而当时的中国，还游离于全球化之外。改革开放40多年以来，中国企业也主要是从输入式全球化向输出式全球化逐步发展和过渡。直到今天，中国也还没有完成从单纯的输入式企业全球化向输出式企业全球化的转变，还没有真正成为输出式企业全球化的国家。

在改革开放之前，中国除了少数的外贸企业外，几乎没有国际化、全球化的企业，大部分都是封闭的、内生性的国有企业。

中国企业的全球化实际上是从国际化开始的。企业的国际化和全球化不是一样的概念，国际化是一个国家的经济、企业、产品需要符合国际惯例和国际标准，国际化是全球化的前提，没有国际化是不可能有全球化的。而全球化是指企业在国际化的前提之下与全球经济、全球市场、全球产品、全球技术和全球金融资本之间的融合。

（一）产品、贸易的国际化和全球化

从 1949 年中华人民共和国成立到 1978 年中国实行改革开放之前，如果说中国有什么国际化的话，那就是中国从苏联引进了社会主义工业系统和计划经济体制。中国的整个装备工业和能源交通工业的发展，都得益于苏联的援助。

中国的农业机械设备从苏联引进，从农用拖拉机到收割机再到柴油发动机都是从苏联引进的；同时，分给农民的已经私有化的土地经过几次农业合作社的创立，收归集体所有和国有，之后还成立了人民公社。虽然早在 1957 年就创办了中国进出口商品交易会，但是那个时候主要是通过产品出口赚取外汇，用以一般性外汇支出。一直到 1976 年，中国的进出口贸易总额只有 134.3 亿美元。这个数字相当于今天中国一天的贸易量。所以说，1976 年以前，中国就是一个封闭的、内生性的非市场经济国家，国际化、全球化的程度几乎为零。虽然苏联在其鼎盛时期和社会主义国家之间也建立了国际化、全球化规则体系，但这个体系和以美国为首的发达国家之间创建的全球化体系完全不兼容，标准、制式都不一样。20 世纪 90 年代，随着苏联和国际共产主义同盟的解体，这套体系也随之完全崩溃。

以 1978 年实行改革开放为起点，中国必须重建和发达国家之间的国际化、全球化关系。到 2018 年，中国的市场从一个封闭的市场走向一个面向市场经济的开放的市场，融入了第二次全球化浪潮，连续两年成为世界第一贸易大国。

从 1978 年开始，因为中国要把工作重心转移到经济建设上来，搞经济发展首先需要钱，于是中国开始加大出口力度获得外汇，有了外汇才能够引进发达国家的技术设备。所以，中国过去 40 多年所产生的国际化和全球化主要是产品贸易的国际化和全球化，产品贸易的国际化和全球化主要就是通过产品的进出口贸易来实现的。所以在那个时代，中国千方百计地生产可以出口的产品，凡是有本事出口产品的企业，不管产品卖到哪里，都是中国最好的企业。哪个企业的员工说是生产出口产品的，那这个员工就有高人一等的感觉。那时我在重庆，重庆最著名的企业就是重庆玻璃器皿厂、重庆绸厂、重庆毛纺厂，这些企业都能够将生产的产品卖到国外，赚取外汇。重庆玻璃器皿厂生产的玻璃器皿具有非常精美的技术和工艺，国内没有人能够消费得起，几乎都可以卖到发达国家。

单纯的产品贸易使中国的全球化程度很低，仅仅停留在产品进出口贸易状态，在全球化配置中仅仅处在供应链这个环节。中国出口低端产品、低附加值产品、廉价农产品换得外汇之后，进口发展经济所需要的机器设备，基本没有钱去进口消费品。进口电视机、电冰箱这些高档消费品只有外交人员和出国留学人员等可以购买，但仍有配额限制。

所以，产品和贸易的国际化和全球化是过去 40 多年中国国际化和全球化的主流，和我们要讨论的全球化相去甚远。

（二）技术、标准的国际化和全球化

1978 年以来的改革开放渐渐把贸易全球化进行了改变，中国开始从产品贸易全球化进入技术引进和资本引进阶段。由于承接发达国家在全球范围内产业链、价值链、供应链的延伸，中国的土地、劳动力以及开放政策的优势开始发挥作用，发达国家低端产品的生产加工开始往中国转移。这些产品包括家用电器、玩具、服装、电子产品、礼品等，海外投资者第一次在中国进行了低端产业的输出，这才终于有了产业进入中国的概念，国际上符合发达国家标准的产业第一次进入中国。随着这些产业进入中国，海外的资本也进入中国，但是这些投资都是新加坡、马来西亚、印尼、泰国这些国家的华人引进的，真正的发达国家的资本没有进入中国。

产业进入中国带来的是整个产业链、价值链、供应链进入中国。一个产品从资本到品牌再到设计和原材料都是从国外进口，然后利用中国的土地和劳动力进行生产加工，最后再出口到发达国家。

这期间的引进已经从单纯的终端产品引进发展为资本的引进、设备的引进、技术的引进、品牌的引进、生产方式的引进、商业模式的引进和技术标准的引进。

这个阶段比前一个阶段有了一定程度的深入，国际化提高到了一定的水平。

在这个过程中，中国也通过几个经济特区的设立，让自己的国有企业参与到这些项目中来，这些企业逐渐掌握了投资、加工经营和销售的经验。很快，浙江、江苏、广东、福建当地的企业就掌握了整个产业的主导权。这使得中国企业的国际化程度有了一定的提升。

到了 1992 年之后，中国迎来了对外开放的一个高潮，明确了中国要建立社会主义市场经济，如此就必须引进发达国家的市场经济体系。

这期间，欧美国家的产业大举进入中国，资本主义国家在推行工业化过程中的行业规范和标准被引进到中国，中国也大规模派出官员、学者、企业家到发达国家学习市场经济的实质性内容。尤其是中国在 1993 年开始实施《公司法》，正式发展股份制，让发达国家的资本市场体系进入中国，这大大提高了中国企业和企业家对于国际技术和标准以及工艺的理解。在全国范围内普遍推行 ISO2000、国际会计准则、国际公司规范，使中国企业的国际化程度开始大大提高。

（三）人才的国际化和全球化

中国从改革开放初期就开始大规模派出留学生到海外学习。邓小平发表了扩大对外派遣留学生的讲话，提出要成千上万地派，不是只派十个八个。

1978 年 12 月，邓小平派出的第一批留学美国的 52 名学生到达美国。随后，1979 年中美建立外交关系，邓小平访问美国。从第一批留美学生到后来公派的留日、留法、留德学生，再到自费出国的留学生，中国掀起了一股持续至今的留学潮。改革开放 40 多年，中国向国外派出留学生数百万人。而这些出国留学的学生，早期都尽可能选择在海外工作，后来由于中国经济的快速发展，大多数留学生选择回国发展，占出国留学人员总数的80% 以上。

除了中国人出国留学之外，外资企业进入中国也使很多外国人到中国就业，这些懂得国际化和全球化的人才成为企业国际化和全球化的保证。

（四）教育、管理的国际化和全球化

不仅是人才的国际化，教育、管理的国际化和全球化给中国企业也带来很大的进步。首先是中国的各大著名高校，引进发达国家的商科教育，如西方经济学、金融学、管理学、市场营销、工商管理（MBA）；其次是国际管理和商业的一些经验通过世界各大著名管理咨询公司，如麦肯锡、科尔尼、罗兰·贝格等企业进入中国，也促进了中国工业服务、管理服务、各种在职工商管理教育的发展，中国企业家成为全球最爱学习和持续学习的企业家。

随着经济的发展与国际交往的活跃，中国在 2001 年终于加入WTO。

WTO 是世界贸易组织的简称。世界贸易组织是 1994 年在摩洛哥的马拉喀什成立的全球性组织，其前身是 1947 年的关税及贸易总协定。关税及贸易总协定是第二次世界大战之后，建立在新的世界地缘政治基础上的由美国主导的重要组织之一，它和世界银行、国际货币基金组织等机构一起，构成了美国主导的第二次全球化浪潮的重要内容。

加入世界贸易组织对中国产生了巨大的作用，各级政府和传播媒体也是通过各种渠道和方式，让中国的整个经济界充分认识到，中国花了 10 多年时间来谈判加入世界贸易组织，一旦成功加入，就成为世界经济，尤其是市场经济不可缺少的一员，中国必须融入世界市场经济体系。加入 WTO 也意味着中国企业在管理、市场、产品、战略等方面朝着国际化和全球化迈出了一大步。

（五）资本的国际化和全球化

资本的国际化和全球化是一个国家国际化和全球化最根本的标志。

中国资本市场筹建于 20 世纪 80 年代后期，筹建期间就经历了很多波折，虽然于 1990 年正式成立，但是一直到 1992 年也只有十几家公司在深圳和上海两个证券交易所上市，对中国经济的影响微乎其微。

1992 年之后，中国决定实施社会主义市场经济，资本市场才作为建立市场经济的重要手段快速发展起来。中国资本市场从一开始就注重国际化和全球化，1993 年，中国资本市场才创建短短的 3 年时间，中国就安排青岛啤酒、广州造船厂等 9 家国有企业按照国际规则进行改造到香港上市（H 股）。同年，中国向境外投资者开放人民币计价的合约，对海外投资者发行股票的 B 股，也是在这一年，中国的一家公司在美国发行股票，上市成功。

资本市场的建立才是实现国际化、全球化最重要的手段。资本市场的建立不仅帮助中国企业与资本市场全面对接，也使大量中国企业通过资本走向国际，走向全球。同时，还让国际资本市场要素和体系进入中国资本市场。当时资本市场的国际化程度虽然不高，但是通过资本市场的创建，中国真正走向了国际。尤其是到了 2001 年加入 WTO 之后，中国逐渐从企业、产业、资本多个角度全面融入国际化和全球化。

到了 2014 年，出现的一个根本性变化就是中国对外直接投资第一次超过海外资本对于中国的投资。只有资本市场发展了，中国企业才能真正成为市场经济的主体；也只有资本国际化和全球化了，才能说明中国企业国际化和全球化了。

由于中国还没有放开资本项下的国际货币自由兑换，其资本市场还没有和全球全面接轨，中国企业的全球化还远远没有实现。

因此，中国企业的全球化最重要的标志是中国企业和市场的资本可以与国际市场、全球市场的资本自由交易。这个条件没有达到，中国企业的全球化就没有实现。

通过改革开放 40 多年的历史，中国企业从以上几个维度获得了国际化和全球化的发展机会，和 40 多年前相比，今天中国企业的规模、观念以及国际化和全球化的程度都有了很大的改变。中国"世界 500 强"企业的数量在 40 多年前为零，40 多年后，已经达到 133 家，超过了美国。

但是由于各种原因，我们发现中国企业数量的增加、质量的提高、规模的扩大、国际化程度的提高和中国企业的全球化并不是同步发展的，中国企业并不是在全球化的过程中取得这些成就的。

这是我在 10 年全球化历程中的一个惊奇的发现！

第一节　贸易全球化的方式

企业的贸易全球化可以理解为产品贸易的全球化与服务贸易的全球化，贸易的全球化还包括出口贸易的全球化与进口贸易的全球化。改革开放 40 多年来，企业贸易全球化的基本特点是：从产品贸易全球化来看，中国逐渐从单一的产品贸易全球化进入服务贸易全球化时代；从产品构成来看，中国也逐渐从成品的贸易全球化时代进入各种产品要素和产业要素的全球化时代。简单地说，改革开放初期，从中国出口的主要是农副产品，包括茶叶、土特产、丝绸；进口的主要是发达国家的机器设备和初级消费品。其中，终端产品占到 70% 左右，原材料占到 30% 左右。从贸易政策来看，生产加工企业一开始不可以自主经营产品进出口业务，进出口业务只能由专业的进出口贸易企业来承担。40 多年后的今天，这个关系完全发生了变化。我认识的一位学员就职的企业曾经是上海市某某进出口公司，在计划经济时代，具有进出口专营权的企业只能是这样的国有企业。这样的企业曾经因为进出口特许权而非常吃香，垄断经营。中国从 1999 年开始，逐渐放开私营企业的外贸经营权，尤其是在加入世界贸易组织之后，按照世界贸易组织和中国签署的协议，中国承诺在 2001 年之后，用 3 年时间，让所有中国企业都有权经营货物的进出口业务。通过这一点也可以看到，中国融入全球化的时间主要就是 2001 年加入 WTO 之后。从这个时期开始，中国企业的贸易全球化才真正展开。上文提到的那位学员曾经所在的上海某某进出口公司的优势渐渐失去，也从国有企业改制为民营企业，国有企业的特权消失之后，业务大幅度萎缩，只能依靠在计划经济时期所积累的进出口贸易经验和国际化资源才能开展业务。而到今天，虽然这类企业勉强还可以生存，但是已经完全不是简单经营进出口业务了，它们必须要通过产品贸易带来各种服务，满足客户在技术、价格、售后服务等方面的要求，然后才有机会实现业务的开展，实际上更像是从进出口贸易企业转型成为进出口产品咨询企业。

在贸易全球化方面，中国企业远远落后于日本企业。原因是多方面的，其中很大程度是因为日本是一个资源极度贫乏的国家，这样的国家要成为发达国家，必须依靠贸易，这样才能保障国家经济发展的综合需求。由于这样的国情，日本成为全球贸易最成功的国家。同样，日本的企业在贸易全球化方面也是最成功、最独特的。这种独特性主要体现在日本的商社模式，这种商社模式也被理解为财团模式。日本主要有五大商社，包括伊藤忠、三井、三菱、住友、丸红。这些商社的特点还是因为贸易而兴，在长期从事贸易的过程中，这些商社掌握了大量贸易的大数据，掌握了整个贸易过程中全球化产业链、价值链、供应链的分布规律，然后以贸易作为先导，通过贸易数据，发现贸易价值和机会；通过投资和并购，掌控进口贸易源头的资源，这就把贸易和投资结合起来了；通过贸易产生的大量贸易物流，创办自己的贸易物流体系；通过物流产生的结算发现供应链金融需求，创办和投资金融机构，这些多元化金融机构可以提供贸易贷款，可以理财，可以投资，可以用于金融结算、金融租赁等。

在第二次全球化浪潮和第三次全球化浪潮交替之际，中国的贸易型企业主要有以下几种类型：一是早期的传统产品国际贸易企业；二是纯民营的国际贸易企业；三是给国际制造商提供代理的贸易进口企业；四是互联网时代出现的电子商务企业；五是跨境电商。除了这几种机构性的贸易全球化企业，还有就是各种从事小规模代理的小型贸易企业和个人。

中国是进出口贸易大国，贸易全球化的规模与贸易全球化的能力还是有些不成比例。中国的贸易企业必须要成为全球化的贸易企业，而中国的贸易企业要成为全球化的贸易企业就必须要适应经济全球化的新趋势。

中国的贸易全球化企业应该考虑的几个问题和方法是：

第一，如何让传统的贸易企业转型成为贸易全球化企业？

传统的贸易企业往往具有某一个或者多个行业的全球贸易专业经验和客户资源，但是后来进出口贸易经营权放开之后，竞争对手大规模出现，致使很多贸易企业破产，或者转型不再从事贸易业务。

幸存下来的传统进出口贸易企业转型的方向应该是从简单的进出口贸易企业转型为贸易型全球化企业。

——从简单的贸易企业转型为贸易加服务型全球化企业，其收入结构也应当是从单一的进出口贸易差价形成的收入转型为进出口差价加贸易咨询收入。

——从过去完全依靠接受客户的委托经营进出口买卖转型成为发觉客户的市场需求，根据客户需求在全球范围内开放最能满足客户需求的产品价格信息，同时把单纯的进出口买卖交易与供应链、金融、结算、仓储物流结合起来。

——再进一步通过与进口商、出口商之间的深层次合作，开发出定制式产品模式，把产品进出口变为买卖双方共同开发产品的模式。

我相信，这种转型实际上就是一个创新的过程，具有非常丰富的想象空间，也不排除因此诞生的中国式商社模式。

第二，如何创建数字经济时代的贸易全球化企业？

数字经济时代最大的特点是减少了传统贸易时代信息不对称的状态，全球范围内的产品信息都非常透明，依靠传统的通过信息不对称的方式获得进出口贸易收益的时代已经结束。数字经济时代进出口贸易的特点就是速度快、信息透明、交易灵活简便。所以，这个时代需要创办的贸易全球化企业必须是以互联网为基础的，是以各种专业化服务作为核心竞争力的，是产品贸易加服务贸易型的，是以供应链作为服务内容的，是通过资本层面的合作建立更加紧密的合作关系的，是从终端产品到产品全球化的角度进行系统设计和合理配置的，是通过大数据、物联网、云计算、人工智能的技术来提高合作质量的。按照国际贸易的基本规则，贸易行为被高度概括为七个字："关、检、税、汇、融、付、通。"实际就是指国际贸易中少不了海关、商检、税收、汇率、融资、支付、物流这七个要素。这七个要素通过利用以移动互联网为基础的各种数字技术，包括大数据、人工智能、AR、VR、区块链、数字货币等一定会创造一个全新的国际贸易数字生态。

数字经济时代的贸易全球化如果在"关、检、税、汇、融、付、通"这七个方面完全被数字技术改造，全球的贸易方式将完全被数字经济重构，全球的产业链、价值链、供应链也将会被信息链、数字链改变。如果要把数字世界与七个关键要素的应用逻辑和场景写出来，可以出版很多部书。传统的国际贸易时代，所有国际贸易行为都必须通过轮船、跨境列车、飞机这些基本交通工具来实现，将所有货物集中起来，装进集装箱，遵守供需双方的贸易合约，再通过海关、商检等一系列复杂的流程才能够完成国际贸易的全过程，时间周期长，手续复杂，物流难以组织。所以国际贸易只适合于大宗产品物流，单件贸易品的物流成本很高。数字经济时代，全世界所有产品和所有贸易需求都从 A 端到 B 端再到 C 端或者 C 端到 B 端再到 A 端的传统贸易格局，改变为完全通过大数据、人工智能的方式，再造"关、检、税、汇、融、付、通"的关系。消费者（C 端）要购买巴西的一瓶蜂胶，不再需要找朋友从巴西买了再捎回来，因为这瓶巴西蜂胶其实已经在消费者所生活的城市的保税仓库里，消费者只需要在网上完成支付，瞬间把钱支付给巴西厂家，其住所附近的快递小哥甚至无人驾驶的新能源物流车就会把这瓶蜂胶送到消费者所在的小区。然后，小区机器人可以直接将蜂胶送到消费者家门口，如果消费者家里没人，还可以通过物联网打开门锁，指挥小区机器人把这瓶蜂胶送进家。消费者还可以在视频上看得清清楚楚。

这还只是消费品贸易。从制造企业来看，通过全球化的数字技术创建的工业互联网会把一个买方制造企业所需要的原材料、零部件、生产厂家、产品标准、产品规格、产品价格等所有数据通过云计算存储在云端，买方制造企业只需要在产业互联网上发出需求指令，人工智能技术就会把需求指令生成一个完整的产品需求，然后将价格等所有信息呈现给买方制造企业，买方制造企业可以进一步选择支付方式、结算方式、融资方式，人工智能也会根据买方制造企业的设定，再次运算并反馈。一旦买方制造企业决定购买，只需要按下确定键，其需求就会实现。

我的朋友徐守波先生已经向我呈现了一个未来全球化旅游行业的场景，让我非常震惊。他的团队的主要合伙人是来自美国硅谷的数字技术专家，包括系统架构师、大数据专家、人工智能专家、软件高级工程师和一流的旅游行业专家等。他们设计了全球第一个基于人工智能的旅游行业产业互联网，用了10年时间采集全球"吃、住、行、娱、购、游"旅游行业六要素的各种线下、线上数据，然后接入微软云，通过一系列系统架构设计和算法，打造了人工智能旅游互联网平台。消费者只需把旅游诉求输入计算机或者手机终端，就可以设定旅游产品菜单，人工智能完全能通过各种算法设计出满足消费者需求的服务方式。线上的所有旅游要素都会因为这个互联网受益，而消费者也能获得低价格的精准服务。

第二节　产品全球化的方式

在中国企业全球化的过程中，产品全球化是非常重要的内容。很多人认为，中国企业将生产制造出来的产品卖到世界各地就是产品的全球化。这个观点我完全不能认同。中国是全球进出口贸易大国，也是全球制造业大国，"中国制造"成为中国改革开放成功的标志之一，那么是不是中国具有最多的产品全球化企业呢？我认为不完全是。

一个企业如果从中国或者其他国家采购原材料，在中国某个地方生产出来产品，然后将这些产品卖到世界各地；或者根据国际市场订单，将按照买方要求生产加工出来的产品出口到海外市场，我并不认为这样的企业就可以归结为产品全球化企业。因为这样的企业在全球化分工中，最多只是一个被动的生产加工企业，并没有真正掌握产品在全球市场的主导权。

作为一个产品全球化企业，不仅应该把产品销售到世界各国，而且卖出去的产品应该有自己的企业品牌。一个全球化企业的产品要获得全球市场的认可有很多因素，主要因素如下：

一是产品的品牌是企业的。品牌是企业的才意味着产品的基本价值是企业自己拥有的。作为一个有独立品牌的企业，必须使自己的产品获得国际竞争力。中国有很多企业是生产运动服的，但是很多企业都是生产贴牌的运动服，要么是耐克，要么是阿迪达斯，这样的企业没有自己的产品品牌，就是来料加工或者OEM。中国有数不清的这样的企业。同样是中国的企业，安踏、李宁这些运动服装企业就是产品全球化的企业，因为这些企业设计什么、生产什么、销往哪里都是自主决定的，企业品牌是属于企业的。

二是核心技术或者知识产权。由于拥有核心技术和核心知识产权，所以企业的产品拥有技术价值、知识产权的价值，这些价值成为产品竞争优势的重要内容，构成产品和企业的溢价价值或者产品附加价值，从而提高企业产品在全球范围的竞争力。如果消费型企业主要依靠品牌和品质，那么机构市场的企业主要依靠技术和知识产权。中国在这个领域的全球化企业数量很少，像华为这样的产生全球影响力的企业主要就是依靠技术的突破。

虽然华为手机主要是针对个人的消费品，但是华为要是没有在互联网系统和 ICT 基础设备上的成功，很难拥有手机生产制造的核心技术。

三是产品的品质。在全球市场上同样的产品或者同质化产品非常多的情况下，产品的质量就会是非常重要的因素。构成产品质量的内容也很丰富，包括外观、使用效果、产品的稳定性、产品的耐用性等。

四是产品的价格因素。价格经常是产品全球化非常敏感的因素，也经常是中国企业实现产品全球化的一个法宝。过去中国企业产品全球化的一个巨大优势就是产品的制造成本相对较低，使得中国企业的产品往往具有价格优势。但是中国产品由于注重价格竞争，同样存在产品品质下降、品质不稳定的问题。

五是产品的市场环境。所谓产品的市场环境主要是指产品在全球市场的竞争性。如果一个企业的产品在全球市场处于独家生产制造的地位，就可以在全球市场获得垄断的地位。比如美国辉瑞公司生产的"伟哥"这样的产品，在全球有巨大的需求市场，同时目前几乎没有任何产品具有和"伟哥"这个产品相同的效果，使得这个产品在全球范围内具有垄断地位，也就使得其在全球每年可以销售 500 多亿美元。

产品的市场环境是一个非常复杂的话题，每个产品在不同的国家、不同的地区都有不一样的市场环境，毕竟"伟哥"这样的产品是极其罕见的，大量的产品都存在同质化现象。不管是农产品还是以农产品作为原材料的下游终端产品，以及以石油、天然气、煤炭作为上游原材料所生产制造的中下游系列产品，在产品全球化过程中，都会因为品牌、价格、品质、技术、市场、服务、消费习惯、包装、文明程度、发达程度等很多因素形成产品全球化的体系。

产品全球化又是企业全球化的根本，没有产品的全球化，企业的全球化程度再高也没有多大意义。产品全球化的程度决定了企业的产品在全球范围内的生产销售半径以及产品所覆盖的消费者数量。微软的成功就在于其所研发的计算机操作系统软件打败了市场中的所有操作系统软件，直接镶嵌在计算机生产厂商的产品中，使得其产品伴随所有电脑遍布全世界每一个角落。就靠一个产品的优势，微软成为全世界最大的操作系统软件制造企业，创始人比尔·盖茨（Bill Gates）也因此成为世界首富多年。

但是，产品全球化并不是仅仅指产品在全世界的销售，还包括构成产品所有要素的全球化。产品的要素根据产品制造的复杂程度，也体现为产品全球化的复杂程度。构成一个产品的主要要素包括产品的原材料、技术、生产设备、标准、质量体系、生产工艺、外观设计、品牌、零部件、总装、知识产权等。在第二次全球化浪潮时期，资本经济的全球化已经让构成产品的所有要素的全球化达到顶峰，很少有产品的所有要素都来自一个国家或者一个狭小的地区。产品的全球化程度越高，产品的竞争力就越强，附加值也越高。

随着数字经济时代的到来，产品要素的全球化程度还会发展到一个新的高度。由于全球信息透明，所有产品要素都在互联网世界清楚地呈现，产品构成的全球化会更加容易、更加快速、更加精准，通过产业互联网来配置全球产品的生产制造会更加高效。

第三节　技术全球化的方式

如果产品全球化是一个全球化企业的基础，那么技术全球化就是一个全球化企业保持产品全球化优势的核心能力。技术全球化包含以下几层意思：第一，技术或者知识产权作为独立的商品、产品，以及资本在全球范围的流动、交易、使用；第二，一个企业拥有专利技术和知识产权，并将这些技术和知识产权植入产品，通过产品销售体现出技术和知识产权的价值。这两个层面又通过多种不同的结构和方式，产生各种不同的实现方式和呈现方式。

对于中国企业全球化来说，技术的全球化一直是中国企业全球化的短板，中国产品缺乏技术附加值或者核心技术，从而使得中国企业在全球产业分工中处在产业链中下游和价值链下游。产生这些问题的主要原因还是中国的工业化、现代化时间短，尤其是在第二次全球化浪潮时期，技术和知识产权是核心推动力量，它们主要掌握在拥有话语权的发达国家身上，而发达国家的技术力量是通过几百年的积淀和层层递进的发展传承下来的。中国改革开放 40 多年，主要是通过引进设备、引进技术、引进人才、引进产品、引进产业来获得技术和知识产权，所以中国企业的技术全球化主要是学习和引进了第二次全球化浪潮时期所形成的技术和知识产权。中国企业的技术全球化在目前这个阶段还主要体现在引进和输入技术的阶段，一部分行业在引进和输入发达国家技术并经过消化、吸收之后，带着技术和知识产权优势开始走向全球。

2014 年，意大利 SELI 公司出现严重的财务危机，中国一家上市公司投资数千万欧元成为 SELI 公司的大股东。我在参与相关重组合作项目的过程中，研究了意大利这家在全球隧道掘进服务和设备制造领域都具有优势的企业，当时也为中国企业不能很好地参与并购整合而遗憾，但是几年之后，中国在和世界大型盾构设备制造企业合作的过程中，自主研发出了大型盾构设备。2010 年，我们在日本发现一家专门为城市地下管网建设提供服务的日本企业，这家企业握有 30 多项专利技术，其优势就是能够生产制造最小直径为 200 毫米的小型盾构设备，使得建设城市地下管网的时候，不需要将地面挖开而影响交通和市容，但在那个时候，中国所有城市建设地下管网都需要将地面挖开，容量不够了又再次开挖。当时这家企业是难得愿意出售其专利技术给中国的日本企业。但是 10 年之后，中国自己已经研发出这样的产品了。

所以，技术全球化是企业全球化立足的根本，中国企业必须加快技术全球化的发展步伐。我非常不主张中国在企业发展和企业全球化过程中一味强调自主研发、自主知识产权这样的观点。我认为这是封闭保守、落后的技术逆全球化观点。我们应当看到，第二次全球化浪潮时期，世界主要发达国家都在共享市场资源，在竞争和合作的过程中，制定了技术和知识产权全球化的配置规则，建立了技术和知识产权在发达国家之间或者 WTO 成员国之间授权、合作、交易的机制。发达国家在工业技术方面几乎都处于同步发展的水平，从而通过技术和知识产权的市场化机制，共同创造了第二次全球化浪潮时期的经济辉煌。中国部分企业通过输入式全球化，获得了全球很多技术和知识产权的成果，但是也出现了两种不太合适的现象：一是片面强调自主研发，不善于利用全人类共同的技术和知识产权成果，搞重复劳动，重置成本，花了很多资金在一些很不必要的研究上，具有很浓重的民族主义情结；二是在与发达国家进行技术合作或者市场、产品合作的过程中，不尊重技术和知识产权的市场规则，通过模仿、拆解、抄袭等很多手段，侵害了发达国家企业的技术和知识产权。这也成为中美贸易冲突的很重要的内容。

中国企业技术全球化大概包括以下内容：

第一，在自主研发过程中，和发达国家的企业合作，将自主研发与引进结合起来。这样的合作不仅可以获得更好的技术成果，还能够通过与发达国家的合作，进入发达国家市场。

这方面非常成功的例子就是吉利汽车。吉利汽车过去也有自己的研发团队，研发出具有自主知识产权的吉利汽车。但是，早期的吉利汽车不管是品牌设计还是外观设计以及技术工程方面的设计，都是令人不敢恭维的。吉利汽车在完成了对沃尔沃汽车的并购之后，通过集团内部的资源整合，让具有世界一流设计水平的沃尔沃研究设计团队负责吉利汽车品牌、汽车工程等方面的设计与研发工作。此外，吉利汽车并没有放弃自主知识产权品牌汽车的生产，而是在并购后的技术整合过程中，大大提高吉利汽车品牌的技术含金量、知识含金量、品牌含金量。

第二，全球范围内引进企业所需要的技术和知识产权。

中国已经成为全世界最大的成长性市场，也应该成为全世界最大的技术、专业、知识产权的市场。中国企业需要科学把握这样难得的机会。由于中国市场的巨大，中国企业的综合能力也在提高，大量的企业需要通过技术引进实现企业的技术进步和技术升级，从而提高企业的竞争力。这个时候各国科研人员、企业家同样也需要让他们所拥有的技术和知识产权进入中国。由于文化、语言、生活方式的差异，发达国家的科学家、企业家总体还是不善于自己独立进入中国开展业务，但他们非常乐意将自己的技术带进中国，获得让这些技术在中国发扬光大的机会，引进全球的技术帮助中国企业实现企业技术全球化。

所以，这个时候的全球化主要是指全球范围内整合技术资源。全球范围的技术资源主要存在于美国、日本、以色列、加拿大、澳大利亚等国家。其技术资源也有多种情况，有的属于传统产业的技术；有的属于新经济时代的技术，有的科技工作者或者企业家懂得如何将这些技术带进中国，和中国市场对接，但是很多技术和知识产权拥有者对中国完全不熟悉，他们也完全不清楚自己的这些技术在中国是否有市场。而中国企业既缺乏企业全球化、技术全球化的意识，又不熟悉获取技术全球化的渠道和方法。过去几年，我们在这方面做过一些尝试，发现这个领域的空间非常大，合作机会也很多。这方面表现最积极的是以色列，因为以色列是一个技术立国的国家，其各大科研机构、教育机构、投资服务机构都频繁往来于中国，这些机构非常清晰地看到了这样的机会，已经把中国作为技术和知识产权的第一输出国。但是，在前一段时间，主要是一些中国的投资机构闻风而动，用中国思维去和以色列的技术创新公司谈投资合作，成功概率很低；接着就是各地方政府和各种开发区用市政府和行政的思维，去讨论如何让以色列的技术项目到中国来落地，但是真正最需要去对接的是中国的实体企业。实体企业往往没有主动"走出去"寻找技术资源，也不知道以色列这些技术虽然都是由科研人员研发出来的，但是这些成果都在投资者身上，企业家缺乏和投资者建立联系的渠道。中国应该将政府、投资机构、企业家结合起来，全面理解以色列科技创新的体制机制，才可能找到与以色列合作的最佳途径。

这种方式用好了，对中国企业来说，就是救命的良药。

中国企业技术全球化的方式和技巧很多，包括技术的引进、合作，有的技术全球化是引进发达国家技术的同时，和发达国家的企业合作。比如特斯拉，特斯拉在中国设立超级工厂，其股权是独资的，也就意味着中国的很多和特斯拉产品技术相关的企业都有机会与特斯拉合作；同样中国企业可以利用特斯拉在中国的机会，在全球范围内寻找可以与特斯拉合作的先进技术，电机技术也好，电子技术也好，电控技术也好，都有合作机会。通过和发达国家的企业展开技术合作，中国企业还能利用自身优势与发达国家的企业共同开发中国市场。此外，中国企业还可以利用中国的低成本、综合配套、高效率的优势，在中国进行技术整合之后，将含有发达国家技术的产品卖到发达国家，卖到"一带一路"沿线国家。

第四节　资本全球化的方式

资本全球化是一个很复杂的方式，但是，如果没有资本的全球化，贸易全球化、产品全球化、技术全球化都会成为低价值的全球化。如果一个企业在贸易、产品、技术、人才几个方面都做到了全球化，但是资本被海外资本控制了，那么这个企业的全球化就是为他人作嫁衣裳。

数字经济时代，数字技术的全球化在企业和产业全球化的过程中所占的比重会越来越大，但是在相当长的时期之内，数字经济的技术融合还需要和资本紧密合作才能够实现价值的创造。全球范围的产业互联网也需要资本才有机会创建起来，数字经济会逐步取代资本经济的垄断地位，但是，数字经济的持续发展同样需要资本，只是资本的形态也会发生很大变化。数字经济最终会不会取代资本，数字资产交易能否取代资本市场，还不到讨论的时候。

资本全球化包括企业资本的全球化，也包括中国资本市场在全球的开放程度和全球化的程度，还包括中国资本参与全球资本市场的程度。从这三个层面来解读，中国的全球化程度就更低了。但是，近几年中国企业的资本全球化程度相对高了一些，大量企业寻求海外上市机会，获得了全球资本的支持，有助于企业的成长和发展。试想，如果没有企业资本的全球化，阿里巴巴、腾讯、百度、联想这些企业不可能成为世界级企业。当然，资本全球化是一把"双刃剑"，优质企业的资本回报会被国际资本获得，如果企业被并购，企业的控制权也会被资本所掌握。

企业的资本全球化绝不仅仅是指企业的海外上市。海外上市是一个企业资本战略的一部分，我们看到很多中国企业虽然在海外上市，但并不一定就掌握了资本全球化的运作技巧和方法。

企业的资本全球化包括以下内容：

第一，中国企业在中国和海外资本成立合资公司或者直接与海外企业、海外资本合资。

中国企业在中国与海外企业成立合资公司一般的可能就是与

中国企业合资的海外公司有进入中国的市场需求。这些海外公司要么是拥有很好的技术，要么是拥有产品或者原材料资源，要么是拥有国际品牌，通过和中国企业在行业上的互补和协同成立合资公司。在宁夏有一家中国企业从事乳制品研发和生产，这家企业生产出来的产品被雀巢公司用在配方中。雀巢公司很欣赏这家企业的技术，于是由雀巢公司直接作为投资人，投资这家企业，使其成为全球最大的食品企业在中国投资的第一家公司。这也是中国资本全球化的一种模式。而中国企业在中国与海外资本成立合资公司的内容就不一样了，那是因为这家中国企业一定是在中国或者全球市场具有很好的发展前景，或者拥有非常好的技术，并获得海外资本而不是产业资本的青睐。

第二，中国企业在海外与海外企业或者海外资本成立合资公司。

中国企业在海外成立合资公司主要是因为在向海外扩张的过程中，中国企业发现了适合自己的合作伙伴，通过在海外的投资可以实现自己在海外想要达到的目的。我曾经帮助上海申达去并购美国的一家汽车内饰件生产企业 NYX，上海申达是一家纺织企业，也是汽车内饰件企业的上游供应商。双方都有合作意愿，经过几个月的谈判，NYX 的家族内部对于出售企业存在分歧，最后决定同意开放 35% 的股权给上海申达，而上海申达认为投资的目的主要是想通过和 NYX 在资本上的关联，获得进入美国汽车内饰材料上游市场的机会。

如果中国企业有机会在海外获得国际资本支持、成立合资公司，那也一定是因为海外企业看到中国企业在海外有市场或者技术、产品的优势，海外资本通过投资中国企业，有机会分享中国企业在海外的发展红利。这种资本全球化的类型在未来的中国资本全球化过程中会越来越多，尤其是第三次全球化浪潮到来之后，中国企业在全球越来越具备商业模式的优势，有时会给海外投资者创造巨大的全球投资空间。如果这些中国企业在海外上市，这种现象还会更加活跃。

第三，中国企业直接在海外成立独资公司。

中国企业在海外成立独资公司的现象很多，但是过去绝大多数都是空壳公司，没有实际意义。主要原因是在海外成立空壳公司有利于一些海外商务活动的开展，此外，还有一个原因就是名称。很多企业名称在中国很难注册，比如名称中有"中国""中华"字样的公司，在中国必须要国务院同意才能注册，但是在海外只要不重名都可以注册。

海外独资公司创办的意义主要是帮助中国企业在海外开拓市场或者投资海外项目，以及创办海外科研平台从事科研等。

第四，中国企业在海外并购外国企业。

中国企业在海外并购外国企业是中国企业资本全球化甚至是中国企业全球化最高水平的业务。在这一方面，我花了10多年时间来研究和实践，也曾经出版过专著《全球并购 中国整合：第六次并购浪潮》。我曾经比较乐观地认为，中国企业也可以像海外发达国家的企业一样，抓住全球经济结构变化、调整的机会，利用中国产业和发达国家在产业链、价值链、供应链之间的价值落差，寻求这样的千载难遇的机会，通过"全球并购、中国整合"使中国企业快速成长起来。但事实上有些事与愿违，这个阶段的中国企业总体上还不具备开展大规模全球并购的综合能力，我们需要对全球并购存有敬畏之心。全球并购拥有一个非常成熟的市场，也存在巨大的中国企业并购的机会，这样的机会是持续的、长期的。但是中国企业的成长和成熟也是一个长期的过程，所以，我在从事了 10 多年的全球并购业务之后，发现中国的企业、市场环境、金融环境、制度环境、文化环境都缺乏相关条件，我们只能眼睁睁看着这样的机会像长江水一样，滚滚东流，一去不返。

这些年走过来，我经常打趣地表示，我有能力把全世界的美丽公主"娶"到中国来，但是却发现中国的男人还没有长大。

也正因为如此，我终于调整了思路，在实践中来修正自己的理解和认识。我认为中国企业在很长一个阶段需要好好学习国际化、全球化，必须从企业全球化的角度来提高自身的能力，提高企业全球化的能力，这样才有机会走向全球并购这样一个企业全球化的顶端。

当然，中国企业整体上需要提高全球化的能力，具备全球并购条件的中国企业应该继续抓紧时间，寻求"全球并购、中国整合"的机会，这样的机会在前些年主要体现为传统产业的企业对传统产业的并购。虽然自 2017 年开始，并购案例和并购金额逐渐减少，但是对于有条件的中国企业来说，这样的机会依然存在。同时，随着全球产业链、价值链、供应链运动规律的变化，中国企业进行"全球并购、中国整合"的目标和逻辑也在发生变化，最大的变化就是中国企业正在从传统企业向产业互联网企业转型。一旦 5G 大规模商用，中国的产业互联网企业将掀起一场全球并购的新浪潮，就是用中国的线上优势整合中国以及全球的线下市场。

第五，中国企业在国内并购外资企业。

中国企业在中国并购外资企业和国外大型企业在中国的子公

司成为近年来比较普遍的现象。原因有两个方面，一方面是海外企业在中国经营多年之后，其产品和技术优势已经失去，被中国企业超越，于是将自己出售给中国企业；另一方面是外资企业由于在中国的经营成本上升而失去竞争优势，从而采用出售给中国企业的方式退出中国市场。

第六，中国企业在海外上市。

中国的很多企业在海外上市只是为了达到两个目的：一个是海外融资；另一个就是利用在海外上市的机会，打通中国货币管制的通道，实现资本输出。尤其是在外汇严格管制期间，中国企业的海外投资遭遇资金进出瓶颈，国内的资金出不去，海外的资金也进不来。资金的进出障碍也大大影响了海外企业的正常经营活动。所以，抱着这样两个目的到海外上市的企业不是真正意义上的全球化企业，除了资本在海外交易流通之外，企业完完全全是中国企业，这样的企业错失了国际化、全球化的大好时机。

我所熟知的一家东北企业就出现了这样的情况。这是中国的一家独角兽一样的企业，创始人曾经是国有外贸企业的员工。在对外贸易的过程中，他发现了铝合金行业的巨大成长机会，从海外引进了先进的高端铝合金制造技术和设备，在吉林创办了迈达斯公司。由于技术的先进性，以及中国高速铁路大发展的机遇，迈达斯曾经在中国铝合金材料市场拥有 80% 的市场占有率，于是迈达斯获得高速发展，得到政府的大力支持，也常常被视为地方政府高科技产业发展和改革开放的重要政绩。于是，迈达斯很快获得投资人的支持，选择在新加坡上市，一度非常热门，股票价格表现也非常好。迈达斯的实际控制人充分利用了上市公司的融资通道，一方面进行海外融资，另一方面利用上市公司的信用加大杠杆，把大量资金投放于长周期、重资产领域，导致经营严重恶化。虽然从海外引进铝合金锻造技术，可以提高产品附加值，但是由于没有很好地巩固已经拥有的轨道交通市场份额，迈达斯难以进行正常的经营性周转，负债率超过了自身可以承担的正常范围。总体来看，虽然迈达斯通过海外上市，规范了财务和规章，但是其经营还停留在国内企业的经营水平上，没有很好地借助资本全球化的机会，将企业打造成为高水平的全球化企业，从而导致企业的最终失败。

这个方面最新的案例是瑞幸咖啡。这个公司作为新零售时代完全用资本思维催生出来的企业，创下了在短短一年零九个月内成立并在美国上市的纪录，成为中国资本市场的神话。但是，当这家公司于 2020 年公布年报的时候，自己承认造假 22 亿元人民币，导致公司股票当日下跌 75%。这样一个造假行为再加上疫情的蔓延，造成业绩雪上加霜，这个企业很可能直接破产，被投资人起诉，承担刑事责任，也会再次引发全球投资者对中国企业的负面评价。

第五节　中国企业全球化的盲区和误区

总体来说，我把全球化分为三个内容：泛全球化、经济全球化和企业全球化。泛全球化指的是整个人类文明的全球化进程，包括经济、政治、文化、社会、语言、宗教、生活方式等。这虽不是我关注的主要内容，但是泛全球化和经济全球化紧紧关联，没有经济全球化，泛全球化也缺乏动力；同样，泛全球化也是经济全球化的基石。经济全球化以及经济全球化浪潮更宏观，是大势，作为专业人士必须全面了解。但是我更关心企业全球化，尤其是中国企业的全球化。因为在我看来，由于特殊的历史原因，中国企业存在严重的全球化盲区和全球化误区，导致中国企业的全球化程度和全球化水平都不高，这是影响中国企业的经营水平、创业水平、管理水平最重要的因素之一。以中国人的聪明、勤奋来看，中国完全有能力创造许多很伟大的企业，阿里巴巴、吉利、华为、海尔等都是证明。以我将近30年的资本市场从业经历来看，我见证了中国企业尤其是民营企业从零走到今天的历程，也看过了数以百计的外国企业的成长历程，比较下来觉得中国企业整体水平不高，大多数企业没有搞清楚为什么要做企业、怎么做企业、做什么样的企业。今天中国企业对于企业全球化的认知存在盲区和误区。到底是什么原因呢？我认为最深刻的原因就是受特殊历史时期的影响，中国看中国，往往不会把中国看成世界的一部分，中国只有中国观念，认为中国就是世界。同样，由于中国与世界的隔离，也让中国觉得世界是世界，中国是中国，中国好像是独立于世界的一部分。我向很多国家的人都问过这样的问题，他们的回答几乎都是一样的，他们认为这个世界最看不懂的就是中国。中国强大的时候，中国人可以骄傲地以自我为中心，觉得世界都不如自己；中国最落后的时候，中国人又容易与世界为敌，觉得发达国家都是中国的敌人，是因为对方的强大而使自己落后的。

基于文化、哲学、文明、生活方式，中国和世界之间确实存在太多的区隔。这种区隔，给我们制造了错觉，给世界制造了错觉。这就是中国企业全球化的难点。

我们身处经济全球化、企业全球化的时代，我们虽然是第二次全球化浪潮后半程最大的受益者，但是对于经济全球化的理解和解读一直都有误区、不重视。除了北京的全球化智库（CCG）和清华大学的全球化研究中心之外，我很难听到中国还有什么全球化机构。有时候有人问我，你现在做什么？我的回答经常是：我在做全球化。对方马上就会有一种惊愕的表情，心里在想，你是不是太不知天高地厚了。

所以我认为，中国经济全球化和中国企业全球化最大的问题在于中国与全球之间的文化区隔。如果从逻辑上来解读，中国要成为世界经济强国，就必须成为全球化的强国，中国企业也必须普遍成为全球化企业，具有全球化能力。作为一个具有国际视野和全球化视野的投资银行家，我认为中国必须要创建系统的全球化战略。我觉得中国企业的全球化存在以下几个问题：

第一，关于企业全球化的观念。企业全球化是中国所有企业和企业经营者都必须要充分认识的一个观点，没有国有企业、民营企业的分别，也没有大企业和小企业的分别。在中国，要解决企业全球化的观念问题，首先需要解决的是党和政府对于全球化、经济全球化、企业全球化的认识问题。如果党和政府对于全球化没有统一的理解和认识，中国的经济全球化是没有希望的，中国不可能创建一个中国式的全球化模式。全球化是世界的全球化，而不只是中国的全球化。

我们以"一带一路"倡议为例，"一带一路"倡议是中国创建国际化、全球化规则的一个方案，是中国主导全球化的一个模式。这个模式具有非常独特的意义，仔细研究一下，"一带一路"倡议主要是经济地理和产业规律的结合，更多地代表了中国与发展中国家、不发达国家之间的经济联系，对中国经济的外部延伸非常具有战略意义。但是，"一带一路"倡议并不是中国经济、中国企业全球化的全部内容。我们还需要从更加广阔的地缘经济、更加广阔的产业领域去探索中国经济、中国企业全球化的路径。所以，绝对不能把"一带一路"倡议单纯地理解为中国式全球化"战略"。中国的经济全球化应该比"一带一路"倡议更加宏大和复杂。

在国家层面上需要加大对经济全球化的理解和研究，在政府、科研机构、教育部门设立多个全球化研究机构和全球化智库。在大学应该设立全球化课程以及研究经济全球化的硕士、博士学位，尤其是要研究第三次全球化浪潮与中国经济的关系等宏大课题。

中国企业普遍对企业全球化有观念上的排斥，认为全球化是一个宏大的命题，和企业自身没有多大关系，距离自己太遥远。由于长期采用内生增长方式，中国企业缺乏对企业全球化进行积极探索的实践，经济思想严重封闭，对于企业全球化缺乏进取精神。大量走向海外的中国企业怀着投机心理，把在国内的经营理念和方法简单带到企业全球化的认知领域。在中国做房地产的，就千方百计到世界各地投资房地产；在中国经营餐饮的，就到世界各地经营餐饮；在中国做建材、简单制造加工的，就到世界各地从事简单制造加工；在中国做产业园区、生产资料市场的，就到世界各地做市场开发。

第二，关于企业全球化的知识。由于中国没有成为经济全球化的规则制定者，也不是经济全球化的主导者，所以中国从宏观和微观层面都缺乏对于经济全球化和企业全球化的认知。我认为，经济全球化是一个非常具有战略意义的宏观知识体系，中国必须建立经济全球化的年度研究模型，每年对经济全球化的运行模型进行研究，用以指导中国经济运行。并且应该创建经济全球化的知识体系，通过中国社科院、主要的高等院校进行推广。还应该联合国际科研和教育机构、国际全球化智库创建经济全球化的宏观知识体系。

具体需要做到：组织中国官方和民间的科研教育机构，研究中国企业全球化的知识体系，创建中国企业全球化的微观操作机制；定义企业全球化的概念、意义、作用、价值、目的、方法；创建企业全球化的课程，设立企业全球化的 MBA 学位；创建第二次全球化浪潮和第三次全球化浪潮交织阶段企业全球化的知识体系，研究第三次全球化浪潮时期企业的全球化模式和变化，研究中国企业在第三次全球化浪潮期间的全球化战略、全球化形态、全球化方法。

中国企业太缺乏与全球化相关的知识，普遍认为全球化、企业全球化就是到海外投资并购，而中国企业普遍不具备到海外投资并购的经验和实力，于是对于企业全球化完全不热衷。

中国企业不仅不熟悉企业全球化的基础知识，还对企业全球化的历史、企业全球化的方法、中国企业与发达国家企业之间的全球化知识、中国企业与发展中国家之间的全球化知识、中国企业与不发达国家企业之间的全球化知识都缺乏认知。另外，在企业全球化的过程中，企业到底应该和什么样的国家、什么样的行业、什么样的企业开展全球化合作，这也是中国企业的知识盲区。

第三，关于企业全球化的经验。企业实现全球化除了需要具备与全球化相关的知识之外，还需要具备企业全球化的经验。企业全球化需要企业和全球各个国家的产品、技术、市场、人员、法律、财务、管理、民族、宗教、经济秩序、政治制度、生活习惯、外交礼仪发生关系，除了需要具备相关知识之外，还需要掌握和上述内容打交道的经验。一个企业的全球化并不需要企业和世界每一个国家发生联系，关键需要看每一个企业的全球化战略，根据企业的全球化战略去掌握和这些企业打交道的经验。每个企业家都不要戴着有色眼镜去看待世界上的每一个国家和地区。比如日本，我记得在 2008 年，我和日本金融家古川令治先生一起探讨中日之间产业和产业、产业和资本、资本和资本结合的对冲投资机会的时候，日本正好经历"广场协议"后的日元贬值以及美国次贷危机的双重冲击，日经指数下跌到 7000 多点，三分之二上市公司的股票价格低于净资产。如能利用中日之间产业、资本的协同性，建立对冲投资机制，对中国和日本都是获利的好机会。

我们经过精心准备之后，突然由于政治上的某些原因而终止了这样的合作，也失去了这样的投资机会。回过头来看，如果当时具有长远的政治经济眼光，坚持这个对冲机制，与日方展开合作，10 年之后是什么情况呢？今天的日本经济在安倍经济学量化宽松政策的鼓励下实现转型，走出困境，日经指数从 7000 多点上升到22000 多点。如果我们的投资再注入重组、并购的产业协同性和资本价值的协同性，投资回报率会超过 3 倍。2019 年，中日关系尤其是经济关系全面恢复，如果当初坚持合作，不仅能产生很好的经济效益，而且还会为未来 10 年中日经济合作高峰奠定很好的社会基础。

第四，关于企业全球化的方法。由于普遍缺乏对于经济全球化和企业全球化的系统认识，中国大量的企业都采用了错误的全球化方法，盲目地"走出去"，造成了巨大的经济损失，也在国际社会造成了非常不好的影响。比如，瑞幸咖啡造假事件影响了中国企业在全球范围内的口碑。

2001 年中国加入 WTO 之后，迎来了高速发展经济的机会，但是由于我们处在被动输入全球化的状态，并没有真正了解全球化这个体系。在输入第二次全球化浪潮若干年之后，中国成为世界制造工厂。但是，即使成为世界最大的制造基地，中国也没有对成为世界工厂背后的深层次逻辑关系进行系统的分析和解读，也没有站在全球化的角度，从泛全球化的政治、文化、宗教等领域对全球化进行理解，更没有从经济全球化的必然性入手，去把握中国成为世界工厂之后的应对策略。我们总是沾沾自喜地把成为世界工厂解读为改革开放的成果，过于强调自身优势。过去，我们提出了"走出去"的全球化口号。"走出去"很容易让人听得懂，如果中国在系统地解读了经济全球化之后，系统、科学地制定了"走出去"战略，只是把"走出去"作为系统战略的一个简单的表述，这就没有问题。但遗憾的是，我们没有很好地认识"走出去"战略，结果导致"走出去"变成了到全球主要的资源型国家高价购买石油、天然气、各种矿产资源。如果我是一个国际金融家或者投资银行家，我一定会充分利用中国这样一个非常简单的"走出去"逻辑可能带来的中国资本，在海外进行投资驱动，通过各种金融工具获利。华尔街有很多这样的分析师、投资银行家以及很多种获利工具和产品。我们完全可以借助这些条件。

由于在国家层面没有对经济全球化、企业全球化进行系统的解读和认知，使得企业包括民营企业盲目地"走出去"，造成了巨大的经济损失，多年来，没有人去报道究竟损失了多少。由于我的朋友在研究全球铁矿产业的投资并购机会，所以对中国大型国企的所有海外铁矿投资行为进行了研究分析，发现 10 多年来，中国企业的经济损失还是较大的。

迄今为止，我很少听说一家企业拥有或者制定了企业全球化战略，几乎所有中国企业国际化、全球化的方法都是随机的，大约有以下几种方法：

一是把产品卖到国际市场。

二是响应"一带一路"倡议的号召，到"一带一路"沿线国家寻找机会。

三是海外并购。

四是海外转移资产。

五是海外购置物业和不动产用以保值。

六是代理海外产品加工和销售。

七是购买海外技术。

八是引进海外人才。

九是引进海外技术。

十是制造"假洋鬼子"模式。

以上这些方式并没有穷尽中国企业盲目实现全球化的所有方式，但是除了少数的像华为、海尔、联想、复星、阿里巴巴、振华重工、TCL 等企业之外，几乎所有企业的全球化方式都是不规则、不系统的盲目全球化方式。

中国经济的高质量必须以企业的高质量为前提，高质量的企业一定是具有全球化战略的企业。

第六章

数字经济时代中国企业的全球化战略

　　数字经济时代的中国企业面临两大选择，第一个选择是完成和实施传统企业意义上的全球化；第二个选择是走向数字经济的全球化。这确实是一个高难度的选择。由于我们处在第二次全球化和第三次全球化浪潮交替的阶段，整个中国缺乏对经济全球化的理解、分析、认知，还没有完全融入第二次全球化浪潮，所以也缺乏对企业全球化的理解和认知，这也使得很多企业不能正确地解读全球化与企业的关系。同时，我们面临一个新的情况，即由数字经济驱动的第三次全球化浪潮滚滚而来。《第三次全球化浪潮》一书全面解读了经济全球化的历史、特征和内涵，以及第三次全球化浪潮的特点和趋势。遗憾的是，本人对于数字经济驱动的第三次全球化浪潮的进一步认识来自新冠肺炎疫情期间的深度研究和思考，所以《第三次全球化浪潮》一书还没有来得及真正从宏观上解读数字经济的核心内涵。我们需要把数字经济在经济秩序、产业秩序、企业形态等方面的全球化概念理解清楚，包括数字经济时代企业全球化的内涵和方式。数字经济时代的全球化、经济全球化、企业全球化都有不同的内涵。当然，我们还要虚心地学习第二次全球化浪潮时期企业的全球化策略，让中国企业成为传统意义上的全球化企业，同时，我们又在第三次全球化浪潮来临之时，通过数字化改造、数字化转型、数字化升级，让中国企业成为数字时代的全球化企业。

由于中国在经济全球化的历史和现实中扮演不同角色，中国企业的全球化也有不一样的内涵，和发达国家的企业全球化具有完全不一样的内容。中国企业研究全球化、制定全球化战略必须要搞清楚中国经济全球化的历史、现状和未来，然后系统学习和理解中国企业全球化的常识和全球化企业的多种战略模式。只有把经济全球化解读清楚了，把企业全球化的系统知识理解掌握了，才能够为自己的企业制定全面的全球化战略。

如果你只想做一个区域化的企业，你就研究清楚你的企业和这个区域的关系；如果你只想做一个中国化的企业，你就研究清楚你的企业和中国的关系；如果一个企业要立志成为一个全球化企业，就必须要把企业的发展战略放在全球范围内来思考，这和企业大小没有关系，即使创业，也可以站在全球化的角度进行。2018 年，我去美国考察的时候，在耶鲁大学进行了一次演讲，在和听众交流的时候，我发现一个非常令人吃惊的现象，就是很多中国留学生直接在美国创业，既不是在美国打工，也不是回国就业。但是他们的创业计划都具有中国元素，每个创业计划都是全球化的。从零起步的留学生都可以做的事情，国内那么多成功的中小型企业，远远过了创业阶段的企业，不可以做吗？

企业全球化是一个系统，不是局部。实现企业全球化必须创建全球化战略。一个企业的全球化战略包括企业对全球的理解、对全球化的理解、对经济全球化和企业全球化的理解。企业全球化必须是企业综合要素的全球化。

那么，如何在实现第二次全球化浪潮期间企业全球化的同时，结合第三次全球化浪潮时期的数字经济，驱动企业实现全球化呢？本章试图来进行一些探索。

第一节　企业全球化的空间概念

把地球当成一个村就是企业全球化的空间概念。

和研究经济全球化一样，每一个企业家首先想到的是你不仅是一个中国企业，你还是这个世界上的一个企业；你不仅是中国企业的一员，你也是全球企业的一员，哪怕你是再小的企业。因为你身在中国这个泱泱大国，悠久的历史、伟大的辉煌很容易让你忘却这个世界，你容易因为中国而骄傲。如果你身在有战争隐患的以色列呢？如果你就是一个帕劳、马尔代夫的企业呢？你的眼光停留在以色列，你的市场就有 800 万人口；如果你停留在帕劳，你面对的市场人口只有 2 万多人。

巨大的中国、古老的中国面对全球化既有优势，又有劣势。优势就是中国企业只要把国内市场做好了，就足以成功，可以满足。劣势也是因为中国的优势让中国企业忽略整个世界，缺乏推行全球化的动力和激情。

在高度全球化的今天和未来，中国企业不能走过去的老路。尤其是在虚拟世界，全球的任何一个角落，都存在于同一个虚拟世界里。在虚拟世界里，世界上任何一个地方，你都触手可及。

其实作为一个中国企业家，你最大的优势就是可以很容易地利用中国这么一个巨大的市场和千载难逢的发展机会。当你在中国创业成功之后，就应该借助你的成功基础放眼全球。为什么瑞士、以色列、日本的企业全球化很成功呢？就是因为这些国家的企业没有中国这样的条件，必须走向全球才能够生存。中国的企业家都挤在中国这个市场空间里，平均之后，你的很多优势就没有了，但是，你的全球化空间却在那里。

如何把全球当成一个村子呢？很容易理解的就是全球化的不平衡，你可以从以下几个方面来对国家进行划分，然后来理解。

第一，是把国家分为发达国家、发展中国家、不发达国家。

比如发达国家就有英国、法国、德国、意大利、美国、加拿大、日本、瑞士、瑞典、荷兰、丹麦、芬兰、比利时、卢森堡、澳大利亚、新西兰、新加坡、以色列等国家；发展中国家就有中国、俄罗斯、印尼、越南、东中欧国家、中亚国家、南亚国家、中美洲国家、南美洲国家、非洲部分国家；不发达国家主要是非洲部分国家，包括坦桑尼亚、肯尼亚、埃塞俄比亚、尼日利亚、马达加斯加等国家。

通过这三个层次的划分就可以总结这些国家为什么是发达国家，为什么是发展中国家，为什么是不发达国家。

对于中国企业来说，发达国家的机会是什么，发展中国家的机会是什么，不发达国家的机会是什么，它们也基本清楚。

第二，是将全球再次按照人口数量划分为大中小型国家。

根据人口来划分，可以把人口数量超过一亿的，称为大型国家；人口数量在一千万到一亿之间的，称为中型国家；人口数量在一千万以下的，称为小型国家。这样全球200多个国家和地区就可以再次进行划分。

第三，按照类型来进行划分。包括综合型大国、强国；科技型国家；资源型国家；人口密集型国家；农业型国家；消费型国家等。

第四，按照供给和需求来进行划分，看看国家主要出口的货物构成是什么，优势是什么。

把这个划分清楚，你就会进一步知道要买的东西在哪里，要卖的东西在哪里。金融服务最厉害的是美国；技术输出最厉害的是以色列；私人银行最厉害的是瑞士；太平洋岛国有最多的香料；巴西、阿根廷有初级农产品；日本有各种精细产品和零部件；德国有高端制造业等。

第五，按照国家的规则进行划分，有关税政策、制度机制、金融政策、市场化程度、对外开放程度、政治开明程度、经济发达程度等。

这一条的内容最复杂，也是一般企业和企业家最难以把握的，但是往往大企业需要研究的国家比较多，中小型企业涉足的国家相对较少，只需要把最重要的国家研究明白即可。同样的问题，在中国也一样会遇见。没有搞清楚中国的地缘经济、社会环境、生活方式，也会犯错误。具有近140年历史的法国著名奢侈食品品牌馥颂（FAUCHON）进入中国的时候，老板就把馥颂在法国的产品和服务方式原封不动地搬到中国，在北京开了第一家店，大约开了不到一年就关门大吉，失败而归。错在哪里？就是因为把法国的品牌和生活方式简单地搬进和法国生活方式完全不同的北京，如果在上海可能就成功了，北京虽然非常开放，但是北京的中国元素还是更多。

通过这样的简单梳理，你就会知道除了中国市场，你的产品和服务应该在哪里。然后，你再看看作为一个需要进一步提升、发展的企业，还有什么不足，有什么短板，这些不足和短板在中国是否可以弥补，即使在中国可以弥补，代价多大，是否可以在"地球村"里找到你所需要的。你把所有类型的国家分析完之后，就非常清楚你要的可以从哪里获取，你的产品、服务以及投资可以去哪里。

只要创建了一个全球化的基本概念，你就会大体知道经济要素的全球化运行轨迹，根据这个运行轨迹，你就可以找到你在全球化中的位置以及在"地球村"的地位。不论是再大还是再小的企业，都是"地球村"的一员。但是，如果让企业全都分布在中国，就会有很多对手抢饭碗；如果要是让企业分布在世界各地，加起来不就是一个大型企业了吗？

第二次全球化浪潮经历几十年的发展，已经实现了企业全球化体系的构建，而接下来的数字经济时代，全球化的空间概念将会大大不同于第二次全球化浪潮时期。

最近在全球蔓延的新冠肺炎疫情让全世界的政治家、经济学家、企业家都在担忧一个新的问题，那就是这次疫情对全球化造成巨大的打击，甚至很多观点认为，全球化寿终正寝，被疫情带到了终点。

我反而乐观地认为，这次疫情客观上会加速第二次全球化浪潮走向终结，从而加快第三次全球化浪潮的推进。原因就在于第二次全球化浪潮和第三次全球化浪潮形成的资本经济和数字经济形态各异，会使第三次全球化浪潮克服第二次全球化浪潮的很多缺陷。

数字经济时代的全球化是以 5G 通信和信息技术作为基础的全球化。这个时代的全球化工具发生了很大的变革，5G 时代带来的大容量、高速度、低延时的特点使世界零距离得以实现，大大缩小了地球上任意两点之间的距离。同时，5G可以连接10亿个场所、100亿个人、500亿个物件，构成一个万物互联的世界。这个世界把人和人、人和物、物和物之间全部关联起来了，全球化的信息流动、物流流动、资金流动、技术资源流动、产品流动的效率大大提高，今后会大大减少人员的全球性商务流动。由于信息的畅通、交流的便利，全球之间信息不对称、价格不对称、信用不对称、交易不对称的现象也会大幅度减少，全球化的壁垒更加难以设立，全球化的门槛还会降低。数字经济的共享、共同赋能的技术价值观带来交易合作价值观的变化，全球化更加简单和容易。

在此次疫情期间，全球的会议、教育、培训、商务谈判、合约签署、展览展示等很多人际交流活动，都可以通过全球低延时的同步视频体系解决，这不仅会提高效率、降低成本，也会有效避免病毒的传播。很多全球性交往活动甚至可以通过VR、AR技术创造更加真实的交往场景，优化人们在虚拟世界交流和沟通的体验，会给全球化带来更多的便利。

第二节　企业的产品全球化战略

这个地方不是写给创业者看的，当然创业者可以参考。这些内容主要是给已经存续一段时间的中小型企业阅读的。我在过去这些年，所看的几百个企业项目，绝大多数都与中小型企业相关。让我感觉到很有意思的一个现象就是发达国家的每一个中小型企业几乎都有全球化思维，都是全球化企业，哪怕这些企业每年只有几千万欧元或者几千万美元的销售收入，其收入几乎都不仅仅来自某一个国家。

中国企业的产品全球化战略首先是在企业已经拥有的成熟的产品基础上来考虑的。主要包括以下内容：

第一，企业现在的产品是什么？

这个世界上到底有多少产品，很难准确回答。大的方面来说主要是实物类产品和服务类产品。有终端产品，也有零部件产品；有原材料产品，也有高科技产品；有能够吃喝玩乐的产品，也有不能吃喝玩乐的产品等。但是对于每一个企业来说，都有自己的产品，没有产品的企业一定不能叫企业。

目前总体来看，中国企业的全球化在产品环节上，主要是制造业产品比较有优势，制造业的终端产品和半成品、日用消费品，包括服装、玩具、家居、家用电器等产品在全球有很大的市场占有率。由于中国是全球最大的制造中心，各种制造业产品在中国都有生产。但是，完全掌握海外销售渠道的产品不多，大量产品还是处在全球产业链、价值链的中下游。而中国企业的这些产品在国内市场竞争激烈，成本上升，恶性竞争比较严重。所以，每家企业都应该站在产品全球化的角度，梳理自己的产品在全球市场处于什么状态，然后应该考虑怎么拓展产品的全球市场。

第二，企业的产品目前在中国市场的状况如何？

如果企业的产品在中国市场已经完全没有竞争优势，完全看不到希望，这个时候，企业一定要考虑怎么把自己的产品推入全球市场。要在全球市场上，找到自己产品的突破口。

第三，企业的产品有没有国际市场？

从原则上来说，只要在中国有市场的产品都有全球市场，比如像老干妈这样的产品。老干妈是地地道道的中国调味品，我相信老干妈这个企业在生产产品的时候，一定没有考虑产品的全球市场，甚至老干妈的产品在德国市场还被检测出不符合食品健康标准。但是，老干妈在全世界很多地方都有市场，主要原因是全世界到处都有中国人。但是对于老干妈这个企业来说，由于产品的成功，中国的模仿者、追赶者一定会成群结队地冲杀出来。那么老干妈这个企业除了需要应对国内市场的竞争之外，为什么不专门针对国际市场、全球市场，开发适合全球市场消费的产品呢？

如果你是企业负责人，根据企业的现有产品，你有没有思考过你的产品在全球市场有没有机会呢？相信很多中国企业家都没有想过。几乎所有的舆论都在沾沾自喜于中国的市场优势。我觉得这是一个非常短视的观点。改革开放初期，中国需要大量引进国外的设备和技术，需要大量的外汇储备，于是把重心放在大规模鼓励产品出口环节，挣多少钱无所谓，只要能把产品卖出去，能够给国家创造大量外汇，就是业绩。现在虽然中国也成了全球最大的市场之一，舆论更多是在鼓励扩大内需、扩大消费，提高中国市场的消费能力，但这样做的另一个问题就是，中国的产品缺乏国际和全球市场竞争力，大量企业窝在国内市场，缺乏进入全球市场的动力。

我们以中国的中药为例，中药是中国的国粹，是中国几千年文明的瑰宝之一，但是今天中国的中药，包括中药饮片和中成药，基本进不了国际市场。反观日本，虽然中医、中药都是从中国传到日本的，但是国际市场上的中药产品反而被日本占据了主导地位。原因就在于中国的中药从种植到加工都不符合国际标准，在中国企业看来，中国市场巨大，所以也不会研究怎么让中国的中药产品进入全球市场。

第四，根据全球市场需求，企业还可以开发什么产品？

企业除了现有产品之外，可以根据产品的国际市场状况，进行产品线的延伸。从我的全球化经验来看，全世界没有一个国家的产品竞争像中国那么激烈。比如在欧洲，不管到哪个国家，餐桌上放的番茄酱基本上都是亨氏集团的；餐桌的矿泉水、苏打水、气泡水基本上都是那么几个品牌，但是，中国除了娃哈哈、农夫山泉之外，还有很多饮用水品牌。中国的乳制品，除了早年的蒙牛、伊利之外，过两年又有一个品牌出来，一个企业的品牌很难保持比较长久的市场竞争地位。

但是，我们看到，即使大家在中国市场杀得天昏地暗，也没有多少企业家把市场拓展到全球去。

第五，企业的全球化产品通过什么渠道销售？

产品全球化能否成功，既要看产品本身，也要看产品销售渠道，这两点是产品全球化的关键。发达国家的产品销售渠道经过很多年的建设，已经非常成熟，什么样的产品就有什么样的销售渠道，而且销售渠道的秩序非常严格。如果产品要进入发达国家，不管是通过线上还是线下，都需要和发达国家已经建立的销售渠道建立合作关系。

但是在发展中国家和不发达国家，经济秩序参差不齐，需要针对不同国家的市场化水平和法规去开发企业的产品渠道。

第六，如何以产品为中心深化产品全球化的其他要素？

在企业研究产品全球化的时候，会遇到很多复杂的问题，因为产品本身包括了产品的原材料、产品的生产技术、产品的生产方式、产品的质量、产品的包装、产品技术和质量标准、产品存放周期、产品和文化的关系、产品和宗教的关系、产品和政治的关系、产品和生活方式的关系、产品的价格、产品的成本、产品的利润率等，绝对不能采用"一招鲜，吃遍天"的哲学，必须根据每一个产品市场的特性进行精准的市场定位。同样的产品在不同的国家、不同的市场，一定采用不一样的产品定位和销售策略。

第七，如何制定产品全球化战略？

产品全球化战略是一个企业全球化战略最重要的节点。每个企业都有不一样的产品全球化战略。

中国企业的产品全球化绝对不等于中国企业将自己的产品卖到全世界。中国企业的产品全球化大概有这样一些内容：

一是将中国生产制造的产品和服务推向全世界。这个相对比较容易理解，就是产品有中国的技术、中国的品牌，在中国生产制造。

二是中国企业在全球范围内整合产品要素，然后在中国生产制造，卖到中国市场。包括整合全球的技术、全球的原材料、全球的产品品牌。

三是中国企业在全球范围内整合产品要素，在全球范围内生产制造产品，最后将产品卖到中国和全球。

中国目前在全球的产品，其主要特点和优势就是价格低，具有价格竞争优势。在这个阶段中国产品也许只有靠这样的方式才能进入全球市场。中国产品的低价格策略来自两个方面，一是中国产品的成本相对较低；二是生产效率比较高。但这只是一个阶段性特征，中国产品的生产制造成本也由于各种综合成本的提高开始增加，仅仅依靠价格优势，中国产品在全球是很难立足的。

总的来说，目前这个阶段，中国产品在全球最大的市场还是发展中国家和不发达国家，因为这些国家缺乏系统的工业体系，产业配套体系不完整，本国的产品缺乏竞争力。比如整个中东地区，石油和天然气资源非常丰富，但是除了这个优势之外，不具备其他行业优势。但是，仅凭石油和天然气，中东地区的国家拥有了巨大的财富，而这些财富需要大量地投入中东地区的许多不毛之地，所以基础设施建设、工程规划设计、房地产、建筑装饰材料、农业产品、食品、纺织服装等领域的需求非常旺盛，这些领域都是中国企业产品战略的重要市场。

当一个企业需要制定产品全球化战略的时候，首先，不是考虑产品卖到哪里，而是考虑自己的产品在全球哪个地方最有竞争优势，确定产品在全球的市场空间；其次，要对这个全球化市场进行综合分析，包括这个市场的容量、产品、价格、消费，要调查使用者对产品的接受习惯、心理预期、价格敏感度等；最后，需要看这个区域有没有同类产品的竞争对手，竞争对手都来自什么地方，竞争对手的产品有什么优势，竞争激烈的情况下应该采取什么样的竞争策略。

我们确定了产品的市场战略之后，就要考虑，到底是在中国完成生产之后去市场上销售，还是在当地委托相关企业生产销售；如果在当地生产销售，就要看看当地的生产制造条件、环境、原材料是不是符合产品生产制造的要求。

所以，每个企业都必须根据产品的特性来创建产品的市场空间，再根据产品和市场的关系，制定产品的全球化战略。

当然，产品的全球化战略还有一个被人忽略的内容，就是如何整合全球产品资源进入中国市场。中国企业的产品全球化绝不仅仅是如何将中国产品卖到全世界那么简单。

中国企业产品全球化的重点是如何在全球范围内找到最好的

产品要素，如何找到最好的生产加工地点，如何将产品卖到全球最合适的地方去。

在这方面，最成功的无疑还是华为。华为最大的成功就是产品全球化的成功。华为最成功的产品就是信息通信行业的软硬件集成产品。华为就是集成了全球的技术、人才，再把产品卖到全球。华为的产品全球化战略，就是在全球化技术整合、设计整合、生产资源整合、人才整合的基础上，在中国市场取得产品销售的成功，然后把产品迅速卖到全球。华为更加厉害的是，在5G时代，把全球都需要升级的 5G 系统技术、软件、硬件、应用终端全部产品化，在更大的范围内整合全球资源，打造产业生态，形成了这个企业在全球更加强大的产品战略，奠定了华为在全球的竞争优势。

数字经济时代，产品全球化的逻辑和产品全球化的方式都会发生颠覆性改变。

在资本经济时代，产品的生产和加工都因为工业化的发达，能够极大程度地整合全球资源，生产制造以全球市场为对象的优质产品，创造了巨大的物质财富。越是大企业，越是全球化企业，越能够创造巨大的价值。一个型号的汽车，可以在全世界卖出几十万辆甚至几百万辆，消费者只能根据厂家已经设计生产出来的产品进行被动的选择，因为只有这样才能够低成本、大规模地生产，也才能够让资本赚到更多的钱，符合资本拥有者的根本利益。厂家经过多年的研发、生产、管理，确实在资本主义生产方式之下，创立了企业的品牌，多年的资本投入和资本控制让这些价值转化成为企业的无形资产，成为产品和企业的附加值。为了大规模降低成本，企业必然会通过全球化扩张，找到最低价的原材料、最低价的劳动力、最低成本的环保代价、最低的关税、最低的物流成本、最大的市场等。

　　数字经济时代，一切都会改变，一切都会真正以人为中心。一条爱马仕的丝巾也许不会因为是名牌，就有一群粉丝追逐，如果一个公司或者一个设计师能给某个消费者设计生产一条满足其偏好的丝巾，那么这个消费者就能接受比爱马仕丝巾更贵的价格。这在数字经济时代会非常普遍。同样，一辆汽车可以按照消费者的需求通过人工智能进行设计和生产。生物医药领域可以通过大数据、人工智能、生物技术的结合，给某个患者独立生产出这个患者需要的药品，而这个药品只适合这个患者服用。每个人通过随身携带的智慧终端可穿戴设备，随时来查询自己的健康状况，大数据和人工智能可以随时为每个人提供营养健康管理方案，这个方案是根据每个人自己的需求设计的。

第三节　全球化的人才战略

　　人是非常容易全球化的，由于这些年的改革开放，中国经济获得大发展，形成了稳定的社会秩序，再加上独特的中国文化以及中国人的友好善良，吸引了全世界很多优秀人才到中国读书、学习、工作、生活；同时，也让很多中国学生到世界各国留学。人才的全球化流动给中国企业的全球化创造了很好的条件，中国企业在全球化过程中也不缺乏对人才的需求。

　　作为一个企业，既然要制定企业全球化战略，就必须要有全球化的人才战略。需要考虑以下几个问题：

一是企业需要什么样的人才。

二是这些人才在哪里。

三是我们怎么找到这些人才。

四是如何与这些人才建立合作关系。

五是这些人才的管理、激励以及与这些人才终止合作。

不同的企业和不同的企业全球化战略，需要不同的人才。如果企业的战略重点在产品全球化方面，那就要在全球范围内寻找产品方面的人才。产品方面的人才包括产品开发、产品设计、产品质量、产品技术、产品工艺、产品包装、产品品牌等方面的人才。然后，需要根据产品的市场定位寻找合适的专业人士。产品主要进入发展中国家的市场，就需要在发展中国家找人才，同时，也需要到发达国家寻找人才。如果产品定位于发达国家的市场，就不能去马来西亚找一个产品开发人才，因为用高水平的人才，可以做下层市场的产品开发，但绝对不能用下层市场的人才去做高级市场的产品开发。

在国际上找人才有很多途径，我首先推荐国际猎头公司，当然，这些公司会有比较高的人才成本。除此之外，找人才的好地方就是各国驻中国大使馆，比较大型的，尤其是发达国家驻中国大使馆，都有经济合作中心或服务中心。

与国际人才合作需要注意的就是合作合同要严谨，聘请国际人才需要少一些感性的情感因素，一定要严格按照合同要求进行人才的聘请和管理。中国在体育市场聘请的国际人才比较多，包括体育明星、教练等，在这方面中国吃了很多亏，遇到了不少国际人事纠纷。

聘用国际人才最重要的就是量化所有数据，包括工资、奖金、福利、激励、处罚等，都必须清清楚楚。

资本经济时代全球化的人才战略主要还是通过公司制和全球招聘等方式来获得人才，通过雇佣关系来使用人才，这就使得全球的人才主要集中到发达国家，尤其是美国。作为全世界最发达的国家，美国的自由民主制度、资本主义市场化机制、高工资和高福利待遇、充分的人权保障等国家优势，吸引了全世界的精英。除了美国之外，几乎所有发达国家都具有吸引人才的机制，这保障了这些国家经济的持续繁荣。中国在改革开放初期，由于整个商业环境相对落后，不仅难以吸引人才，反而因为大规模推行海外留学，使很多中国的优秀人才在海外留学毕业之后，留在了海外，造成了巨大的人才流失。直到最近 20 年，由于中国经济的高速发展，商业环境、科研环境、工资待遇等方面有了很大改善，不仅吸引了大量早期出国的人才回归，还吸引了很多发达国家的人才，包括美国、英国、德国、日本等国家的人才。

数字时代将会给人才的全球化带来完全不一样的生态。首先，数字技术将会释放很多人的创造才能。数字时代的企业不需要大规模雇佣全球人才，而是通过产业互联网或者区块链给人才提供创造自我价值、发挥作用的机会。各种产业互联网和区块链的崛起，使全球的人才从大量的雇佣关系中解放出来，成为合伙人，每个人才只需要在数字世界发挥自己的作用，完全量化个人的智慧成果和价值就可以获得收益。其次，即使人才被某个机构、某个企业雇佣，也可借助数字时代的办公环境和条件，完全实现互联网办公，不一定要在企业所在地打卡上班。

第四节　全球化的资本战略与数字时代的资本

企业全球化的资本战略是一个高水平和高难度的全球化战略。国内很多企业家前几年非常喜欢学习企业的资本运营，这使他们对资本的认识和理解深刻了很多。但是，创建企业的全球化资本战略，又将企业的资本战略提高了一个层次。

企业的资本战略是资本主义市场经济环境下企业最重要的战略，也是资本经济时代企业生存发展的核心逻辑。

企业全球化的资本战略是指企业充分运用全球资本和资本市场的资源、产品，在全球资本市场进行资源配置。企业全球化的资本战略包括企业自身的资本构成，包括企业资本的市场化运行，包括对外投资和对外并购，包括资本性融资和资本在全球市场的上市以及资本市场的价值管理。通俗地说，当企业资本充足的时候，应当在全球范围内找到资本投入的机会；当企业资本不充足的时候，也可以在全球范围内找到企业所需要的资本。同时，企业在全球范围内将资本和产品、资本和产业进行协同性运营，还会产生更大的价值。全球发达国家的企业，尤其是美国的企业，非常善于进行这样的运营。

企业的经营原则上存在三个层次的经营行为：一是产品层面的经营；二是公司层面的经营；三是资本层面的经营。产品层面的经营主要产生的是产品的销售收入和利润，公司层面的经营是对产品经营的保障，而资本层面的经营才是创造企业价值的最高水平的经营模式。我们以特斯拉为例，特斯拉在产品层面取得成功之后，在公司层面做出了一个重大的选择，就是到中国创建全资的超级工厂，仅仅用了一年时间完成了这样一个布局之后，实现了公司资本价值的最大化，使特斯拉的公司市值突破 2000 亿美元。特斯拉的产品销售数量和销售金额与传统汽车企业还相差很远，但其公司市值已经高于传统汽车产业——丰田汽车的公司市值。

我个人认为，特斯拉未来的公司市值应该超过一万亿美元，因为特斯拉的未来绝对不是一个汽车制造企业，而是一个综合性的移动智慧终端。它既是一个产业互联网企业，也是一个物联网企业；既是一个大数据公司，也是一个人工智能企业，同时还是一个信息化时代的出行工具供应商。

如何制定企业全球化的资本战略同样是企业全球化非常重要的内容。企业全球化的资本战略可以分为两个阶段：一个阶段是企业公开上市前的资本战略；另一个阶段是企业公开上市之后的资本战略。

企业公开上市之前需要考虑：企业母公司的资本构成以及企业子公司的资本构成；这两个层次的资本结构有没有和全球产业资本和金融资本建立联系；母公司或者子公司有没有投资、并购海外企业。企业在海外上市是资本全球化战略非常重要的一部分，既然企业选择在海外上市，一定有非常充分的理由。每个企业在海外上市都会选择数家投资银行作为主板上市的投资银行和分销商，主板上市的投资银行都会给企业上市提供一系列的分析报告，对于如何上市、如何定义企业、选择什么样的市场、如何定价都会给出非常专业的建议。当然，很多中国企业家是听不进去的，他们往往认为上市成功的意义远远大于企业全球化和资本全球化的意义，所以很多中国企业在海外上市并没有实施全球化的资本战略。

同样，每个企业都应该有不一样的全球化资本战略，这不仅仅是企业资本的需求，也是企业全球化战略的一部分，不能为了全球化而全球化。全球化的资本战略制定和企业的产品全球化、技术全球化、市场全球化都是有关联的。如果企业没有清楚产品全球化战略、市场全球化战略、技术全球化战略而突然去海外上市，这个企业就没有搞清楚全球化的意义。

全球化的资本战略主要包括的内容是：资本和产品的关系、资本和市场的关系、市场和技术的关系、资本和全球竞争的关系等。企业根据这些关系，再来设计全球化的资本战略。大型企业可以通过全球化的资本战略的设计，确定企业如何通过资本全球化的运营，达到在全球的战略目标。这就包括企业在资本层面选择产业合作伙伴、资本合作伙伴，然后让这样的产业合作伙伴或资本合作伙伴成为企业全球化资本战略的股东。企业需要考虑在什么样的国际化资本市场上市，中国企业在海外上市的地点主要是美国、新加坡、加拿大、澳大利亚等国。

海外上市仅仅是全球化的资本战略的起点，企业实现海外上市之后，应当充分利用海外上市的机会，加大企业全球化整体战略的实施力度。

但是，中国企业全球化的资本战略经常因为中国企业和海外市场的双重利益驱动的需求，产生很多失败的案例。最近的例子就是瑞幸咖啡业绩造假事件。

瑞幸咖啡在 2020 年 4 月 2 日公告称，公司在 2019 年第二季度到第四季度期间存在伪造交易行为，涉及销售额大约 22 亿元人民币。这个公司曾经被称为资本市场的奇迹和神话，创业仅仅一年多就在美国纳斯达克上市。这次造假事件成为中国企业资本全球化的一大丑闻。这个事件之所以发生，一方面是因为瑞幸咖啡对资本的贪婪；另一方面是因为美国市场创造了满足瑞幸咖啡野心的环境。

数字经济时代必将重构资本经济时代的所有经济生态，资本和资本市场概莫能外。当数字技术在经济领域的应用逐渐取得比资本更加重要的地位时，数字技术就会取代资本在经济中的决定性地位。资本在很长时期内都还存在，但是不会消亡，至少20年内不会消亡。通过各种互联网形式重新组织全球产业、企业以及经济要素之后，数字技术将成为取代资本的工具，成为产业和行业的整合者。由于资本市场还存在，公司还存在，所以各种类型的产业互联网主要还是通过公司这种组织形式在创建，资本市场发行上市的股票主要也是互联网公司的股票，整个互联网生态上的很多大小企业、自然人也会通过换股，成为上市公司的股东。这些股东既是股东，同时又是产业互联网构成要素的节点，既能通过股权获得资本性收益，也能通过互联网上的业务关联获得市场化产品、技术、服务，从而获得收益。

这个时期中国企业全球化的资本战略将体现为资本加数字技术的全球化战略。企业既可以采用海外上市的方式，采用传统的投资并购的资本运营手段，也可以结合数字经济时代数字化整合的逻辑，在客户、产品、技术、设计、创意、市场、科研机构、科学家等方面，采用数字时代的整合方式，与这些全球要素进行连接和资源共享，让自己成为全球资本的拥有者。

更为成熟的区块链模式创立之后，资本在区块链上的作用彻底消失。在分布式区块链交易生态的内部，每一个链接点是公司还是自然人已经不重要了，在区块链生态，完全是通过分布记账方式来记录每个交易节点的价值和信用，每个区块链都是独立封闭的，可以和其他货币兑换，也可以和与主权数字货币直接关联的信用机构进行结算。研究、创造、生产、加工、销售、消费都通过区块链完成，哪里还需要资本呢？

第五节　数字经济时代企业全球化的技术战略

　　总体来说，将中国企业和发达国家的企业进行分析比较，差距是多方面的，最大的差距实际上是综合性差距。这种综合性差距可以综合地反映在全球化的发展进程中。如果把这种综合性差距分成几个部分来看，技术上的差距是一个瓶颈。

　　企业的技术不是一个简单的概念，包括企业的科技知识产权以及企业拥有的产品制造技术、制造工艺、制造设备等；也包括自主知识产权技术，以及企业通过各种方式获取的知识产权和专利授权等。综合的技术能力是中国企业全球化的短板。很多企业的技术在中国市场还可以，但是一旦进入全球市场，劣势就显示出来了。

　　由于目前处在第二次全球化浪潮和第三次全球化浪潮交织的特殊历史阶段，我们对中国企业全球化的技术战略也需要更深刻的认识和理解。

　　在第二次全球化浪潮时期，核心技术主要是机械制造以及各种工作母机、发动机、高端装备制造的核心技术，包括材料科技、电子工程、自动化、半导体等领域。由于这期间的技术几乎都是发达国家在第一次、第二次、第三次工业革命的过程中原创的，很多新技术又都是从前期技术延伸出来的，因此，第二次全球化浪潮也包含全球化的技术体系、知识产权体系、技术标准体系等技术秩序。而中国作为全球最大的制造国，并没有掌握很多全球化的知识产权，于是中国的制造业与发达国家的企业所拥有的技术和知识产权就存在巨大的应用冲突，导致发达国家对中国设置了技术壁垒。

中国企业制定全球化的技术战略，需要在尊重发达国家企业的技术和知识产权的基础上，找到和这些技术与知识产权对接合作的方法。事实上，这个机会是存在的。首先，这些技术本身不是孤立存在的，产品是技术的载体，既然大量的产品都在中国生产，这些技术也会通过各种保护方式进入中国。中国的制造业需要拥有这些技术的使用权而不是所有权。如果有些外国企业担心技术在中国会被抄袭、侵权，它们可以将技术保密的零部件在海外生产制造，然后进入中国来组装。其次，除了原有的技术之外，发达国家的企业和科研人员往往还会发明、研究出很多延伸技术。这些技术研发出来之后，在海外市场往往没有什么用户，而最多的用户就在中国，中国企业完全有机会将这些新技术通过多种方式引入中国，让国外的新技术继续应用于市场。最后，第二次全球化浪潮和第三次全球化浪潮的交织也是两次全球化浪潮技术成果的融合，第三次全球化浪潮时期出现的云计算、大数据、物联网、产业互联网、人工智能、区块链等新的数字技术内容既是软件和硬件的结合，也是两次全球化浪潮技术体系的融合。当这些技术与第二次全球化浪潮时期形成的全球化产业体系进行深度融合的时候，数字技术会在新的经济形态中发挥更大的作用和价值，从而构成全球性的经济形态，使资本经济形态发展为数字经济形态。虽然中国在第二次全球化浪潮中的技术处于落后状态，但是，中国有机会通过数字技术与经济的深度融合，弥补在第二次全球化浪潮时期出现的技术局限，让数字经济取得在全球的领先地位。

所以，中国企业全球化的技术战略就会显得丰富多彩，具有巨大的想象空间。这也意味着中国企业全球化的技术战略既是中国企业的短板，又是中国企业全球化的巨大机会。中国企业全球化的技术战略不是简单地到海外去研发，也不是简单地到海外进行技术并购和投资，而是尽可能地把全球的技术资源引进到中国市场。这种全球化的技术合作模式在中国反而是大有可为的。尤其是在数字经济时代，中国企业的技术全球化实际上需要掀起一场技术引进战略风暴，需要中国企业主动到以色列、美国、加拿大、澳大利亚、德国、英国、法国、日本、俄罗斯等国家寻找有利于自己的技术成果，然后通过中国市场授权、中国市场合资等方式，将这些技术带进中国，实现在中国的应用，并在中国组成新旧技术的融合生态。当中国的产业互联网在全球范围内崛起的时候，企业对技术和知识产权本身并不敏感，反而因为产业互联网开放、透明的属性，不会将技术和知识产权通过资本和公司的形式据为己有。每个行业的存量技术和创新技术都希望通过产业互联网生态获得推广、应用，没有人会把知识产权和技术当成宝贝而私藏起来。

对于某一个中国企业来说，全球化的技术战略是一个企业从高速度发展到高质量发展的重要转变。每一个企业都有机会制定一个全球化的技术战略来提高企业的技术竞争力。

企业全球化的技术战略有以下几种方式：

第一，从发达国家引进技术和产品，然后在中国落地，进入中国市场。

这是过去多年来使用次数最多的方式。我的一位以色列朋友伊万先生在 2019 年给我推荐了一个项目，就是空气制水机项目，我带着团队到以色列考察的时候，在以色列的国家创新中心参观过这种产品的样机。同行的朋友说，中国已经有这样的空气制水机了，这个项目没有意义。我还是不相信，回到国内后正好以色列的朋友安排了这个企业的执行总裁到中国考察，我和这位总裁探讨这个项目在中国落地的可行性。通过和这位执行总裁的交流，我首先明白了这个项目诞生的逻辑。

大家都知道，以色列是一个"一面环海、三面临敌"的国家，整个国家位于地中海东南沿岸的干燥地带，那里不是沙漠就是戈壁。以色列的国防军为了守卫国土，经常需要在边境地带站岗、设伏，最大的困难就是缺水。怎么能够在沙漠里面取水呢？唯一的机会就是空气，只有空气里面含有较多的水分。以色列军方在这样的背景下终于研究出在沙漠环境中用空气制水的方法，即通过空气吸收、过滤、净化、存储几道科技工艺，最终将室内、室外空气中的水分提取出来，制成纯净水，供大家饮用。后来一个以色列著名的家族企业将这个项目并购，开发出民用产品，获得成功。按照这家企业最终的技术数据，只要空气相对湿度在 10% 以上，其产品就可以使用，而这种产品的成本已经达到每公升 0.12 元人民币，大大低于目前瓶装水的价格。如果这个项目在中国落地，以色列的企业可以在中国生产制造空气制水机，然后供应中国市场。在 2019 年的中国国际进口博览会上，我专程前往上海对这个项目进行考察，和这家企业的高管进行了交流讨论，并和他们签署了合作意向书。

这样的项目非常适合中国各行各业的企业，我也相信这样的项目在全球范围内还有很多。

在数字经济时代，以色列的企业完全可以通过与中国企业、中国已经拥有的消费互联网进行结合，采用人工智能技术让消费者通过产业互联网了解这个产品、技术的特点和优势，把线下的产品生产、公共空间、私人空间与人工智能结合起来，让以色列的技术优势成为中国市场的产品优势、市场优势。谁还会去偷学和抄袭这样的技术和知识产权呢？

杭州有一家企业，过去专门从事医药代理，拥有国内的市场渠道，也做到了一定的规模。但是这家企业非常清楚，这样的商业模式是难以持久的。于是，这家企业选择从海外发掘医药项目在中国落地转化，然后通过药品上市的许可审批，占据中国市场。这样的业务很快就让这个企业从一个被动的、没有技术含量的企业，发展成为一个拥有知识和技术含量的技术型企业，实现了从打工到当老板的飞跃。在中国的医药行业，有数百万从业人员从事国内外医药产品的代理销售业务。由于中国医药体制的改革，这个群体整体面临转型和重新择业的困境，杭州这个企业就是在全球化的过程中找到了一个突破口，在众多的代理商中异军突起，给中国这个领域树立了一个标杆。

如果中国企业都采取这种方式，就可以帮助许多企业实现转型，实现从高速度发展到高质量发展的飞跃，这至少可以给中国经济带来数以万亿计的销售额。

第二，具有技术优势的企业走向全球。

很多中国企业的技术和产品已经在很多国家，尤其是发展中国家和不发达国家具有技术优势。但是很多中国企业还是陷于国内市场的激烈竞争甚至恶性竞争中。这方面的主要问题是中国企业缺乏"走出去"的资源和专业服务。因为大量从事国际化、全球化服务业务的机构，不熟悉投资融资和技术产业方面的专业知识。所以，我们在越南、印尼、印度、泰国、马来西亚等国家看到的很多技术型产品，都是韩国、日本企业生产的。

第三，知识产权与产品分离的引进合作方式。

产品和技术融为一体是一种产品，是一种具有技术含量和知识含量的产品。但是技术和知识产权是可以和产品分离的，这项技术可以用在这个产品上，同样也可以用在另外一个产品上。

比如，发动机作为一种动力机械，既有飞机发动机，又有汽车发动机；既有大型发动机，又有小型发动机，还有微型发动机。很多著名的国际品牌只有某些类型的产品，比如意大利、法国的很多服装品牌、香水品牌、化妆品品牌，其产品具有一定局限性。但是这些品牌有很高的知名度，如果中国企业开发出的独创性产品和这些著名品牌有一定的关联性，完全可以主动和这些国际品牌探讨合作事宜。

几年前，我在研究意大利一个著名的羊绒品牌的时候发现，意大利已经有一大批著名的服装企业破产了，只剩下一些知识产权和历史故事。我曾经研究过另一个著名的意大利羊绒品牌，这个品牌有100多年历史，邓小平在法国勤工俭学的时候买过这个品牌的羊绒衣，至今还保存在四川省广安市的邓小平故居中。而中国这些年创办了很多小型的服装服饰类品牌，但是由于没有品牌历史，很难打造出品牌价值。中国企业完全可以去意大利、法国开发这类资源，把这些具有文化、历史、品牌价值的品牌故事再开发出来，这样不仅可以拥有中国市场，还会很容易进入欧洲市场。

第四，传统产业的技术与数字经济的技术融合的全球化模式。

这是一个绝对创新的思路。欧洲作为第一次工业革命的发源地，具有非常浓厚的传统技术情结。这里的很多科研人才对金钱没有什么概念，有些家族通过家族信托早就衣食无忧，但还是有很多人痴迷于技术，他们身上的科研精神和中国的科研精神完全不一样。所以在传统行业，欧洲人研发出很多技术成果，但是由于各种原因，欧洲人对于数字经济没有中国人这么敏感。把中国在数字经济领域的应用方法和发达国家，尤其是欧洲的这些技术结合起来，然后引进到中国，一定会大大提高中国企业的技术水平，弥补中国在传统行业领域的技术短板。这样的融合不仅会使中国企业在中国市场具有很强的竞争力，还有机会帮助中国企业大举进入"一带一路"沿线国家，甚至进入欧洲各国。

第五，技术体系的全球化战略。

很多企业的产品，尤其是装备技术领域的产品和通信信息领域的产品，都是非常复杂的，涉及多个行业的技术。比如一辆汽车，涉及动力系统、传动系统、控制系统、转向系统、安全系统、汽车电子系统、汽车照明系统、涂装系统、内饰系统等，每个系统都有不一样的技术，这些技术往往来自不同的国家和机构。一辆汽车就是全球化技术的综合集成。一部手机，虽然体积很小，但其软件和硬件都是来自全世界各种技术的结晶。中国的高铁技术成为中国制造的骄傲，但是中国高铁的核心技术都来自世界各地，是全球各种技术的集成。中国的大飞机 C-919，虽然是自主知识产权，但是，飞机的发动机系统、传动系统、航油系统、航空通信系统的很多知识产权和专利技术都是发达国家的，很多零部件的生产制造在中国都完成不了，也是世界各国技术的集成。

在这一方面，中国的华为成为全球技术集成的典范。华为从最早的程控电话机到后来的无线宽带接入系统、接入设备，其软件的开发都依靠了全球的力量。后来华为的移动终端手机产品，同样在操作系统、硬件、软件方面，整合了全球的技术力量。华为通过在全球建立的科研机构，发掘了全球优秀的科技人才，拥有了全球系统技术的整合能力。

中国进入 5G 时代，进入产业互联网时代的时候，不仅需要数字时代的通信信息技术，还需要再将数字经济与传统产业进行结合；中国在全球范围内发掘传统产业技术优势的时候，更需要进行全球技术整合。

第六节　数字经济时代的全球化产业整合战略

前面几节主要是针对企业全球化过程中的单一内容和节点来讨论的，作为一个高水平的企业，更重要的是从总体上，站在全球的角度，思考企业在全球产业领域的地位、定位和战略目标。随着数字经济时代的来临，全球化产业整合又给我们带来新的课题。

在中国做企业，其实经常一不小心就做成了世界上最大的企业。这还是得益于中国巨大的人口基数和经济高速发展的市场机会。我在 20 年前服务过一家企业，叫爱尔眼科，这是一家专门从事眼科医疗服务的民营企业。20 年前，这家企业的创始人陈邦先生还非常悲观，主要因为眼科医疗的门槛非常高，企业能否成功，取决于有没有高水平的眼科医生，而当时的爱尔眼科，作为一家小型的民营眼科医疗机构，很难招到著名的眼科医生，优秀的眼科医生不大愿意到民营企业来工作。没想到 20 年之后，这家企业成为中国最大的眼科医疗集团。放眼望去，由于中国是全世界人口最多的国家，全球也没有一家医疗机构成为眼科行业的整合者，于是，爱尔眼科就成为全球最大的眼科医疗集团。这家企业完成了对西班牙、新加坡眼科医疗集团的并购之后，也成为眼科医疗领域的国际化、全球化企业了。

所以，在很多细分市场，中国企业很容易成为全球最大的企业。但是，我们的很多企业自己都不清楚自己在全球的地位。海底捞一定是全球最大的火锅企业，但是其在海外的收入估计不到整个收入的 10%。很多中国企业在全球范围实际上已经做到了数一数二的水平，但是主要的业务收入却来自中国。所以我觉得，中国各行业中处在前 100 位的企业，都应该研究和关注企业的全球整合机会。

所谓的企业全球化整合战略主要是将企业放在全球的行业排名里进行分析，看看自己的行业地位，然后对这个行业的全球数据进行分析比较，包括销售收入、产品、技术优势、市场份额、企业的成长性、产业链的上游构成、全球市场、差异化竞争状况、企业的发展机会等。我很难对每一个行业在全球产业链、价值链、供应链的分工进行详细描述，从我这些年的全球化经验来看，中国企业在全球产业链、价值链、供应链分工中的基本情况是，中国处于产业链这个环节的中下端,包括生产制造加工以及原材料提供,产业链中高端的技术、知识产权、品牌、资本、公司载体都掌控在发达国家手中,服务行业更甚。中国在全球产业链的分工中,最大的贡献就是原材料、原材料加工、生产制造、物流、市场。在企业全球化的价值链中,中国贡献了巨大的重资产和信贷资金,包括廉价的土地和劳动力。在分配价值链上,中国企业、中国从业人员、中国资本这几个主要分配主体所获得的收益,都是倒挂的。就像中国的足球市场,几个外国的教练、几十个外国的球星就拥有中国足球市场一半以上的收益;如果再计算中国各家电视台、各家视频公司、各家新媒体平台在海外的广告支出,中国就是全球足球市场最大的贡献者之一,而不是受益者。

全球化产业整合也是第二次全球化浪潮时期最典型的特征,这个特征是资本对全球性跨国公司进行控制,跨国公司在全球范围内以资本为纽带,通过投资、并购、整合等一系列令人眼花缭乱的交易行为,达到全球化的目的。发达国家的跨国公司都采用了这样的战略投资和战略管理模式,最著名的企业就是美国的通用电气公司。到目前为止,中国企业由于国际化、全球化程度不够,绝大多数还没有使用这个第二次全球化浪潮时代的经典运营模式。这也是第二次全球化浪潮时期资本经济的内涵精华。

站在第二次全球化浪潮的角度,具有全球化眼光和能力的中国企业,一定要成为全球化产业的整合者。这个整合机会是存在的,主要方法大家可以参考我在2008年出版的《全球并购 中国整合:第六次并购浪潮》一书,本节就不再赘述了。但是有一个趋势是当时的市场环境所没有呈现的，那就是中国企业目前面对的第三次全球化浪潮带来的数字经济形态。这就需要中国企业充分利用产业互联网和数字经济发展的机会，在全球范围内进行创新的产业整合。

传统产业的整合逻辑是让成长起来的中国企业在全球行业范围内，通过海外企业的价值低估，利用好杠杆进行并购，然后通过行业并购所获得的技术、管理、品牌等优势，在中国市场进行整合，最后进入全球化。这样的整合逻辑下，最成功的案例就是中国的吉利汽车以及中国化工所开展的一些并购整合业务。但是，由于5G的出现，中国已经进入产业互联网时代。在这个时代，中国企业应该通过产业互联网平台，运用好大数据、云计算、人工智能技术开创一套全新的产业整合与发展模式。中国早期发展起来的产业互联网平台可以从产品线开始，整合全球线下的优质产品，然后与全球商家进行研发、生产制造合作，根据大数据进行产品设计和定制，最终完成产品、品牌、公司、资本的全面整合，由此突破中国在传统产业全球化过程中的被动局面。

比如，当我们在节日期间去超市采购，发现超市里面的高品质牛肉已经完全是新西兰、澳大利亚的牛肉了，大规模的进口导致中国的牛肉加工企业完全没有竞争能力。由于中国市场的优势，以及中国食品行业产业互联网企业的发展，这些企业很快就会知道全球牛肉的产业链、价值链、供应链关系。中国的产业互联网企业发展到一定阶段，一定会到全球最有潜力的牛肉产业集散地去投资并购，获得产业链的头部资源，然后在产业互联网的支持下，占有市场的有利地位。

　　数字经济时代和资本经济时代全球整合的逻辑将会全面重构。在第二次全球化浪潮时期，全球的产业链、价值链和供应链主要是以资本作为核心配置手段，通过对全球行业的分析，由跨国公司作为载体，通过母子公司的链接，形成对全球产业的高度集中控制。每一个行业都有一些世界 500 强企业进行垄断经营。其中，资本作为纽带，债券、贷款作为杠杆，资本起到权力控制的作用，也是最后的利益获得者，由此形成对行业地位的控制，在竞争中处于绝对的领导地位。在数字经济时代，数字技术会对这个全球化结构发起全面的挑战。数字技术的链接作用将分散利益获得方式，会让价值中枢的供求双方直接对话，信息的对称分化了资本的控制力；大数据的使用，将使所有信息更加精准，资本的决定权让位于数字的决定权；模糊的个性价值被大数据精细化之后，个性价值取代公共价值、资本控制价值；物联网、大数据、人工智能把资本的集中控制能力削弱，打破了资本和技术、品牌、产品的结合，资本的集约转变为数字的集约。资本控制下的宝马汽车可以生产几十万辆同一个型号的汽车，但是在数字经济时代，消费者可以通过大数据、VR、AR、智能网联平台实现全面的柔性化定制设计和生产制造，由全体消费者决定生产什么产品。

第七章

数字经济时代的全球化管理和运营

中国企业的全球化程度本来就不高，现在又要考虑数字经济的全球化管理和运营，难度就更大了。总体来说，中国企业需要进行系统的经济全球化、企业全球化的培训和教育。多年来，中国企业习惯了国内的发展模式，珠三角、长三角一带企业的国际化程度相对高一些，但是这些企业也基本上没有对企业全球化形成系统认知。所以，中国需要整体上对经济全球化、企业全球化进行研究和理解，由此提高中国企业的全球化能力，这样才有机会系统地建立企业全球化战略。企业创建了全球化战略，开始实施全球化战略，才能创建企业全球化的管理体系。

对于大中型企业来说，如果具备了全球化的条件，企业创办者拥有了企业全球化的意识，首先需要做的就是创建企业的全球化战略，然后根据企业的全球化战略去构建企业全球化的管理运营模式。

作为一家立志于全球化的企业，应该制定综合的企业全球化战略，这个战略内容包括企业的全球化愿景、全球化目标；这个目标包括企业在全球的行业地位、目标地位，以及实现这些目标的方法；这些方法包括产品战略、技术战略、财务战略、资本战略等。

不过有意思的是，中国绝大多数企业还没有能力成为全球化企业，所以也没有能力构建全球化的管理体系，这个时期的全球化管理体系，也是来自资本经济时代的以资本为纽带的全球化控制模式下的体系。数字经济时代到来了，数字经济既然作为一种经济形态，同样也需要全球化的管理运营模式。数字经济的起点就是全球化的起点，数字经济时代的全球化比资本经济时代的全球化容易很多。

　　由于数字经济刚刚开始，企业尚未创建出数字经济时代的全球化管理运营体系和模式。本章试图进行一些探讨和展望。

第一节　全球化战略管理

我们还是先从资本经济的全球化角度来理解企业的全球化战略。

企业的全球化战略管理取决于企业的全球化战略。如果企业制定了综合性、全要素的全球化战略，就必须进行全球化管理；如果企业只是制定了单一要素的全球化战略，就需要建立单一要素的全球化战略管理方法；如果企业只有全球化战略而没有全球化管理，这个全球化战略就形同虚设；如果企业创建了全要素的全球化战略管理模式，那么还要看这个企业全要素全球化战略的区域。像华为这样的企业，因为其产品覆盖全球的每一个大洲甚至每一个国家，所以华为必须制定产品全球化战略，必须在全球每一个国家创建自己的战略管理体系。我们可以看到，其实华为已经建立了自己的全球化管理运营体系，而不是仅仅通过资本纽带展开全球业务。

所以，根据企业全球化战略制定全球化战略管理和运营方案的时候，需要考虑以下几个内容：

第一，企业的全球化产品和市场战略管理体系。

通常来说，产品和市场所到之处都需要设立产品销售或者服务平台。

第二，企业全球化的技术和研发管理体系。

根据企业技术全球化的状况，需要将技术研发团队、研发机构设立在最有技术优势的国家和地区，以便充分利用这些国家和地区的科研教育机构以及技术人才，获取更多技术资源。很多世界 500 强企业在以色列设立研发中心就是这个道理。

第三，企业全球化的人力资源管理体系。

企业全球化不仅是综合要素的全球化，还是单一要素的全球化，会涉及全球化人力资源管理。一定要针对不同国家、不同类型的人才，创建符合全球化管理规范的人力资源管理体系。不同政治制度的国家、不同宗教信仰的国家、不同法律系统的国家都有不一样的人力资源和社会保障规定，也有不一样的薪酬标准和发放习惯。

第四，企业全球化的财务运营管理体系。

作为综合性的、全要素的全球化企业，全球化的财务管理非常关键，有条件的企业一定要聘请四大财务机构帮助搭建全球财务管理体系，因为这不仅涉及中国的财务和税务制度，还涉及企业业务所在国家的财务管理制度和税收制度等。

第五，企业全球化的公共关系管理体系。

这项工作对于一个全球化企业来说，比在国内的工作更加重要。中国企业非常善于在中国境内处理公共事务，但是，在海外可不行，在中国处理公共事务的所有方法基本上都不适用于全球化的公共关系管理。当然，这同样需要和所在国家的公共关系咨询公司建立合作关系，还可以依靠中国驻外大使馆，那里就是你在异国他乡的家。

第六，企业全球化的资产管理体系。

企业全球化会涉及很多企业在海外的资产，不管是重资产还是轻资产，都有可能涉及。一个大型的全球化企业必须创建自己的资产管理机构，专职负责企业的全球化资产管理。资产管理业务很专业，相对简单的资产管理主要是制造业和服务业。金融行业的资产管理属于专业的资管业务，这也是其业务内容，但是往往非金融机构也会在海外有大量的资产管理业务。如果是海外的上市公司，那就涉及在海外上市之后的财务、资金、账户管理以及利率、汇率管理；还包括资金进出中国市场的管理；另外，上市公司的股东资产也需要有专业的管理。非上市公司的资产管理主要是不动产和非不动产的管理，比较重要的是无形资产的管理，包括公司的商标管理、品牌管理和知识产权的管理。

第七，企业全球化的资本和投资管理体系。

如果是规模不大的企业，可以把这部分内容和上一条内容放到一起进行管理，但如果是相对比较大的企业，应该单独进行管理。因为全球化战略中很重要的就是海外的投资并购以及整合，一个大型的全球化企业在海外的投资并购相对比较频繁，而且投资和并购交易完成之后，都需要进行整合以及后续管理，需要给投资对象和并购整合的目标创造价值。

企业的全球化战略管理采用什么样的组织形式，取决于企业全球化的程度。如果一个企业的全球化程度超过50%，我认为就是一个非常高水平的全球化企业了。所谓的50%主要是指企业持续的海外收入，不是指将在中国生产的产品卖到海外，而是企业在海外投资和经营的收入。一旦一个企业全球化的程度达到50%，那么企业在中国的总部设在北京、上海、广州、深圳比较适合，同时必须根据企业海外收入的主要来源创建企业的海外管理平台。企业的全球化战略管理体系大体上有几种模式：第一种模式是集团旗下的事业部制，可以在集团管理总部的旗下设立全球管理总部；第二种模式就是除了在中国设立母公司或者控股公司之外，在海外设立控股公司，专门管理、运营全球业务；第三种模式就是在集团总部旗下设立全球性子公司，集团通过对全球性子公司的管理来运营全球业务，执行全球战略。但是，以上模式都是第二次全球化浪潮时期企业全球化的组织管理模式，第三次全球化浪潮时期的企业全球化管理模式将会发生很大的变化。数字经济进入成熟期之后，不再是简单的企业全球化，而是产业生态全球化，或者是企业全球化与产业生态全球化的结合。企业全球化还是以资本为纽带，通过资本的控制关系建立跨国公司，采用战略控制和战略管理模式。数字经济时代资本和公司会渐渐弱化，最重要的是通过产业互联网和区块链建立全球产业生态，全球的产业链、价值链、供应链将在数字链的重构之下，形成新的产业生态关系。资本经济时代的管理由于资本的纽带关系，对于管理的要求很高，绩效和资本利得都需要强大的全球化管理才能实现，所以，可以把资本经济时代的管理称为重管理。而数字经济时代，整个产业互联网、区块链和企业数字化的管理，主要是通过链条上的所有要素进行，既不是控制方式，也不是监督方式，而是相互之间在质量、技术、诚信等方面达成的信赖关系，不需要进行全域管理，而是进行分布式管理、节点式管理，大大降低了管理强度，也减轻了企业的管理难度。主要有以下几种模式：

一是创建以全球为市场目标的产业互联网，通过互联网的全球化、及时性、低延时，将全球产业节点进行链接，在全球行业大数据、云计算、人工智能、区块链、AR、VR 的综合运用之下，形成科研、产品、技术、生产、制造、加工、组装、物流、资金、投资融资、销售、消费、运营、人才、管理、企业等全产业要素的智慧化链接，覆盖全球通信信息可以到达的任意地区。

二是以个人为节点，创建全球化的网络模式，通过在全球创建的个人节点，开展在线业务对接，然后由这些线上节点链接线下业务。

三是直接通过在线业务对接分布在全球的线下企业，把全球的传统企业都和产业互联网打通，通过在线的各种要素交易行为，实现全球线下产业要素的流动。

四是大型全球化企业通过数字化转型，结合资本作为纽带的全球化优势，迅速改造全球化产业生态，形成资本和产业互联网并存的全球化生态。

第二节 全球化资源管理

传统企业和传统产业对于资源管理的能力都是有局限的，任何一个全球化的企业都需要对企业所需要的全球化资源进行管理。企业的原材料分布在什么地方，每个地方原材料的品质构成、标准构成、价格与性能组成，企业都需要清楚，并根据原材料在全球的分布来决定对原材料资源的管理。根据企业的情况，企业的供应商有的多、有的少。汽车整车制造行业涉及数以万计的零部件，零部件制造商和供应商的管理非常复杂，都是全球化管理；再就是客户关系的管理，有的全球化企业只针对机构客户进行管理，但是很多企业不仅针对机构，还要针对个人进行管理。华为这样的全球化企业，机构客户分布在全球大部分国家，个人客户同样也分布在全球各国。华为的全球资源管理本身就是一个不小的课题。华为全球化的资源管理应该是中国所有企业资源管理中最难的和最复杂的，涉及全球化的机构客户管理、全球化的个人客户管理、全球化的供应链资源管理、全球化的财务资源管理、全球化的技术资源管理、全球化的人力资源管理、全球化的公共资源管理等。总的来说，华为把这些工作做到了井井有条。

在传统产业领域，企业会用相应的方式管理资源。我研究过一个全球领先的法国汽车工程技术公司，这家公司每年大约有 10 亿欧元的营业收入，有超过 10000 名的员工。当我把这个企业推荐给中国企业的时候，中国企业就感觉遇到了非常大的困难，难在对这个企业并购后的整合，这么多人怎么管理呢？因为这家企业是完全不生产汽车的汽车工程公司，是世界多家著名汽车制造商的第三方工程技术服务企业，企业最值钱的就是这 10000 多名工程师，分布在欧洲和北美地区，这个企业需要管理的主要资源就是这些人力资源，而不是一般的企业员工。

在未来的产业互联网全球化时代，资源的全球化管理将完全被颠覆。互联网和传统产业的融合一下子提高了传统产业对于全球化资源管理的能力。不管是机构客户还是个人客户，不管是国内客户还是国外客户，不管是供应商还是技术资源，一旦传统产业企业与产业互联网结合，线下的资源很快就可以进行线上管理，线下企业管理线上资源的能力顷刻之间就会提高，并且可以实现全球企业的随时互动。线上的管理不仅仅是资源管理，它可以通过大数据对相关信息进行挖掘、分析、处理，还可以通过系统算法转换成为人工智能行为，这将大大提高企业运营管理的效率和精准度。

当然，除了产业互联网这样的生态之外，还有一个系统就是区块链。区块链是随着互联网的发展应运而生的系统性商业生态，可以通过互联网时代的技术硬件和万物互联的能力，将一个或者若干个数据载体通过加密记账的方式连接在一起，它跨越地域的限制，创建了一个分布式的诚信交易系统，重构了传统产业原有的生产组织关系，给原有的交易组织形式带来巨大的冲击。如果进入区块链大规模应用的场景，全球化资源的管理也会发生颠覆式变化，因为在一个交易场景里面，所有相互关联的资源都在这个链条生态里面。如果是一个跨境贸易的区块链，就会把跨境贸易的买卖双方组织到一起，涉及金融、货物、物流、监测、制造方，所有的线下资源和线上资源都统一在一起了，完全公开透明。我在想，这个时间节点应该在2025年左右。

第三节　全球化文化管理

数字经济作为一种经济形态，必然影响全球文化的形态。历史上，殖民经济和资本经济都带来了殖民文化和资本文化。数字经济时代的文化也必然会带有强烈的数字经济时代的文化特征，打上数字经济的文化烙印。

数字经济时代的经济行为带着强烈的全球化商业信息和商业信用特征，通过扁平化的组织模式连接全球产业和经济资源。带着各种地域、民族、个人文化符号的产品和服务会同步在全球呈现，然后通过数字技术场景在全球传播。数据共享、资源共享、文明共享、文化共享所创造的经济生态也会带来全新的文化价值观，使得世界更加五彩斑斓。资本文明时期的文化符号会淡化，全球文化交融会加剧，但是令人担忧的可能是随着文化交融的加剧，很多独具特色的文化的神秘性可能会丧失。

企业全球化既是商业的全球化、产业的全球化、语言的全球化，也是文化的全球化，在数字经济时代更体现为产业生态文化现象的全球化。

第二次全球化浪潮不仅带来了全球化的技术、全球化的商品、全球化的服务，同样也带来了全球化的文化。在美国主导的经济全球化、企业全球化时代，美式文化也随着全球化浪潮走遍全球。可口可乐、麦当劳这样的产品在全球流行的时候，虽然产品本身饱受诟病，但是这种工业化和强大的商业文化结合的产品流行全球，使这两个企业成为世界著名企业。这种强大的文化符号如果不是来自全球化的主导者美国，很难取得这样的成功。

伴随第二次全球化浪潮走向全球的文化还包括好莱坞电影。好莱坞电影是电影产品，也是强大的电影工业和美国的高科技，更是美式文化最主要的载体。美国梦、自由民主、美式优越性价值观也通过好莱坞传播到世界各地，全球的电影院、电影明星、影视制作技术、著名导演、票房都成为好莱坞文化产业要素和文化要素的贡献者、成就者。

中国的企业全球化有着天然的文化优势，中国是文明古国，历史文化的积淀一直没有中断。中国的哲学思想、文化名人、文学作品、人文地理、文字和语言都是世界文化的瑰宝。虽然中国文明带有强烈的中华文化符号和中华民族的民族色彩，但是，中国文化从古至今都具有博大的胸怀。在几千年文明史的发展过程中，中国文化对世界构成了深刻的影响，非常具有普世性。当中国企业走向全球的时候，毫无疑问也会担当起文化责任，让中华文化伴随着中国企业、中国产品走向全球。这不是因为中国的经济全球化需要搭载中国的哲学观、价值观，而是因为中国文化的优势使中国企业的企业行为、产品行为更富有文化气息。所以，中国企业一定要善于借助中国文化的优势实现全球化，一定要成为传播中华文明的使者。

中国企业全球化在文化管理方面需要考虑的几个问题是：

第一，如何在推动企业全球化的过程中，注入中国文化的优势，懂得文化给企业价值带来的增量。尤其是进入发达国家，更需要用文化作为敲门砖。但是，企业全球化的文化战略也是一门科学，华为在这一点上，有一个非常有意思的创意。华为研究的芯片叫"麒麟"，华为研发的操作系统叫"鸿蒙"。再深入研究下去，你会发现，中国古代典籍《山海经》里面的很多名称都被华为注册成为产品名称，包括"巴龙""鲲鹏""凌霄"等。当所有的外国客商在和华为打交道的时候，我相信他们都会让华为的工作人员对这些名称进行解读，每一次解读都是对中华文化的传播。当所有外国客商或者合作伙伴知道华为这些产品和中国传统文化的关系的时候，我相信会大大增强这些客商以及合作伙伴对华为的尊敬。

第二，企业对文化全球化进行管理的时候，需要注意在理解中华文化的同时，还需要对世界各国文化保持尊重，在全球化文化管理的每一个细节，都不要对各国文化造成伤害。比如，到了猪年的时候，就不要把调侃猪的图案、文字传播到阿拉伯国家，这容易引起不必要的文化冲突。

　　第三，企业在全球化文化管理过程中要处理好产品和文化的关系。有的产品直接就是文化产品，包括图书、游戏、影视，但是很多产品不是直接的文化产品，所以企业需要从品牌、设计、包装、文字、书法、美术等很多领域去处理好产品和文化的关系。

第八章

数字经济时代的全球企业中国化

这个题目不一定准确，我用这样一个题目的目的主要是想区别中国以外的企业在 2020 年之后和之前与中国市场的关系。

2020 年之前，中国主要是输入式的全球化，发达国家的企业进入中国逐渐从产品输入发展为设备输入、技术输入、品牌输入、资本输入。2020 年可能会是一个转折点，发达国家的企业进入中国的目的、方式、结构都会发生很大的变化。过去发达国家的企业主要是凭借发达国家的系统性综合优势强势进入中国市场的，这种方式目前还存在。但是一种新的趋势已经出现，这种趋势以 2020 年作为起点，我相信在未来 10 年之内会有一个巨大的变化，中国的输入式全球化会变成融合式全球化，外国企业的全球化很可能打上中国印记，刻上中国符号。这也是第二次全球化浪潮时期的资本经济和第三次全球化浪潮时期的数字经济交织之后的必然结果。也就是说，过去进入中国、进入全球的产品、技术、品牌、资本都是发达国家的全球化企业的，未来这些产品、技术、企业、品牌、资本都有可能是中国的，或者是具有中国元素的，而不仅仅是在中国制造。甚至可以说，有些企业如果不和中国元素融合，很有可能就此衰落。就像在 2001 年中国加入 WTO 之后，中国产品的低价格优势把很多欧洲著名的百年品牌冲击得一塌糊涂一样，发达国家的很多具有传统优势的企业会在第三次全球化浪潮中迎来中国企业和产品的再一次巨大冲击，而造成这一次冲击的不再是价廉的低端产品，而是被产业互联网组织起来的中高端产品。这一次中国的优势在于新科技、新零售、新模式。当然，数字经济不仅给发达国家的企业和产品带来了冲击，而且让发达国家的企业和产品通过中国的各种产业互联网获得更好的市场和机会。发达国家在产品的技术、品牌、品质、信用方面的优势是多年传承下来的，在产业互联网时代，全球的优质产品不再遇到因为信息不对称而不被认识的情况。事实上我们也看到，由于互联网的透明度和跨境电商的发展，已经有越来越多的发达国家的优质产品进入中国市场，5G 时代的产业互联网发挥全球整合优势，几乎全球任何一个市场的优质产品都会畅销无阻。

第一节　什么是全球企业中国化

这个概念来自 2019 年中国国际进口博览会带给我的灵感。我认真地观看了国际馆，这里几乎就是世界 500 强企业的天下。通用电气公司、霍尼韦尔、三菱等企业的展台给我留下两个非常深刻的印象：一个是几乎所有的世界 500 强企业都开始融入大数据、物联网、云计算、人工智能这些第三次全球化浪潮时期的技术和系统；另一个是几乎所有世界 500 强企业都不再有过去在中国市场的那种傲慢与强势，每一个企业都很亲近中国，甚至有的世界 500 强企业直接打出"在中国，为中国"的口号。我想它们这样做不外乎两个原因：第一，中国一定是第三次全球化浪潮的策源地，在中国这个人口众多、市场巨大的地方，具有第三次全球化浪潮产业生态的巨大优势；第二，中国是第三次全球化浪潮时期新技术和新模式的创新地、研发地、试验场，也是最大的市场，企业一旦在中国取得成功，就可以从中国轻松走向世界。

这个观点不是说数字经济时代的中国有多么了不起，而是资本经济时代发展起来的发达国家的企业依然在数字经济时代具有非常大的优势，可以继续保持自己在数字经济时代的竞争力和全球化优势。

支持这个观点的一个案例是 2019 年刚刚建成投产的特斯拉中

国超级工厂。为什么特斯拉在中国可以用一年时间建起来一个超级工厂，为什么选择中国？特斯拉在世界其他任何一个国家和地方不可能创造这么一个奇迹，因为特斯拉的这个项目所需要的充电系统、5G 系统、物联网系统、云计算系统、大数据系统以及智能系统在全世界其他任何一个国家都找不到。特斯拉的技术进入中国有以下几个原因：第一，中国需要给世界呈现一个更加开放包容的良好形象；第二，特斯拉的技术需要大面积的应用场景来不断修改、调试，达到满足全球用户需求的能力；第三，中国还有全球最大的智能网联汽车市场，占领中国市场，就会在世界市场拥有话语权。因此，特斯拉是全球企业中国化的第一个经典案例。

1978 年之后，中国属于发达国家主导的第二次全球化浪潮所要覆盖的主要国家之一。发达国家开始是把初级产品卖到中国，再通过中国的香港、澳门、台湾等地区对初级产品进行生产加工，之后将产品销往全世界；后来就是将早期的技术和设备，尤其是家用电子技术、家用电器和成套设备输入到中国；再后来是将各种化工、医药制造转移到中国；最后就是全面利用中国市场达到其商业目的。这个阶段是全球企业在全球化浪潮的驱动下，通过满足中国改革开放的需求，给中国带来了全球化的机会。

这个阶段的临界点来了。因为市场巨大，中国已经在输入式全球化的过程中，成了全球最大的制造国，这个成果的意义不仅在于产值，还在于形成了一个全面的不可替代的专业体系。这个体系包括过去 40 多年来积淀的产品、产业、设备制造、总装、零部件、工艺和技术、技术人才、教育体系等。中国的社会体系、文化体系、法律体系、语言体系拥有庞大的规模，当时有很大可能与中国进行竞争的国家是印度，但是印度因为宗教、政治、价值观等问题，难以取代中国的地位和角色。当然，随着中国的强大，中国和发达国家不一样的政治制度和价值观的冲突会成为一个巨大的障碍。

而这个时候，新的技术文明带来新的数字经济全球化模式。第一次、第二次、第三次工业革命技术支持的第一次、第二次全球化浪潮突然偏离了方向。前三次工业革命成果逐渐进入中国这个市场的时候，第四次工业革命诞生了。如果说第一次工业革命到第三次工业革命带来的全球化浪潮，都是在已有的技术基础上进行升级的话，第四次工业革命将对前三次工业革命的成果形成巨大的颠覆、冲击。经历几百年形成的工业文明成果极有可能在第四次工业革命和第三次全球化浪潮的冲击下威风扫地、跌落神坛。

2019 年，在伯克希尔·哈撒韦公司的年会上，巴菲特和芒格两位我非常尊敬的价值投资代表，回答的所有关于投资的问题，其实都不是中国企业和投资人关心的问题，公共事业、液化天然气、铁路、乳制品行业才是中国企业投资选择的主要方向。中国的企业家去听巴菲特对于 5G 问题的讲解也没有必要，5G 技术和 5G 的整个产业生态完全超出传统产业的想象，也完全超出传统产业的价值投资逻辑，巴菲特和芒格对中国的产业互联网生态并不是十分了解，更不用说区块链了，在他们的投资逻辑里面，区块链的价值有限。就像第二次世界大战时期的中国一样，看起来当时中国的经济政治中心是战时临时首都重庆，几乎没有人能够相信，远在中国西北地区偏僻的黄土高坡上，那一群具有远见卓识的共产党领袖才是中国的未来。

如果中国没有过去融入第二次全球化浪潮时积累的经济总量，就没有融入第三次全球化浪潮的机会；如果中国没有改革开放40多年的积累，就不可能会有在5G时代的优势。一旦中国形成数字技术与传统产业的全面融合，第三次全球化浪潮的源头就全面形成了，中国必将作为策源地，吸引全球的企业、产品、技术、人才，或者通过互联网来主动构建中国的数字经济生态。

这就是全球企业中国化的根本原因。那么到底什么是全球企业中国化呢？我认为主要是指在第三次全球化浪潮时期，由于中国在数字经济领域的技术和生态方面实现了全面开发和应用，形成了中国企业、中国产业在第三次全球化浪潮时代的特殊优势，使得世界著名的全球化企业纷纷与中国企业在数字技术领域建立合作关系，从技术、产品、研发、市场、应用等方面与中国企业和数字经济生态进行全面融合，过去传统的全球化企业打上中国符号和中国印记，然后进入中国市场，并且带着中国元素走向全球。

第二节 全球企业中国化的机会

全球企业中国化的机会主要存在于以下几个方面：

第一，中国新零售带来的机会。阿里巴巴的创始人马云提出过新零售的概念，这个概念已经深入人心，也给中国的销售模式带来了变革。阿里巴巴创造了新零售模式，不管是现在的"饿了么"还是"盒马鲜生"，都应用了零售行业的新模式。

再接下来就是另一种新零售模式的出现——通过社交平台出现的零售模式，其代表就是北京微播视界科技有限公司开发的一个短视频软件"抖音"。在这个软件上，每个注册用户都有机会将自己拍摄的各种短视频放上来，然后吸引全球用户观看。之后涌现出各种短视频网红，每个网红持续吸引关注，收获自己的粉丝群。于是，网红直播带货就成为一种新的商品销售模式。抖音迅速进入全球，同时，全世界的产品都有机会通过中国的抖音进入新零售系统，当然，中国的网红更有中国的市场，网红的重要性逐渐就会和产品的重要性结合。中国的网红经济会吸引全球的产品，但是被企业化的中国网红最终还是需要靠产品的设计、品质、性能才能持续地生存。这个时候，全球的产品制造商都有机会与中国的企业和数字经济结合。

零售虽然属于商品贸易行为，但是由于新零售是产业互联网形式的一种，产品贸易的所有流程、贸易节点、交易方式、支付方式、物流模式都发生了变化。传统的贸易方式是生产厂家将自己的产品通过销售渠道卖到消费者或者采购者手上，产品从生产主体再到采购商或者消费者，中间有三到四个环节，交易环节多，成本高，物流链条长，效率低。互联网时代的新零售不仅甩掉了不必要的中间商，减少了中间环节，而且产品和销售渠道的关系发生了变化。互联网平台创建了终端渠道之后，通过大数据和人工智能，对产品本身拥有了更多话语权，产品生产者和消费者之间的关系发生变化，市场和互联网平台会给产品生产者的主导地位带来冲击、颠覆。在这样的生态下，产品生产者的地位甚至命运，很大程度上掌握在互联网平台手中，全球的消费品都非常容易被新零售平台发掘出来，构成全新的产品全球化模式，由此带来对产品生产企业和资本的重组和变革。由于中国的新零售发展迅速，产品的全球化更容易让优质产品在全球范围内减少信息的不对称，会使得产品背后的企业和资本纷纷来到中国争取这样的合作机会。

当然，新零售仅仅是数字经济时代的一个开始，随着新零售的发展，接下来就会在新零售的基础上进行升级。企业、产品都会通过大数据和人工智能去改造产品的生产、加工和服务，由此催生出一个个行业互联网、产业互联网、区块链。这个现象的出现就会对传统的资本、大公司组织，以及原有的全球化产业链、价值链、供应链产生巨大的冲击。

第二，新技术带来的机会。中国人不可能用 100 年的时间去追赶发达国家的产业文明，不论用多长的时间，都不可能把人家用几百年形成的商业精神和产业文明刻到中国企业和中国企业家的骨子里，何况中国还有与西方社会完全不一样的政治经济制度。所以，中国向发达国家学习产品、技术、企业、产业相关的知识是一个长期的过程，中国企业家、中国企业要全面达到发达国家的企业经营管理水平和产业组织水平也需要漫长的过程，很多东西不是数字化可以解决的。比如，发达国家农村的文明程度与城市之间的差距就要小得多，而中国在高速城市化的进程中，城乡之间的综合差距非常大，仅仅是追上这样的差距，没有几十年是不可能的。正因为这样的国情，中国才需要从新技术、效率方面去弥补综合能力的不足，也就是中国普遍都在使用的一个概念"弯道超车"。

由于中国有巨大的经济总量、完整的工业化体系、不平衡的东西南北差距、巨大的市场以及对于新技术的渴望，使得中国对全球传统产业以及这些产业的企业产生了巨大的吸引力。西方国家不是没有这些知识储备、技术储备，而是其产业体系缺乏对新技术、新经济的应用动力。当中国出现对于西方国家具有巨大吸引力的机会的时候，发达国家的技术成果需要到中国寻求应用场景，发达国家传统的产业企业也需要找到在中国的市场应用机会。

数字经济时代最大的技术研发逻辑将会改变，过去更多的应用技术都由大企业和大资本财团掌控，在数字经济时代，科学家、科研机构也被直接组织到科研或者行业互联网领域，直接通过技术研发和技术服务获得资金支持与收益。

第三，新市场和应用场景带来的机会。由于第二次全球化浪潮和第三次全球化浪潮在中国形成巨大的交汇，这个交汇所带来的新业态、新生态在全世界都没有，但同时，这些新业态、新生态又开始从中国迅速走向世界，使全球对中国产生好奇。随之，就像中国融入第二次全球化浪潮一样，西方发达国家也同样会逐渐进入在中国诞生的这些新业态、新生态领域。

在这个方面比较有代表性的企业是小米。小米这样的企业就是一个典型的新业态。在小米商城，可以看到小米的很多生活用品，但是，小米绝对不是一个制造企业，因为这些产品只有知识产权、品牌是小米的，生产制造和小米基本没有关系。但是，小米也不是传统产业里面的经销商，它不仅创建营销渠道，还自己开发或者联合其他研发机构开发产品。如果到了5G时代，小米在大数据和人工智能方面更加有作为，它可以利用大数据和人工智能技术，按照客户需求为其量身定制产品，同时，还能通过人工智能和物联网把用户随时都连接起来，这会带来更大的发展空间。小米这样的企业，对于发达国家的企业就很具有吸引力，因为在产品的开发、设计、工业美学、品质这些方面，小米具备了全球化的整合机会，也会有很多全球化企业和小米共同创建业务生态。

第三节　全球企业中国化的方式

虽然这个概念是第一次被提出来，但是相关的表现形式其实已经出现了。几年前，我在加拿大的合作伙伴陈然给我提供了一个加拿大的乳业公司项目。这个公司给我提供资料的时候，企业的 EBITDA（税息折旧及摊销前利润）只有 100 多万加币，但是两年之后，什么内在变化都没有的情况下，这个企业的 EBITDA 突然增加到 1000 多万加币。这个公司的市场开发范围没有增加，投入没有增加，怎么突然增加了销售收入和利润呢？原来，中国的电子商务发展到跨境电商这个领域，跨境电商满世界寻找中国消费者喜欢的产品，结果找到了加拿大的这家企业，然后通过跨境电商的方式，把加拿大这家公司的产品卖到中国，连广告费都是中国企业提供的，完全是中国的跨境电商帮助这家加拿大企业获得了快速增长。

在北京一家很著名的大型蔬菜水果超市，我发现在牛肉柜台，几乎都是清一色的新西兰、澳大利亚牛肉，过去中国的牛肉品牌一个都没有了，这是什么原因造成的？因为降低关税使得新西兰和澳大利亚低价格、高品质的牛肉大举进入中国市场，中国高成本、低品质的牛肉产品几乎没有竞争力，客观上增加了全球企业中国化的机会。

全球企业中国化的第一种方式，是全球很多产品和企业存在天然的优势，尤其是医药、医疗设备和器械、食品领域，中国企业尤其是互联网企业会因为产品全球化而淘遍全世界的优质产品，帮助全球企业进入中国，从而出现发达国家被动中国化的局面。

全球企业中国化的第二种方式，是一些发达国家的企业渐渐发现这样的机会，同时中国又不断开放自由贸易区，很多外国企业主动进入中国，利用中国的政策红利，在新技术场景的应用方面对接中国市场，然后形成从中国出发的全球化趋势。毫无疑问，特斯拉这个现象级的案例，会在全球范围起到非常好的示范作用。特斯拉在中国建设的超级工厂绝对不仅仅是把产品卖到中国各地，而是把自己在中国市场获得的经验和产品推向全球，成为全球企业中国化的经典案例。尤其是中国在金融领域的开放会吸引更多国外金融服务企业进入中国，包括商业银行、私人银行、投资银行。它们进入中国不会对中国的金融机构构成太大的冲击，而是能够让非金融企业进入中国市场，如果外国企业在中国不能得到在国外拥有的金融服务，中国的对外开放就不会吸引太多外国企业进入中国。

全球企业中国化的第三种方式，是比较主动和强势的方式，那就是类似于特斯拉采用的方式。但不一定像特斯拉一样设立独资企业，而是通过并购中国在数字经济领域的专业团队，来提升进入中国市场的数字经济能力，再将全球企业的产业优势带进中国，在中国成功应用之后，再从中国走向全球。

全球企业中国化的第四种方式，就是完全运用互联网思维和区块链思维。在中国不分外资和中资，也不分外国人与中国人，而是完全根据中国的市场生态，充分运用中国的社群经济模式，组合全球人才、技术、资本、市场资源，形成独特的全球化中国企业，从中国走向全球。

第四节　全球企业中国化的路径和方法

迄今为止，全球企业还没有真正意识到中国化机会的来临，毕竟特斯拉不是传统企业，即使在全球范围内，特斯拉也是"稀有物种"。就像中国企业对全球化存在巨大的观念和知识误区一样，全球企业同样对中国存在巨大的认识和理解误区。但是我相信未来5年之内，特斯拉效应一定会在全球起到示范作用。全球企业中国化的路径和方法主要有以下几种：

第一，与中国企业密切合作。我的一个日本朋友叫永守知博，他是日本著名企业日本电产株式会社创始人永守重信的儿子。他没有参与家族企业的经营管理，而是自己独立创业，成立了自己的机器人公司。他创办的机器人公司生产的产品在日本仅次于孙正义的产品，但是日本因为老龄化，市场太小，对产品的销售使用都不活跃，于是，我的这位朋友就一心想要进入中国市场。问题就来了，中国的家用机器人在全球市场都很活跃，技术一点都不落后，而外资企业进入之后，还不能使用海外的网络系统，不能直接和海外系统链接，仅仅是业务就很难在中国开展，那就必须由中国公司控股才可能进入中国市场。所以，我就一直帮助他寻找中国合作伙伴，我想一旦获得成功，这个企业完全可以利用日本在产品硬件、设计、制造方面的优势与中国机器人的应用场景很好地结合，开发出适合中国，并且在日本同样有优势的机器人产品。

全球化企业进入中国选择的路径往往是自己不清楚、不熟悉的。作为大型的世界 500 强企业，进入中国主要还是选择与中国的央企合作比较好。中国的央企是指由中央直接管理的企业，央企的全球化有一些成功的案例，但是总体来说不太活跃。央企作为母公司，还是有一定的机制缺陷的，但是其二级子公司还是有很大的市场灵活性。同时，央企比较注重二级、三级子公司混合所有制的改造，如果参与这些企业的混合所有制改造，进入中国市场还是具有很大的空间。对国外的企业来说，与国有企业、民营企业、外资企业三种资本控制的企业合作比较理想。国外的企业可以与国有、民营、外资三种资本形态在资本层面展开合作，同时可以发挥外国资本在技术、管理层面的优势，以及国有企业在中国市场的资源优势、行政优势、金融优势，再加上民营企业在市场化、灵活性以及新技术方面的优势，这样全球化企业进入中国就会大大增加成功的概率。

以色列的空气制水项目进入中国的时候，也是发挥了以色列高层的优势，直接由以色列总理内塔尼亚胡将该项目推荐给中国高层领导，中国领导人如果认同，肯定在第一时间会把项目提供给中国的央企，但是对于这么一个完全需要强大的市场化能力去推广的项目，很显然央企不如民营企业有优势。后来以色列选择通过中国国际进口博览会来推荐这个项目，取得了非常不错的效果。

最近这些年，来中国读书、学习、生活的外国人越来越多，不仅在北京、上海、广州、深圳，很多二线城市也有不少外国人，甚至很多外国人把中国的方言都学会了。随着全球化的深入，还会有越来越多的外国人来中国生活和工作，甚至来中国创业。这是全球企业中国化最好的途径。只有大量外国人在中国工作、生活，融入中国的语言、文化和生活习惯中去，才会让外国企业找到进入中国市场最好的途径。

第二，懂得解读中国经济和中国企业。就像我们经常建议中国企业一定要读懂全球化的体系和每个国家的经济特点，以及发达国家企业的经营内涵一样；发达国家的企业同样需要读懂中国的文化、历史，尤其是需要读懂中国的经济政治体制。中国的经济政治体制是全世界独一无二的，形成这个体制是中国基于国情的一种选择，不能因为这个体制和发达国家的不一样就要排斥和对立。每个国家的经济政治制度是这个国家的历史和社会发展规律决定的，一定有其存在的合理性。我在这些年通过大量的全球化实践，了解、熟悉了全球企业和全球经济制度的本质和特征，知道了中国和发达国家的经济模式和企业运营模式不完全一样，双方只有在相向而行的过程中相互理解，找到彼此的结合点，才能相互合作、相互协同。

第三，充分认识中国经济和中国企业的创新能力。中国总体来看还是学习借鉴了发达国家的市场经济制度，但是市场化程度上和发达国家比较还是存在差距。另外，中国的企业制度和企业治理的发展时间还是很短，发达国家的现代公司制度运行了100多年，而中国第一部《公司法》才实施了27年。中国现代企业的传承还没有经历过一个轮回，整个国家的企业都在创业初始阶段。但是，中国企业的学习借鉴能力很强，尤其是对于新的技术和经济形态，掌握和发展得非常迅速，超过世界上任何一个国家。中国的这个优势如果和发达国家的企业优势结合起来，不仅可以让中国获得很大的发展机会，同时也会推动世界经济的变革，数字经济驱动的第三次全球化浪潮一定会出现。

第五节　全球企业中国化的困难

　　就像中国企业在全球化过程中遇到困难一样，全球企业中国化同样会遇到很多困难。

　　中国没有和发达国家同步进入工业化，也没有和发达国家共同主导第一次、第二次全球化浪潮，而是被动地输入了第二次全球化浪潮。因此，中国对全球化存在认识误区，全球企业对中国也存在认识误区。发达国家的企业进入中国首先感觉到的就是中国和他们的国家有不一样的政治体制、不一样的经济体制、不一样的社会治理结构、不一样的语言和文化、不一样的生活方式。客观上，发达国家的企业不太愿意进入中国市场。相对来说，中国企业对发达国家企业的产品、技术和管理的需要比发达国家企业对中国这个市场的需要更加强烈。所以，很多发达国家企业并没有中国企业一定要做大做强的冲动和激情，它们已经富裕了几代了，有很好的社会福利，不像当年第一次全球化浪潮时期那么如狼似虎地想要瓜分世界，它们已经在早期的全球化过程中，完成了财富积累。所以，作为发达国家的企业，同样需要对中国进行深刻了解。其实，从某种意义上来理解，中国是一个非常开明的国家，在社会主义制度下，能够包容资本主义，采纳市场经济。当然，第三次全球化浪潮和第二次全球化浪潮的这个交替的过程确实是比较艰难的过程，发达的西方国家突然需要面对一个与其意识形态、价值观、审美观、生活方式都不一样的中国的突然崛起，感到难以适应。就像这一场在全球蔓延的新冠肺炎疫情，把中国和西方的这种矛盾体现得淋漓尽致。

作为一场在全球蔓延的疫情，至今没有科学的证据表明其来源于何方，到底因为什么原因而流行。2019年底，中国武汉突然出现一种未知来源的病毒，传染性极强。当时，当地政府确实缺乏对这种病毒的认知，对这种病毒的防治也缺乏经验，走了不少弯路。尤其是这种病毒蔓延的时候，正赶上中国一年一度的春节，欢天喜地的中国人都在准备采购年货，完全没有应对一场疫情的任何准备。而一旦中国政府了解这种病毒的特征和防治方式的时候，就立刻采取了科学的防治措施，体现了中国应对疫情、处理危机的强大能力。同时，中国也很快采取措施，对防治不当的官员进行撤职处理，及时向全国、全球公布疫情状况。

其实在此期间，中国对疫情的防治措施给全世界留足了时间，我们都普遍认为，以发达国家的文明程度和医疗水平，在借鉴中国的经验后，不会让这种疫情在自己的国家蔓延，而发展中国家容易出现疫情的蔓延。后来该疫情在英国、意大利、西班牙等国家的流行和蔓延让我们非常吃惊，尤其是世界头号经济强国、医疗技术条件以及文明程度很高的美国成为疫情最严重的国家之一，让人感到匪夷所思。

病毒就是病毒，它没有宗教属性，没有意识形态，没有任何价值观，也不知道你是贵族还是贫民。让人没想到的是，当疫情蔓延的时候，全世界不同的国家和地区，有不同的反应。

当中国全力抗疫的时候，震天的口号是"武汉加油""湖北加油""中国加油"，突然发现，来自友邻日本的捐赠物资的包装上，写着"山川异域，风月同天"这样的充满诗意的句子，一下让中国感到亲切。于是，当日本的疫情暴发的时候，中国也在捐赠的防护物资包装上写下"投我以木桃，报之以琼瑶"等各种各样报恩的词句。但是，西方社会的官员和媒体，却抱着巨大的历史偏见和政治偏见，出现了很多非常不当的言论，把全人类需要共同应对的问题上升到政治冲突、意识形态冲突的层面。

作为一个研究全球化的专业人士，我觉得中国在应对疫情方面以及在解决疫情全球化蔓延的问题上，毫无疑问是最成功的，中国的制度、社会治理，在应对疫情方面，也是最有效的。如果中国的疫情没有被控制住，那么目前全球的疫情危机还要深重很多。

第九章

中国企业全球化的地缘机会与战略

　　企业要推行全球化就必须清楚企业到底适合与世界上哪些国家和地区建立全球化联系，通俗地说就是，我需要什么地方的什么东西，我需要到什么地方去，我到那里去做什么。世界上有大大小小的 200 多个国家和地区，企业是希望和世界所有地方都发生联系，还是只选择一个或者一些国家和地区发生联系。这是一个主观愿望，每个企业都希望联系的国家越多越好。但是还有一个客观需求，那就是只和合适的、需要企业全球化的国家和地区建立联系。这项工作需要进行两个方面的研究：一方面是需要研究企业适合与什么样的国家和地区建立联系；另一方面是必须研究清楚要建立联系的国家和地区适不适合与企业的全球化建立联系，最后能不能达到企业的全球化目的。如果这两方面都没有弄清楚，说明企业没有准备好推行全球化，对全球化的认识和理解还非常不够。

　　企业除了必须搞清楚需要和什么样的国家和地区建立联系之外，还必须要研究明白这个国家和地区是不是适合企业的全球化。同时，企业还需要清楚，要用什么方式和这个国家建立联系。寻找资源也需要方法。

　　这个世界按照地理划分，分为七大洲：亚洲、欧洲、非洲、大洋洲、南美洲、北美洲、南极洲。除了南极洲没有常住人口之外，另外几个洲都有可能是企业全球化的目的地。即使是南极洲，也具有企业全球化的条件，比如说旅游业就可以把南极洲作为企业全球化的目的地之一。

全球按照经济状况又分为发达国家、发展中国家和不发达国家，企业全球化也需要针对企业自身对于全球化的需求，按照全球化的经济状况来指定企业全球化的地缘目标。

根据全球的产业特点也可以对世界各国进行划分，有的是综合经济发达的国家，比如美国、日本、德国、英国、法国等；有的是资源富集的国家，比如加拿大、俄罗斯、澳大利亚等；有的是财富富集的国家，比如美国、瑞士、新加坡等；有的是金融行业强大的国家，比如美国、英国、新加坡、日本等；有的是农业发达的国家，比如美国、荷兰、以色列、法国、澳大利亚等；有的是消费品制造业发达的国家，比如意大利、法国、英国等；有的是科技发达的国家，比如美国、以色列、加拿大、英国、德国、法国、瑞士、瑞典等。

通过对全球各国进行了解，对全球化、经济全球化、企业全球化进行系统学习，才能掌握实现企业全球化的方法，才能有效地展开企业的全球化战略。

在数字经济时代，移动互联网连接的国家和地区会更多，数字经济会将所到之处的经济要素都连接起来，同时也会带来商业机会、创造价值。我们的全球化会在更加公平、更加透明、更加快速的场景下展开，大数据、人工智能、VR、AR 都会帮助我们更加容易地了解这个世界的任何地区、任何机构、任何物品、任何个人，这也会大大提高企业全球化的精准度和效率。

第一节　中国企业全球化的美洲机会

每次听到捷克作曲家德沃夏克的《自新大陆交响曲》，都会让我陶醉在美洲大陆这片富饶而肥沃的土地上。人类的全球化脚步踏上美洲大陆之后，带去了文明，带去了现代化，造就了美国、加拿大这样富裕、发达、现代化的国家。美洲位于西半球，面积达 4206 万平方公里，约占地球陆地面积的 28%。美洲拥有 9.5 亿人口，约占世界总人口的 13.5%。

虽然印第安人早就发现并居住于美洲大陆，但是公元 1492 年，哥伦布代表西方文明登上美洲大陆的时候，那里还是蛮荒、原始之地。几百年之后，美洲大陆的地域优势、资源优势、气候条件成就了美洲大陆的崛起。

巴拿马地峡把美洲分割为北美洲和南美洲。整个美洲地区资源富集，铁、石油、铜、镍等资源占很大比重。美洲共有 30 多个国家，其中美国是世界上综合国力最强大的国家，加拿大是世界上国土面积第二大国家，也是发达国家之一。

北美洲的经济发展十分不平衡，除了美国与加拿大两国为发达国家，其余都是发展中国家。美国和加拿大的工业基础发达、生产能力巨大、科学技术先进。此外，这两个国家的农、林、牧、渔业也极为发达。其他北美洲国家除墨西哥有一些工业基础外，多为单一经济国家。北美洲采矿业的规模较大，主要开采煤、原油、天然气、铁、铜、铅、锌、镍、硫黄等，而锡、锰、铬、钴、铝土矿、金刚石、硝石、锑、钽、铌以及天然橡胶等重要的战略原料几乎全部或大部靠进口。北美洲主要的工业品产量在世界工业品总产量中的比重为：生铁、钢、铜、锌等均占 20% 左右，铝占 40% 以上，汽车约占 37%。

南美洲拥有多样的环境资源，但受殖民地式经济与大地主制的影响，独立后并未出现经济起飞的现象，发展中国家较多。大地主制下，大地主生产规模大，收入多；竞争力弱的小农户则生活贫困，因此造成社会贫富差距扩大。同时为避免与殖民母国的利益相抵触，南美洲工业发展受限，仅能输出廉价的农、牧、矿等产品。高价的工业产品受到殖民地式经济影响，使南美洲仍以出口第一级产品为主，单一化的产品易受国际价格波动的影响，因此南美洲经济不稳定。南美洲没有根据国际市场的需求，多种植经济作物，许多国家必须进口粮食，导致农业发展失衡。

南美洲各国的经济发展水平和经济实力相差悬殊。巴西和阿根廷为经济较为发达的国家，加上委内瑞拉、哥伦比亚、智利和秘鲁，这六个国家的国内生产总值占南美洲的 90% 以上。南美洲的现代经济都高度集中在少数大城市或沿海地区，山区和边远地区的经济落后。2018 年，南美洲的 GDP 为 3.7 万亿美元，仅占世界 GDP 总量的 4.3%，为我国 GDP 总量的 27.1%。

中国与美洲的经济联系非常密切，但主要表现为中美两国之间的经济联系。2018 年，中美贸易额高达 6598.4 亿美元。同时，中国与美洲的巴西、墨西哥、加拿大、智利、阿根廷、哥伦比亚等国都有比较大的贸易额，中国与这些国家之间主要是贸易顺差。

中国的企业全球化在美洲国家的基本战略主要表现在以下几个方面：

第一，中国与美国、加拿大的全球化关系。不管中美关系如何发展，美国和加拿大这两个国家都是中国推行企业全球化的重点国家。

美国是全球的金融中心之一，中国与美国的金融行业、资本市场的合作与竞争都是长期的。中国是美国金融服务需要获得的巨大市场，也是美国产品、企业、技术、资本的巨大市场。同样，中国的企业全球化在金融、资本、产品、企业、技术方面与美国是"你中有我，我中有你"，这种局面会长期持续，所谓的中美"脱钩"其实就是一个伪命题。中美之间冲突的本质是因为两个完全不同的国家成为全世界最大的两个经济体，也是两个非常成功的国家，二者都需要获得世界的认可，都需要获得世界的资源，都需要取得竞争优势，这必然会导致两个国家在合作中竞争，在竞争中合作。谁也没有能力限制对方的发展。所以，中国企业全球化在美国和美国企业全球化在中国都会是有难度的，但又必须是长期的。

中国的企业全球化在美国也存在巨大机会，因为美国是中国最大的市场之一，尤其是中国的各种消费品在美国市场很有优势。美国在医疗、医药、健康、通信信息、文化体育、金融、生物技术、新材料装备制造、半导体等领域的优势，都是中国企业需要通过全球化向美国学习的。

当然，要表达中国企业全球化在美国的机会是非常复杂的。不论是中美两国的经济政治对全球的重要性，还是这两个国家在经济政治领域的一切，毫无疑问，这些都是 21 世纪的重点。全球的地缘经济和地缘政治都会以这两个国家为中心来建立。中美好，世界则不坏；中美若不好，世界则不可能好。

在数字经济发展早期，美国就是数字经济的发源地，硅谷就是数字经济的圣地。进入 5G 时代后，数字经济会和美国的资本经济产生比较大的冲突。拼多多、抖音、美团、滴滴出行、支付宝、微信这些新生态会在中国大放异彩，而在美国难以流行。我相信，当 5G 之后的产业互联网生态在中国大举形成数字经济生态的主要行业载体的时候，美国不仅扼杀不了华为，还会有更多的产业互联网生态会影响到美国。美国很难成为全球产业互联网的领先者，因为这样的生态，对美国现有利益格局的冲击太大了，当美国这个资本经济强大的国家面对数字经济带来的冲击的时候，很难想象其应对和适应的方法是什么。

加拿大在过去几十年里，一直是中国移民、中国资产全球化的重要地区。加拿大技术发达，土地资源丰富，但人口稀少的问题长期困扰这个国家。中国和加拿大之间的经济联系非常具有互补性，加拿大有很多有技术含量的产品，但是人口很少，市场很小，其技术和方法与中国的企业全球化结合，就会产生巨大的市场效应。加拿大作为一个发达国家，技术基础雄厚，社会成本很高，但是只有 3000 多万人口，很多中低端产业在加拿大无法生存。

比如，加拿大曾经在通信和信息领域有很著名的全球化企业，包括北电网络、黑莓手机等。北电网络是由北方电讯及海湾网络在 1998 年合并而成的公司，曾经是加拿大电讯设备领域，也是企业通信平台领域的著名供应商。但是，这个在通信行业一直领先的企业在 1G、2G、3G 时代之后，渐渐失去企业优势，于 2009 年申请破产保护，最终倒闭。

黑莓手机曾经是世界上非常著名的手机品牌。由于在技术上，黑莓手机的软件支持移动电子邮件、文字短信、互联网传真以及键盘输入模式，同时，黑莓手机具有很好的信息加密保护功能，所以曾经在美国手机市场达到48%的占有率，但后来在移动通信行业的激烈竞争中败下阵来。

加拿大拥有非常强大的基础科学和优秀的人才储备，但是由于国内市场狭小，产品的应用市场难以支持企业在技术研发领域的持续投入，所以，加拿大的企业必须以全球为市场，一旦反应速度稍慢，就会失去竞争优势。这就意味着加拿大这样的国家应当发挥其环境优势、教育科研优势、技术人才优势，在全球化的过程中，不要依靠快速发展的终端产品作为竞争优势，而是应当向以色列学习，输出自己的技术产品和知识产品，让中国企业通过全球化与加拿大开展技术科研的合作，把加拿大的科研、教育优势转化成为全球的产品优势。

第二，中国的企业全球化与美洲其他国家的关系。中国在讨论美洲经济的时候，经常提到拉美国家的产业空心化。以美洲地区的自然条件、自然资源、市场规模，阿根廷、巴西、哥伦比亚、智利、墨西哥这些国家都有机会成为发达国家，这些国家和美国一道，都曾经是同时迎来第一次全球化浪潮的国家，也在第二次全球化浪潮开始的时候，纷纷结束了殖民统治而宣布独立。随着第二次全球化浪潮风起云涌，70多年过去了，为什么这些国家没有一个发展成为发达国家呢？

我觉得一个根本性原因是，在这一片土地上，美国的高度发达所形成的强势资本构成了美洲地区特殊的产业链、价值链和供应链之间的关系，而这个区域的任何一个国家都远离欧洲大陆和亚洲大陆，由此形成的经济格局很难改变。虽然我只去过北美洲的美国和加拿大，至今也没有去过南美洲，但是我在南美洲有很好的朋友，我经常和他们交流巴西、阿根廷这些国家的经济状况。我一直有一个疑惑，如此富饶的南美洲为什么就没有诞生一个发达国家？除了前面说到的美国在美洲地区形成的天然优势之外，另外的原因也许就是政治制度、文化、自然资源的禀赋。日子过得太舒适安逸之后，这些国家没有太多对于财富的追求。我的一个朋友是一级方程式赛车的总顾问，小时候玩摇滚音乐，后来爱上了一级方程式赛车，从车手做到教练，还做过舒马赫（Michael Schumacher）的教练。他们家拥有大面积的土地，因为热爱一级方程式，阿根廷的赛道就是他们家的。对于这么一个富家子弟，他还有什么需要追求的呢？他完全就可以按照自己的天性，随心所欲地工作和生活。

重庆粮食集团曾经在巴西和阿根廷大规模投资收购土地，打算利用海外大面积低价格的土地进行农业产业链的打造，弥补中国逐渐严重的粮食缺口问题。从国家粮食安全的角度考虑，这是完全正确的。但是，由于全球粮食行业早就被美国的一些大型粮油财团高度垄断，同时，重庆粮食集团对阿根廷、巴西这些国家的法治体系认识不足，花上百亿投资并购的数百万亩土地难以发挥效率。所以，一方面，南美洲地区的土地大面积撂荒，缺乏高水平的耕种；另一方面，土地的私有化和土地资源的高度集中所造成的生产关系严重阻碍了南美洲地区农业生产力的发展。

作为一个高度全球化的大国，中国不仅成为了全球最大的制造大国，很快也会成为全球最大的消费国。中国与美洲国家之间的产业链、价值链、供应链关系和美国与美洲国家之间的产业链、价值链、供应链关系是不一样的。美国与美洲国家更加有相似性，主要依靠资本和产业进行配置，美洲国家有的天然优势美国也有。而相反，中国和美洲国家之间的产品协同性、资源协同性、市场协同性是美国与美洲国家之间不存在的，这样的关系，就使得中国的企业全球化在美洲国家有巨大的机会。这些机会中最重要的是农业产业化的机会。

中国是农业大国，2019年10月由国务院新闻办发表的《中国的粮食安全》白皮书介绍，我国粮食总产量已经连续4年稳定在6.5亿吨以上。尽管如此，我国每年需要进口的粮食数量也是一个不小的数字，而且每年呈递增趋势。中国的粮食进口国主要是美国、巴西、阿根廷、加拿大，然后是俄罗斯、澳大利亚等国。贸易数据主要反映的是供应链关系，不能反映产业链和价值链的关系。企业全球化就能重构产业链和价值链的关系。中国的企业全球化应该在南美洲地区的粮食和食品领域大做文章。主要方法是，与巴西、阿根廷等南美洲国家的大土地所有者合作，在当地生产种植中国市场所需要的农作物，但主要不是将粮食直接运回中国，而是在当地根据中国市场的需求，进行粮食深加工，将终端产品，包括食用油、面粉、面包、速冻饺子、面条等通过现代物流运回中国。虽然还是这些贸易数据，但是产业链和价值链改造之后，已经形成了企业的全球化重构。中国政府应该多支持民营企业去抓住这样的机会，而不是完全依靠国有企业。中国的国有企业在海外的经营活动会越来越困难。

第二节 中国企业全球化的欧洲机会

欧洲是现代工业革命的发源地，是第一次全球化浪潮形成的地方，是殖民经济体系的创建地区，也是现代工业文明积淀最厚重的地方。自 17 世纪以来，欧洲逐渐成为世界经济中心。欧洲大部位于地球东半球的西北部，是世界人口第三多的大洲。欧洲和美洲最大的区别之一就是人种，欧洲主要是欧罗巴人，而美洲主要是世界各地的移民。欧洲人口约 7.4 亿，由 48 个国家和地区组成。欧洲历史复杂，虽然由 48 个国家和地区组成，但是由于大部分都是欧罗巴人，种族单一，所以很容易形成一个整体。欧盟就是欧洲最强大的经济体，由 27 个国家组成，涉及 5 亿多人口。2018 年，欧盟的 GDP 超过了 18 万亿美元。

欧洲是现代工业革命的发源地，也是第一次全球化浪潮的发动者。经济全球化之所以成功，就是因为在第一次全球化浪潮期间，工业经济体系的各种标准化、法制化规则制定完成，这些规则是经济全球化的基础，所以，欧洲国家的企业也是全球化水平最高的企业。中国的企业全球化在相当长的时间内，还需要向欧洲整体学习。

由于欧洲的全球化能力远远超过中国的全球化能力，中国企业在欧洲的全球化业务就存在以下一些现象和问题：

第一，中国企业需要长期学习和借鉴欧洲企业全球化的能力。

欧洲企业全球化的能力是自第一次工业革命以来就形成的，关于第一次工业革命、第二次工业革命的很多基础科学以及技术发明也主要来自欧洲，即使第三次工业革命被美国领先，欧洲也是第二次全球化浪潮的跟随者。传统意义上的世界七大发达国家：美国、日本、德国、英国、法国、意大利、加拿大，有一半以上来自欧洲。虽然美国在高科技、生物技术、新材料、半导体等领域全面领先，但是在装备制造、消费品、医疗健康、新能源和环保等很多领域都不如欧洲。

所以，中国最需要学习的是欧洲那种企业全球化的规范、企业全球化的战略、企业全球化的体系、企业全球化的信心、企业全球化的标准、企业全球化的文化、企业全球化的管理等内容。

以瑞士手表为例，瑞士手表行业早期并不是在瑞士发展起来的，法国在16世纪发生的宗教斗争使法国的手表制造技术流传到了瑞士。从16世纪末到21世纪初的几百年时间里，世界经济和科技发生了那么大的变化，世界的手表工业也受到那么多的冲击，但是瑞士的手表工业依然在全球保持了不可取代的领导地位。不论是市场占有率还是品牌影响力，瑞士手表还是世界第一。瑞士手表的设计、生产技术、制造工艺、品牌管理、企业传承、市场竞争都经历了世界手表市场各种各样的考验。

我曾经考察过著名的手表品牌萧邦，这家创办于1860年的瑞士高级手表珠宝品牌至今已经经历了160年的时间。虽然早在1963年，萧邦家族的传人不再对手表和珠宝感兴趣，将公司卖给了德国的舍费尔（Scheufele）家族，但是舍费尔家族并没有将萧邦家族的品牌改成自己家族的品牌，所以才使得这个品牌能够延续、传承至今。

第二，中国企业在全球化过程中要善于向欧洲企业学习。

中国企业在全球化过程中，不仅需要系统地学习欧洲企业全球化的能力，更需要在学习过程中，找到与欧洲企业展开全球化合作的机会。

美国的工业化、企业全球化实际上是从欧洲学习的，主要因为美洲大陆曾经是欧洲的殖民地，欧洲把工业革命的成果通过移民、殖民带到了美洲。中国改革开放 40 多年，企业全球化主要是向美国和欧洲学习的，而我觉得即使到了数字经济时代，中国企业的全球化还是需要向欧洲学习。在当前这个阶段，中国企业最需要从欧洲发掘各行各业的中小型全球化企业，包括服装服饰、食品生产、文化创意、建筑设计、旅游、教育、五金生产加工、精密制造、节能环保这样一些领域的企业。中国企业需要向这些企业学习企业全球化的方式，同时要利用中国数字经济的优势，将这些企业的产品、技术、品牌、知识产权带到中国，在中国市场进行再造之后，投入发展中国家的市场，甚至回到欧洲市场。

最近一家中国企业让我印象很深刻，就是麦孚营养科技有限公司。这家公司的创始人早年在空军总医院做医生，后来复员之后到地方做医药产品销售。她发现中国也将开始发展特殊医学用途配方食品这个医药行业的细分市场，于是在投资人的支持下，创办了这样一家企业。特殊医学用途配方食品属于医疗行业临床营养系统的专业性很强的领域，中国刚刚开展临床营养这项事业，但是发达国家的临床营养已经是一个非常成熟的领域。中国要完全从零开始来创建这样一个体系，需要很漫长的过程。这家公司的创始人通过对全球临床营养体系进行分析后发现，欧洲的临床营养体系最适合中国，于是，她就直接联系欧洲在临床营养行业最优秀的企业，把其已经开发出来的成熟的特殊医学用途配方食品引进到中国，在中国生产销售。几年之后，这家公司已经有一个项目获得国家食品药品监督管理总局的批准，同时另有 8 个项目已经获得受理，还有 30 个项目正在报批过程中。一旦进入良性循环，这家公司就可以一举成为中国临床营养系统领域特殊医学用途配方食品开发的独角兽企业。这家企业的成功在于它一开始就采用了企业全球化的创业模式。为什么可以这样理解呢？首先，中国的临床营养系统领域是一个刚刚发展的领域，整个行业尚未建立完整的科研、转化、审批系统，而发达国家在这个领域已经非常成熟。但是，完全把机会给发达国家的企业，也难以让这些企业非常容易地进入中国市场。如果中国企业找到了中国市场与发达国家临床营养这个体系的联系，就会形成在中国市场的核心竞争力。其次，这个领域的行业门槛很高，要研发出符合要求、具有辅助治疗效果的临床营养食品本身就有很高的专业门槛。即使研发出产品，也需要获得国家食品药品监督管理总局的批准，这个周期至少是一年半。所以，投资大、专业门槛高、周期长的特点，就会让一般人望而却步。但是，一旦成功，这个企业的价值不会小于一个医药企业的价值，原因就在于它是生产研发医药食品的企业，医药食品的好处就是可以长期吃，不像药物，有时间的限制。

虽然这是个案，但是，中国和欧洲之间存在太多这样的商业机会。如果企业没有全球化意识和全球化视野，怎么可能获得这样的机会呢？

第三，如何创建中欧企业之间的全球化模式？

除了以上需要学习和借鉴的企业全球化方式之外，中欧企业之间最有价值的全球化模式是在第二次全球化浪潮和第三次全球化浪潮融合过程中，出现的企业全球化的创新方式。

这个创新方式的基本逻辑是：利用欧洲在第二次全球化浪潮中形成的产业优势、企业优势、技术优势、品牌优势，让欧洲企业与中国相同行业的企业或者转型企业合作。同时，让欧洲企业利用中国的产业互联网模式进入中国市场，然后在取得成功的基础上返回欧洲，再次与欧洲企业一起合作，共同开发欧洲市场。

比如，在智慧家居行业的家具领域，欧洲企业有很多优势。我见过一个中国的被动式建筑的项目，被动式建筑的概念也是来自欧洲，主要是指设计建筑施工的时候，不是通过人工干预来让建筑发挥作用，从而满足人们的需求，而是充分利用阳光、地质、风向等自然材料来达到这些目的，使建筑本身更加环保、节能。德国人在这个领域非常成功，有很多技术成果，我看到德国的门窗不仅制造精美，而且寿命长。有中国企业就把德国产品拆卸之后进行仿制，结果做出来的产品不仅质量差，而且价格高。为什么不好好地向德国制造商提出合作要求呢？不外乎就是争取授权许可和支付专利费。那么，如果我们换一种思路，即发掘欧洲这样的优质企业，让其通过中国的产业互联网所带来的智慧家居设计和应用，创造更多的智慧化场景，欧洲的硬件再加上中国的软件和场景设计，我相信这样的企业一定很有竞争力。这样的企业在中国成功之后，可以继续和欧洲企业合作，在欧洲企业家的引领之下，回到欧洲市场。中国利用数字经济的技术优势对欧洲家庭进行场景和应用的设计，然后让产品进入欧洲家庭，这不就找到了中国企业在欧洲全球化最好的模式了吗？

但是现在，中国满大街都是"80后""90后"创业者们所创办的无数的线上教育、线上医疗、线上餐饮、线上招聘、线上交友等小型创业企业，创业者们对传统产业既看不懂又心存排斥。

不管是"互联网+"也好，还是"+互联网"也好，互联网软件和硬件技术的不断更新和进步，使互联网本身与所有产业之间的关系越来越紧密，这需要所有产业经营者与互联网经营者之间深度融合。在这一点上，我们还是要佩服华为。在华为"5G全场景"系列产品的发布会上，有一个产品更让我感兴趣，这不是华为的折叠屏手机、笔记本电脑、平板电脑、智慧屏、智能手表等个人智慧产品，而是车联网。虽然车联网同样是个人终端，但是这个个人终端基于互联网和汽车产业的结合，让汽车用户之间的相互联结，既是物联网，又是产业互联网，也是一个个人移动终端。打造这样的生态确实不是一般企业能够做到的，这个产品系统一旦进入市场，将标志着华为通过"5G全场景"生态的打造正式进军出行终端，是第三次全球化浪潮对第二次全球化浪潮的颠覆。如果这个终端被世界各大汽车制造商应用，这就是中国的产业互联网，是中国数字经济全球化的冲锋号。

如果说按照与中国的契合度来对企业全球化进行评价的话，我会将欧洲排在第一位。欧洲的历史、人文、技术等各方面的优势能够全面和中国的数字经济融合，中国的数字经济才会发展成为高水平、高质量的数字经济。主要原因在于欧洲不是一个国家，中国和欧洲不是一个国家与一个国家之间的竞争关系，欧洲是由多个国家组成的。尤其是中国企业在欧洲的合作伙伴分布在欧洲几十个国家的若干个企业的时候，地缘政治对企业全球化的干扰就会大大减弱。就像华为，如果没有欧洲不同国家的技术、企业、市场与华为的全面合作，华为是很难取得在技术和市场方面的巨大优势的。

第三节　中国企业全球化的日韩机会

中、日、韩是东亚地区的"铁三角"，三国的经济联系尤为重要。历史上，日韩两国都受中国经济、政治和文化的深刻影响。中、日、韩三国之间既有竞争关系也有合作关系，同时还可以相互之间建立合作机制，开展在第三方市场的合作。

在三方的合作关系上，中韩之间存在很多合作的协同性，但是韩国企业在中国的优势越来越小。中国从韩国进口的芯片、汽车、半导体、装备制造产品还会继续减少。韩国化妆品、服装服饰、影视娱乐、医疗美容行业在中国的优势也会减少，从而使其转向东南亚一带的国家。中国对韩国出口还会增加，但是中国的企业全球化在韩国没有太大的机会和空间。尤其是，如果中日关系加速改善，中韩之间的很多合作内容极有可能转而进入日本。

中日关系比中韩关系要复杂得多，尤其是第二次全球化浪潮袭来以后，地缘经济和政治的逐步演变，使得中日之间的关系非常微妙，也非常重要。我认为，从 2020 年开始，中日之间经济政治关系会进入一个全新的历史阶段。

第一，中国经济的崛起使得中国的经济总量开始超越日本。

2019 年，日本经济增长持续低迷，全年 GDP 为 50873.77 亿美元，实际增长率仅为 0.73%；而中国 2019 年 GDP 为 14.38 万亿美元。

中国经济的增长以及中国经济在中日之间的重要性会给中日之间所有关系带来变化。

第二，中日之间的外部关系发生了变化。

在 1945 年，中日之间刚刚结束战争，日本作为战败国，几乎被美国主导了政治、军事和经济。美日关系当然是第一位的。

75 年之后，中、日、美之间出现了新的地缘经济和地缘政治关系。美国对于日本的重要性下降了，日本客观上希望摆脱美国对自己的约束；中国经济的增长对日本经济的影响增加，也使得日本需要改变原有的中日关系。

第三，中美关系带来的变化。

中美之间自 2018 年开始的贸易冲突使中美关系发生很大变化，中国和美国之间从战略合作关系发展成为战略竞争关系，这使得中国过去在科技、工业、经济领域与美国的合作重心转向日本，也给中日再次调整彼此之间的关系创造了新的机会。

尤其是在 2019 年底，中国深受疫情影响，日本政府、民间给予了中国支持和热情援助，使中日之间患难见真情，把中日之间的关系推到了一个新的阶段。

习近平主席将会到日本访问，这次访问将重构中日之间的关系，必将让中日经济政治和文化交流合作迎来一个全新的时代。这也是中国经济全球化、中国企业全球化的一个崭新的路径。

如果中日之间形成高水平的战略伙伴关系，仅仅从经济全球化、企业全球化和第三次全球化浪潮来说，这样的合作都异常重要。

首先，日本是一个综合经济与外向型经济都异常发达的国家。

日本的这个经济特点使得中日经济存在很大的互补性。日本在传统产业领域，几乎没有什么短板，不管是制造业、半导体、基础建设领域，还是化工、电子、服务业、教育、医疗健康、各种消费品领域，日本都有非常好的企业、技术、产品。世界上某一个行业的企业排行榜上可能没有美国的企业，可能没有德国的企业，但不可能没有日本的企业（军工产业除外）。而这些技术、产业、企业对于中国，都存在优势，都是中国企业全球化可以合作对接的内容。

其次，日本拥有强大的经济能力，最缺的是市场。

日本是一个全球化程度异常高的国家，因为资源贫乏，人口也不到 1.3 亿，而且还在下降。日本又是全球老龄化最严重的国家，强大的生产经营能力在日本这个市场是难以消化的，这就是日本经济长期停滞的重要原因。而中国经济的增长所带来的各种需求都能够给日本带来巨大的利益，日本成为中国内地游客最主要的旅游目的地之一，排在香港、澳门、泰国之后，随着中日关系的升温，这个排名有可能还会改变。2019 年，日本成为中国人出境消费和购物的第一大目的地。另外，中国巨大的产业领域对于日本的零部件、高端材料、产成品、技术也存在巨大的需求，中日之间的产业互补性可以让日本优势产业获得巨大市场。过去由于中日之间关系的影响，中日两国在产品、技术、企业、金融各方面的合作潜力都没有释放出来。中国企业的全球化在中日之间的合作中也没有得到很好的发展。

最后，中日之间的人文历史渊源是合作基础。

中日的历史渊源和文化的一脉相承，使二者之间的合作容易有文化认同感。这次在中国疫情期间，日本各界捐赠给中国的医疗物资上都贴着"山川异域，风月同天"这样的诗句。虽然日本通过明治维新跟随发达国家"脱亚入欧"，成为第一次、第二次全球化浪潮的跟随者和主导者，但是日本在经济制度和文化上，并没有完全西化，还保留了很多当年从中国学习传承过去的历史文化以及生活方式，这些都成为中国和日本之间最好的合作基础。

比如，2019 年底，我带着中国的一家老年服务企业到日本考察老龄产业。通过考察发现，虽然中国不能完全借鉴日本的老龄产业模式，但是日本在老龄产业领域的技术、服务、标准、产品都是值得学习的，日本在老龄产业领域的优势在中国有很大的市场，如何与中国企业的全球化方式进行对接，就需要双方企业从多方面入手，找到具体的合作模式。

第四节　中国企业全球化的以色列机会

我在 2013 年认识了以色列最大的投资集团——库克曼集团的高层，在此之前，库克曼主要是通过香港恒隆集团陈启宗先生的帮助，与一些中国企业进行合作交流。

我在北京与库克曼的三位高层交流，感受到他们与中国合作的强烈愿望。但是在随后的项目沟通中，他们给我提供的十多个项目我当时几乎都看不上，主要原因还是觉得他们的项目太小了，都不符合我开展并购的条件。那个时候，我的主要业务还是通过"上市公司＋基金"的方式，发掘欧美国家的优质企业，通过"全球并购、中国整合"的商业逻辑开展并购整合，对于企业全球化还没有今天这样的认识。于是，我对库克曼集团有些怠慢，只是保持了沟通关系。只有两个项目让我有一些印象：一个项目是金属切削项目，以色列的科研人员在金属切削的硬质合金刀片上涂上他们发明的一种纳米涂层，使得硬质合金刀片的表面更加细腻光滑，使刀具在金属机械加工中的速度更快，不易磨损，加工出来的工件光洁度很高。这种金属加工耗材可以称为机械行业的快消品，应该是非常有前景和市场的，尤其是在中国这个制造大国。另一个项目是一个先进的远程健康设备，通过在手机上搭载内置软硬件，可以用手机随时检测人体的体温、血压、血糖、心律、脉搏等指标，收购这个项目的公司已经在瑞典上市，大股东是大名鼎鼎的由著名的价值投资追随者李录创办的喜马拉雅资本。创始人雅各先生失去了对这个公司的控制权，但他同时又开发了更新的应用技术，他需要找到中国的战略合作伙伴，然后通过敌意收购拿回控制权。通过这样的项目，我对以色列的技术有了初步理解，知道以色列有很多创新和领先全球的技术项目。当我回过头来思考全球化和企业全球化的时候，我才真切地发现，以色列是全球化和企业全球化最精彩的一个样板。

中国的企业全球化和以色列最重要的联系在于以色列的科技项目和人。

第一，犹太人与以色列。经常有人说中国某某地方的人像是中国的犹太人，不外乎就是指中国这个地方的人很会做生意。我的一个犹太人朋友，以色列威兹曼科学院的教授尤西先生告诉我，大家都认为犹太人很聪明，其实不是每个犹太人都聪明，而是他们有特别的历史和文化。

从企业全球化的角度来说，以色列确实有很多可以和中国企业全球化对接的内容和项目机会，以色列也非常清楚自己未来的市场空间和机会在中国，最近几年中国和以色列的合作明显增加。但是，如果不真正了解犹太人，则很难建立很好的、持续的合作关系。通过和以色列人的多次交流、沟通以及两次对以色列的深度考察，我觉得犹太人的确不一般，好像他们每个人身上都深深地烙上了国家与民族人文历史的烙印。不管这个世界的意识形态、科学技术和生活方式发生什么样的变化，犹太人都始终遵循着他们的信仰，他们的意志。所以，要和以色列合作，首先需要认真地了解犹太人，没有对以色列历史的深刻理解，就不可能与以色列的企业建立很好的合作关系。

第二，学习以色列企业全球化的模式。单纯讨论如何学习以色列的企业全球化模式，很难得出结论，原因在于以色列的历史和文化不可复制，以色列的国情和中国的国情完全不一样。以色列的国情给我们唯一的启发就是，只要一个国家和民族有着坚定、统一的信念，即使在资源极度贫乏、三面环敌的情况下，也能够崛起于世界民族之林。以色列自己只有800多万人的市场，周边都不是其市场范围，越过地中海到达地中海沿岸的欧洲和非洲，跨越西亚进入东南亚等国家都太远了，所以，以色列这个国家是不适合在自己国家发展产业的。针对以色列的特点，中国的全球化以及中国企业的全球化应该考虑的模式为：根据中国的国情，从地方政府的角度，加强和以色列的联系，分别在中国适合的地方，和以色列一起合作创建以色列科技和产业园区。不能是中国企业自己搞规划，自己投资建设，然后挂上一个以色列产业园区的牌子，必须根据中国的地方特点与以色列的特点，由中以双方共同规划、共同设计、共同招商，把园区建成符合以色列国情，符合犹太人生活方式的园区。然后中国企业再和以色列科研、教育、投资机构合作，把园区做成以色列文化科技的延伸，在园区里面，让中国企业和以色列企业从项目研发、孵化、转化、应用多个角度展开合作。不能让中国投资者、中国企业家像无头苍蝇一样，冒着枪林弹雨的风险到以色列乱转。

第三，中国的企业全球化与以色列的合作方式。中国的企业全球化与以色列的合作方式比较特殊。中国企业不要把以色列当成市场，以色列没有多少人口，整个国家的人口还不如中国一个大型地级市的人口多。中国企业不要把以色列企业当成是企业来合作，应该去研究它们的品牌、产品、企业管理。以色列的所有企业几乎都是项目型公司，只有少数一些全球化大型企业。这些项目公司有一个特点，就是很多科研人员既是科研领域的专业人才，同时又是持续创业的创业者或者创业投资者。我的朋友尤西先生早年创业成功之后，就将创业项目出售了，实现财务自由之后，他偶尔做一做投资，主要时间用于写作和教书。

所以，中国的企业全球化和以色列合作最大的机会就是与以色列的创业项目合作，将这些项目通过中国市场的转化应用取得成功后，推入全球市场。具体的合作方式如下：

一是研究判断这些项目的知识产权、专利权在全球的分布。

二是研究判断这些项目目前处于什么阶段，是不是已经有可以市场化的成熟产品；如果是成熟产品目前市场反应怎样，如果不是成熟产品还需要多长周期。

三是研究判断产品和技术在全球的价值和意义，以及产品和技术有多高的门槛。

四是研究判断这些项目的投资规模、时间周期、市场准入规则、同类竞争等，这是判断是否合作的关键步骤。

五是研究判断与项目方的合作方式。通常的方式有并购的方式、授权的方式、对外投资和对内控股的方式、中国市场合资的方式等。

第五节　中国企业全球化的发展中国家机会

　　如果把中国企业全球化的合作国家按照全球地缘经济进行划分，可以分为发达国家、发展中国家、最不发达国家。按照这个分类，中国企业在发达国家主要是通过学习、借鉴、合作来提高全球化能力、全球化水平、企业综合能力；中国企业在发展中国家主要是以发展中国家为产品市场和产业投资机会来推行全球化，同时，需要开辟发展中国家的产业资源；在最不发达国家，中国企业全球化的机会主要是产品市场和原材料供应市场。

　　在第二次全球化浪潮期间，全球的产业链、价值链、供应链也在发达国家、发展中国家、最不发达国家之间形成了资本和资源的配置关系。由于发展中国家在全球国家数量中占据 70%，所以发展中国家是这个世界经济发展的主要力量。如果发展中国家的经济高速发展，发达国家的资本、技术、产品就有市场，发达国家的经济就有保障，最不发达国家也会因为发展中国家对原材料、农业初级产品的需求增加而获得发展。

　　中国是世界最大的发展中国家，中国和所有发展中国家在很多方面处于同质化的状况，存在较大的竞争关系。除了中国之外，世界上大型的发展中国家有印度、巴西、阿根廷、越南、印尼、菲律宾、巴基斯坦、俄罗斯等，但是由于不同国家的产业结构、自然资源和条件不同，这些国家发展得不平衡。虽然这些发展中国家在经济上处在同样的发展水平，但是却和中国存在巨大的经济互补性，这种经济互补性就是中国经济和中国企业全球化最大的机会。

比如印度，印度是仅次于中国的世界第二大人口大国，人口为 13.24 亿。虽然印度的经济实力不如中国，但是印度的人口数量很可能会超过中国，印度的人口结构比中国有优势。在第一次全球化浪潮时期，印度成为英国殖民地，很有意思的是，第一次全球化浪潮时期的第一个全球化企业就是"不列颠东印度公司"。也就是说，在第一次全球化浪潮时期，印度就已经融入了全球化，但却是被动的、被殖民的全球化。直到第二次世界大战结束，第二次全球化浪潮开始时，印度才于 1947 年正式独立。独立 70 多年来，由于政治制度、经济制度、民族宗教等多种原因，印度经济发展较慢，直到 21 世纪，印度经济才获得较快发展。

中国和印度之间的竞争被很多经济学者称为"龙象之争"，作为人口最多的两个发展中国家，确实存在较大的竞争关系。但是，也同样由于两个国家不同的产业特点，中国的企业全球化在印度才存在很大的机会，而且在 5G 时代，印度有可能成为中国数字经济产业最大的市场。

在全球范围内，印度有两大产业值得中国学习与借鉴：一个是软件产业；另一个是非专利药产业。印度有非常多的软件工程师，由于曾经是英国殖民地，所以除了印地语之外，印度的英语普及率很高，这使得印度的国际化、全球化程度比中国要高。即使在硅谷，印度人和印度裔的能力也仅次于美国人。硅谷的很多世界级软件工程师以及世界级 IT 公司的高管都是印度人。如果中国的医疗健康行业在过去的改革中没有那么保守的话，我相信全球非专利医药产业不会在印度形成全球化优势，这个优势应该是中国的。

中国过去为了保护自己的民族医药产业，制定了很复杂的、对外不开放的医药审评审批制度。中国自己的制药企业，每年可以在中国获得很多药品批准文号，而全世界医药业最发达的美国每年只有几十个药品批准文号。所以，中国的 10 多万种药品，完全没有国际竞争力。国际上每一种医药和医疗器械作为专利产品上市之后，都有一个保护期，保护期结束后就可以按照专利药的配方进行仿制，只要达到一定比例的相似度，这个药品作为非专利仿制药就可以生产上市，仿制药的价格会远远低于原研药。对于印度这个人口大国和财富严重两极分化的国家来说，就可以让数以亿计的人吃上廉价的仿制药。于是，大量欧美国家的专利药到期之后，几乎都被印度企业和投资者拿到印度转化，这些药品在进入印度市场的同时，也进入了全球市场。非专利药这个产业的全球化就成了印度企业全球化的一个经典案例。

未来几年，仅仅是美国市场，就会有超过 150 亿美元的专利药品到期，中国也开始到国际市场去开发仿制药市场了，就是因为最近几年中国制定了一系列的医药体制改革政策。

中国企业在印度的全球化机会主要在装备制造、钢铁、水泥、建材、房地产等领域，这些产业在中国比较过剩，但非常具有产品、技术优势。中国在第三次全球化浪潮时期有数字经济的系统优势，中国企业可以利用印度巨大的市场和低成本的 IT 人才，将印度作为一个"桥头堡"，然后在印度实现产品大规模的市场应用，最后从印度走向全球。

中国在发展中不能忽视的国家还有越南。越南是中国的陆地邻邦，1986 年开始进行"革新开放"，走市场经济的道路，和中国有很多相似之处。但是总体来说，越南经济起步比中国晚，虽然有9000多万人口，但是其产业水平和中国还有差不多20年的差距。中国有很多创办于20世纪80年代、90年代的企业，在中国很难转型。尤其是在房地产行业过剩这个阶段，和房地产相关的所有中国产业，包括建筑施工、规划设计、建材、钢铁、家居、装饰装修、房屋销售、房产中介、家用电器、地产金融服务等，在越南都有很好的商机。但是我们看到，在柬埔寨、越南、缅甸这样一些很有机会的发展中国家，除了基建之外，很多领域都被日本、韩国的企业进入。因为中国企业的全球化能力还不够，所以丧失了机会。

中国的企业全球化在中亚地区、中东欧地区也有很多机会。这些地方虽然人口密度不大，但是总体的文明素质较高，尤其是中东欧地区的一些国家，过去都有辉煌的历史和文明，但是都错过了第二次全球化浪潮时期最好的发展机会。这些国家有非常丰富的石油、天然气、有色金属资源，科技教育力量都很雄厚。中国企业在这些国家一方面是需要资源，另一方面是需要科研教育资源以及人才资源储备。

第六节　中国企业全球化的最不发达国家机会

全世界的最不发达国家大部分都在非洲。作为一个倡导"人类命运共同体"的国家，中国的全球化包括中国经济的全球化、企业的全球化都不应该忽略全球最不发达国家。中国很久以前就和非洲建立了非常友好的合作关系，即使自己非常贫穷，也给非洲国家提供很大的物质援助。中国举办的"中非合作论坛"进一步加强了中国和非洲的联系，非洲也是中国"一带一路"倡议下的重点合作地域。

由于中国奉行和平共处五项原则，所以中国对非洲尽到了一个大国应尽的职责和义务。由于最不发达国家的经济状况、社会治理都存在不少问题，所以中国主要就是扶持、帮助这些国家，给它们带去更多的投资，帮助这些国家提高文化教育水平。

但是我们也要看到，最不发达国家同样有非常好的发展潜力，也会逐渐成为这个世界最后的发展空间。以非洲为例，非洲有很好的自然资源，也有发展农业的自然地理条件。我的一个朋友在非洲东南部的马达加斯加工作了 10 多年，发现这个国家优良的地理、气候条件以及自然资源，与这个国家的贫穷落后形成巨大的反差，不管是金矿以及其他有色金属，还是非常优美的旅游资源以及肥沃的土地资源，都具有全面开发的条件。我相信，随着中国经济的持续增长，以及中国经济全球化速度的加快，中国企业在更多地理解、掌握全球化机会之后，其全球化的脚步一定会进入最不发达国家。

第七节　中国内地与台湾、香港、澳门地区

这是一个非常复杂的全球化经济和政治的地缘问题。随着中美关系在全球范围的重构，中国内地与台湾、香港、澳门等地区的关系也异常复杂起来。

由于历史原因，中国台湾地区是新中国建立之后，没有实现统一的一个岛屿，也是中国第一大岛。由于国民党政权的存在，

中国大陆和台湾地区的分裂状况一直保持到现在。美国虽然承认一个中国，承认台湾地区是中国的一部分，但是为了维护美国的霸权地位，遏制中国的发展，也把台湾地区作为要"保护"的地理范围。

香港地区虽然在 1997 年回归中国，但是践行"一国两制"方针，全球所有利益主体都在香港地区保持着合法地位，香港地区成为世界各大利益集团盘踞的焦点。加上香港地区的免税政策，以及其在国际金融、国际航运、国际贸易中的地位，全球性大变局最容易从这个地方呈现出来，香港地区已经成为国际地缘政治和经济变化的风向标。中国与世界各国一旦在国际上发生任何事情，都会在这个敏感之地表现出来。同时，香港地区在回归之后，由于成为连接中国与世界经济、社会、政治、文化的一个重要窗口，为中国经济发展做出了巨大贡献，尤其是中国经济国际化、全球化的很多交易和金融服务都是通过香港地区来完成的，香港地区成为中国经济、中国企业全球化非常重要的节点。中国与美国关系的恶化，就会使境外敌对势力在香港地区制造动荡和分裂。2019 年以来，香港地区发生的一些事情都和这个有关。

相对来说，虽然澳门地区从葡萄牙回归到祖国的怀抱，但是在国际经济、金融、政治各方面的作用和地位远远不及香港地区，澳门这个同样实行"一国两制"的地区就没有遇到很大的麻烦。

中国大陆的企业全球化与台湾地区的关系主要是台湾地区的企业、资本在中国大陆进入得比较早，也很深入，台湾地区借助大陆的崛起，获得了巨大的成功。相反，进入台湾地区的中国大陆企业很少，也没有很多的投资合作机会。

香港地区是中国企业、中国资本通向全球化的主要通道，香港地区的国际金融中心地位给中国企业获得海外融资、创造资本和企业出海提供了很好的机会。但是，由于地缘经济的重构，中国和美国关系的变化所带来的全球地缘政治关系的变化，使香港地区的优势和作用也将弱化。尤其是数字经济时代到来后，香港地区在数字技术领域没有内地的优势，所以香港地区在数字经济时代的地位将会下降。

当然，不管香港地区和内地之间的关系发展到什么状态，澳门地区要取代香港地区的地位，成为中国企业、中国经济全球化的重要环节，可能性不大。

台湾地区更加敏感，其独立势力得到某大国的支持，使得大陆和台湾地区之间的经济活动大受影响。不到大陆和台湾地区统一的那一天，台湾地区的经济不可能再有更好的发展机会，台湾地区和大陆的经济差距会越来越大，大陆和台湾地区的经济联系更加弱化。

第十章

中国企业的全球化风险

任何机会都是和风险相伴的，企业全球化也必然有风险。全球化的机会很多，让企业可以面对更加不平衡的、广阔的市场，同样也会让企业面临更加复杂和不确定的风险。由于超越了国界，进入另外一个国家，企业就要面对一个与自己国家的经济、政治、文化、历史、风土人情完全不一样的国家，陌生就是风险。但是不管什么样的国家，只要有人生存，就会有生产，就会有投资，就会有消费，对于商业来说就有机会。从这个逻辑来说，在不一样的国家才有不一样的机会。虽然企业在中国市场面对的风险和在国外面对的风险不一样，但是同样，容易出现相同的产品、产业、企业来共同分享这一个市场。所以，看似国内市场的风险性质与国外的不一样，但是国内市场的机会也会因为相同的逻辑，变得狭小。这就是差异化，全球化带来产品、产业、企业的差异化竞争机会。

全球化的风险天然存在，但是并不是不可控制和不可避免的。全球化的机会与风险对等的同时，对于风险的认识、理解、规避和对于机会的理解、分析、把握也是对等的。认识不了全球化的机会，也不可能获得全球化的利益；认识不了全球化的风险，也同样会遭遇失败。

第一节 企业全球化的地缘政治风险

这个地球由 200 多个国家和地区组成，每个国家都有自己独立的领土主权、司法权和对于社会的治理权。国家不论大小，都是一个独立体，世界上没有一个国家和另一个国家在经济政治制度和治理体系上完全一致，每个国家都有不一样的历史、民族、文化、宗教。这种差异导致国家之间的地域政治关系错综复杂，形成潜在的地缘政治风险。地缘政治风险是企业全球化最难以把握的风险。全球地缘政治的不透明与复杂性决定了地缘政治风险的不可控制。我们每年都可以看到地缘政治风险给企业带来的损失。

最近几年，有两件关于地缘政治风险的事情几乎所有中国人都知道，那就是华为和中国香港的超级富豪李嘉诚所遭遇的地缘政治风险。

华为作为一家中国民营企业，在全球 ICT 领域处于领先地位，尤其是华为拥有 5G 通信系统的全部知识产权、设备、软硬件生产制造能力以及各种应用终端的能力，这些能力使得华为成为在中国掀起第三次全球化浪潮的关键企业。在华为打造的 5G 生态中，大数据、物联网、产业互联网、云计算，以及人工智能带来的对传统产业的重构、颠覆、融合将改变全球经济形态，有利于中国经济水平的全面提升，这也是中国企业高质量发展和转型的基础条件。华为的崛起直接动摇了第二次全球化浪潮时期形成的经济秩序，直接影响到美国在全球经济领域的领导地位，而由于当时中美关系已经被美国定义为全面竞争关系，这就使得华为面临中美关系这个地缘政治关系所带来的风险。所以，美国政府不仅通过"五眼联盟"，采用长臂管辖的方式，在加拿大抓捕了华为的财务总监，还采取各种制裁措施全面封杀华为。此外，还动员美国在全球的盟友，阻挠华为5G系统在全球的布局。这就是因为一个企业的技术、产品、市场影响了国家与国家之间的竞争关系，于是出现地缘政治风险。这样的风险曾出现在中国的另一个企业中兴通讯身上，由于中兴通讯在技术和市场方面对全球的依赖性很大，抗风险能力不如华为，于是在缴纳了巨额罚款之后，还要在美国人的监管之下进行生产经营活动，虽然企业活下来了，但是遭遇了巨大的损失。而华为，因为多年前的未雨绸缪，虽然同样遭遇了巨大的损失，放慢了增长速度，但是反而在地缘政治因素的打击下，增强了抗风险意识和抗风险能力。

同样遭遇地缘政治风险的还有李嘉诚。李嘉诚是香港长江实业集团的创始人，被商界称为"李超人"。因为李嘉诚在经营上的审时度势总是比常人高出一筹，所以才长期立于不败之地。当李嘉诚在中国市场的优势渐渐失去时，他也面临巨大的转型。但是李嘉诚的产业主要是和不动产相关的资产投资，包括基础设施等。于是，他把在亚太地区的数千亿元资产纷纷出售，快速退出，而将大规模的投资放在了英国。他选择英国的原因很简单，因为香港曾是英国的殖民地，法律、文化等方面与英国有共性。另外，英国作为金融业发达的国家，资产价值稳定、安全。本来李嘉诚进行这样的资产大挪动不是为了寻求更好的投资增长机会，而是为了给资产保值。但是，突如其来的英国脱欧带来了非常巨大的地缘政治风险，这就会给李嘉诚的整个投资转移行为带来政治上的不确定性。李嘉诚本人究竟是否看到了这个潜在的政治风险，还是说他认为英国脱欧对于英国的经济和政治反而有利，这个我们不清楚，今天也确实很难判断。但至少李嘉诚在这个百年未有之大变局的时代做了这么大的调整举动，是冒着很大风险的。

在中国企业全球化的地缘政治风险领域，大家需要关注以下问题：

第一，政治和经济的关系问题。地缘政治的风险绝对是造成经济风险最重要的因素之一，但是我们也要看每个国家的政治体制以及政治与经济的关系。

比如，中日关系就是非常复杂的地缘政治关系，同样存在地缘政治风险，但是如果不能够客观、准确地评价中日之间的关系，就容易错误地估计地缘政治的风险。

中日之间有相互不可回避的邻居关系，在历史上有很深的渊源，既有兵戎相见，也有世代相交。2008 年，我和日本金融家古川令治先生带团队研究中日之间产业和产业、产业和资本、资本和资本的对冲交易模式。如果这个项目能够成功推进，并且能够大面积积极地影响中日两国的企业家和金融家，中日之间会产生非常多的合作机会，但是，中日之间突如其来的一场政治危机，就让我们终止了这个合作。中日之间的这场政治危机一下子导致中日政府高层之间的政治交往中断了数年。但是回过头来看，如果从更加长远和更有胸怀的角度去理解这次政治风波，不要受到这次风波的影响，坚持 10 年下来，我们不仅会取得非常好的经营业绩，而且还会从另一个角度证明中日之间经济关系的价值和重要性。由于中日之间经济的互补性、协同性太强，中日之间这种上千年的交往关系其实已经进入一个非常重要的历史阶段，两国的经济合作变得至关重要，经济从业者应该更多地关注影响经济的行业和业务，坚持商业作为，从而获得更长远的发展。

比如，以色列，真正控制以色列金融、产业资源的力量都在美国，因为历史和宗教的原因，美国和以色列之间的政治依附关系使得以色列在政治上非常强势地屹立在地中海东南部这个是非之地，以色列在政治上肯定和美国是一致的。但是，犹太民族是这个世界上最特别的民族之一，他们虽然在政治上有这样的关系，但是他们的信仰和生活准则却受到犹太教的深刻影响，政治从属于宗教，出于经济上的原因，他们也可以和中国保持非常友好的关系，尤其是在经济上的合作关系。只要和以色列建立了深厚的经济合作基础，你几乎不用担心政治问题、外交问题和战争问题。

所以，地缘政治是全球化经济风险之一，但并不是所有地缘政治都会造成经济风险。

第二，地缘政治的性质问题。国家内部的政治不稳定会带来地缘政治风险。对于政治不稳定的国家，容易出现国家内部政治风险，这种政治风险会带来经济上的冲击。包括国家内部政变、民族冲突、党派冲突都会带来经济风险。所以，相对来说，发达国家的地缘政治风险会小很多，因为没有长期的政治稳定就不会有持续的经济发展和繁荣。瑞士是一个政治中立国家，从来不参与国际政治纷争，这样一个特殊国情给其经济发展带来了巨大的安全性，于是瑞士成为全球私人银行最发达的国家。

第三，注意地缘政治的表现形式。在不发达国家和发展中国家，影响经济发展的最大因素就是政治。所以，评估一个国家的地缘政治风险首先还需要考虑这个国家的经济是否发达，发达国家在政治上就会稳定。不要管发达国家党派内部的斗争如何激烈，因为政治和经济之间相互隔离，对经济的影响不是太大。所以发达国家的地缘风险相对较小。

地缘政治的表现形式大体有国家内部的政治表现形式，国家与国家的政治表现形式，一个国家与多个国家的政治关系，多个国家和多个国家的政治关系等。比如，中国大陆和台湾地区，本来是一个国家的内部政治问题，但是由于历史和世界地缘政治的关系，美国、日本都和我国台湾地区有密切关系，这样就需要中美之间、大陆与台湾地区之间找到平衡，也需要考虑到和日本的关系。这么复杂的地缘政治关系对经济也是有影响的。

总之，地缘政治风险是一个企业推行全球化必须要重点考虑的因素，企业不仅需要考虑所在国家的地缘政治风险，还需要考虑中国和这个国家之间的地缘政治风险。中国作为一个大国，在全球拥有很重要的经济政治地位，这是中国企业全球化在国际关系方面的内容。同时，中国奉行和平共处五项原则以及受到传统文化和价值观的影响，使得中国有一个很好的国际环境。但是，作为世界大国，中国经济的崛起客观上构成了与美国的国际竞争关系，同时，由于美国从 1945 年至今一直主导着第二次全球化浪潮，所以，中美之间的关系是中国企业全球化最重要的地缘政治关系，也存在着最大的地缘政治风险。从正式建交到现在，中美关系已经发生了根本性变化，这种变化给中美之间的经济合作带来了风险。这是中国企业在地缘政治风险领域最需要关心的问题。但同时，作为两个世界强国，中美彼此也是最大的贸易伙伴，也遵循着在竞争中合作的主题。如何把握，需要中国企业家的共同思考。

第二节　企业全球化的经济风险

这个风险主要是指中国的企业一旦走向全球，就会出现和国内不一样的经济和经营行为，只要有了这个行为，就会出现经济和经营风险。这包括面临不一样的法律、不一样的标准、不一样的市场、不一样的规则、不一样的经营习惯等。异国他乡的这些不确定因素的存在，给企业全球化增加了复杂的经济风险，从而导致我们的很多企业产生畏难情绪。这也是中国企业全球化程度不高、企业全球化能力不强的一个很重要的原因。如果从事物的反面来看，也许正因为这样的复杂性，才让国与国之间存在经济差异、经营差异，反而增加了因商业信息不对称、机会不对称而存在的利益落差。比如说，中国成为世界最大的制造基地之后，这个制造基地的大量原材料都不会产自中国，必须从全球采购。试想，如果所有原材料都来自中国，所有人都很容易获得，信息完全公开透明，对中国企业来说，是没有多少机会的。就是因为所有需要的原材料来自全世界不同国家和地区，每个国家有不同的交通物流条件，每种产品有不同的价格和品质，所以才会有全球范围内的经济复杂性和经营复杂性，所有在全球范围内的这些经营者都会在如此复杂的经济环境里面找到商业机会。所以，越是在错综复杂的全球性经济和经营环境中找到机会的企业，越容易获得最大的利益。

我一直在思考，为什么日本会形成全世界独一无二的商社经营模式？就是因为日本国土面积太小，对全球产业要素过度依赖，所以只能通过商社模式，把自己的投资、金融、产业、物流、技术、人才等外延到世界各地，客观上通过全球化延伸了日本的经济领土。所以，面对如此复杂的全球化经济和经营风险，中国的企业该怎么解读和应对呢？

第一，取决于企业全球化的定位和战略。如果企业是一家以全球市场作为市场目标的企业，类似于华为这样的公司，那就必须全面制定企业的全球化战略，必须研究全球所有国家的经济、政治、文化和历史，然后有针对性地制定企业在每一个国家和地区的进入策略。这是企业全球化的最高要求。同样，企业在制定全球化战略的时候，必须要制定全球化经济与经营风险的应对策略，还要根据不同国家的市场和经营环境，决定进入的时间以及进入的方式。企业在经济环境和经济秩序良好的国家，可以重点投入资金与经营力量；在经济环境和经济秩序不太好的地方，就要减少投入，而且更加需要和当地的企业合作开展经营活动。

第二，如果企业主要希望进入发达国家，就需要学习发达国家的商品、技术标准以及准入条件。比如中国的食品，总体来说中国的食品产业是一个巨大的产业，也是一个相对过剩的产业，中国非常需要发展食品行业的出口。中国在加入 WTO 之后，食品行业的出口曾经达到每年 20% 的增速，但是到了 2012 年之后，增长后劲严重不足，2014 年之后，反而出现持续的负增长。原因就是中国的食品企业在发达国家没有优势，产品达不到发达国家的要求，大规模地去开发发达国家的市场就会面临经济和经营的风险；如果定位于印度、俄罗斯、印尼这些发展中国家，又会面临这些国家的经济秩序风险、价格风险。

第三，在全球化的技术战略方面，中国企业很重要的策略就是获取发达国家的技术成果和优势，通过提高企业的技术水平回到中国市场，在中国市场取得成功之后，再进入其他国家市场。这个时候，企业在技术、知识产权方面的全球化策略就要非常谨慎，一定要清晰地知道技术的授权内容和授权范围，需要注意这些知识产权在全球的登记和布局情况，不要把未经授权的专利用在被授权的国家和地区，也不要将已经授权的专利用在未经授权的国家和地区。

第三节　企业全球化的自然灾害风险

几乎在全世界所有重要的商业合同或者协议里面，都会有一项非常常见而重要的条款，那就是关于不可预见和人力不可抗拒因素的条款。战争、自然灾害、瘟疫等给商业行为带来不确定状况和风险的情形经常都被约定在合同或者协议之外。这些风险是企业在全球化的过程中，难以避免同时又需要注意的。我们就以这次新型冠状病毒引发的疫情为例，这次疫情不仅会给中国的经济造成巨大的损失和影响，并且由于中国与全球经济之间的直接联系和间接联系非常紧密，疫情对中国经济的影响必然会波及全世界，必然会波及全球经济。此外，此次疫情波及全球多个国家，为了加强防控，很多国家之间的经济联系也减少了。

这样的突发性事件，是企业全球化过程中几乎每年都会发生的。就以澳大利亚特大的森林火灾为例，这么大的火灾对澳大利亚的经济也会带来影响。对于中国企业来说，与澳大利亚森林火灾相关的企业和经济活动也会受到影响。另外，在我写作这本书的时候，还有一场灾难也在全球范围内蔓延，那就是蝗灾。在非洲大规模肆虐的蝗虫已经从非洲进入印度和巴基斯坦，给这些国家的粮食生产带来了巨大灾难，如果印度和巴基斯坦不能很好地应对，蝗灾就可能迅速进入中国的西藏、新疆和青海。蝗灾之后，就是粮食、蔬菜、瓜果的严重减产，会造成世界性粮食紧缺。尤其是中国，如果遭遇疫情之后再遭遇蝗灾，就等于受到了双重打击。这势必影响全球粮食价格，而粮食期货价格又会涉及金融市场。还有什么样的来自自然界不可抗拒的灾难呢？这些灾难又会发生在哪些国家、哪些地区？对经济活动、全球企业会带来什么损失和影响呢？这都是未知数。所以，中国企业在全球化的过程中，还可能遇到非常多的难以预测和难以抗拒的自然灾害风险。

虽然难以抗拒，但是应对自然界的这些风险，也是有规律可循的。比如，地震多发生在地壳活跃地区，包括日本、中国、菲律宾、新西兰、印尼等国家，人们对地震已经有应对的策略。经常发生蝗灾、海啸、火山爆发的地区都有了预防措施。中国企业都可以针对这些潜在风险做出安排。中国的企业全球化除了需要建立这样的风险意识之外，关键需要根据自然灾害的特点，创建适合企业全球化的商业保险机制，针对企业全球化的商业活动，通过与保险公司的合作来防范这样的风险。

第四节 企业全球化的法律风险

世界各国有不一样的政治和司法制度，虽然全球法律体系主要由大陆法系和英美法系构成，但是每个国家都有独立的司法体系，导致任何一个国家的企业进入另一个国家和地区，都必须要遵循所进入国家和地区的法律。也就是说，如果一家中国企业需要开展全球化业务，只要企业的任何一个经营要素离开中国，进入其他任何一个国家或者地区，那就需要遵循这个地方的法律规定。因此，所有需要全球化的企业，都存在企业全球化的法律风险。企业的产品、技术、人员、公司主体以及所有经营行为都必须接受所要进入国家和地区的法律监管。企业全球化所涉及的国家越多，所面临的法律关系也就越复杂。

从全球范围来看，发达国家都是法治社会，相对来说法律体制非常完善，企业所面临的法律风险较小；而有些发展中国家和不发达国家的法律体系是不完善的，法律风险也会更大。对于中国企业来说，虽然中国目前的法律体系主要是大陆法系，但是，中国企业不会只和大陆法系的国家发生经济往来，也会和英美法系的国家发生经济往来。

从企业全球化的其他风险来看，政治风险也好，自然灾害风险也好，企业全球化不一定遇到这些风险。但是，企业进入任何一个国家，就必须面对这个国家的法律，处理不好就会出现法律风险。一旦遭遇法律风险，对于企业来说，就成了输家，因为产生了法律成本。所以，一个企业，一旦需要展开全球化业务或者实施全球化战略，就必须要有法律意识，进入任何一个国家，都需要和这个国家的律师机构建立合作关系。全球化企业需要研究和了解所进入国家的法律，规避所在国家的法律风险。同时，法律和经济行为之间本身还有一个全球化的问题，经济全球化是和法律全球化相关联的。这也体现了企业全球化的复杂性。

当年在并购奥地利斯太尔公司的时候，就发现斯太尔有一款发动机和美国企业签订了独家授权合同，按照这个合同，不管斯太尔的拥有者是谁，只拥有这款发动机的收益权，而不能再次将这款发动机授权到别处生产。

有一家中国企业并购了一家美国小型飞行器公司，这家美国公司有一个技术是和美国军方合作的。即使中国企业花钱完成了对这个美国公司的并购，将很多资料和样机运回中国，但是，美国军方发现其中属于美国军方的合作样机也被运到了中国，就要求将这架样机运回美国。

中国和欧洲空客公司在中国合资生产制造直升机，由空客提供技术支持，直升机的标配发动机是美国生产的，但是空客公司必须执行曾经与美国签署的一份制裁中国的协议，所以，这架直升机就不能使用美国生产的发动机。

中国的企业全球化会遇到的法律风险主要包括以下方面：

一是产品的合法性。

二是技术的法律问题。

三是经营行为的法律问题。

四是法人和自然人的合法性。

中国企业在全球化过程中需要对所有的全球化行为进行法律分析，要了解相关法律，并聘请熟悉这些法律的律师。在全球化的过程中，企业一定要遵守相关法律，遇到法律问题时尽快通过律师进行应对。聘请的律师，不仅需要懂得中国的法律，还需要懂得所在国家的法律。

第五节　企业全球化的金融风险

全球金融体系是企业全球化的重要内容，全球金融体系在企业全球化的过程中表现为两个方面：一方面，金融是所有企业必须打交道的系统和工具；另一方面，金融业是一个产业，金融产业的全球化也是企业全球化的一部分。但是在这里，主要还是讨论非金融企业在全球化过程中所面临的金融风险。

中国的企业全球化与金融体系的关系包括中国企业在国内与海外金融机构产生的联系，以及中国企业到国外和全球金融机构产生的联系。中国企业在国内和海外金融机构产生联系相对比较简单和容易，包括在国内将企业出售给海外产业和金融资本、在国内获得海外金融资本的投资、在国内获得海外金融机构的贷款等。不管中国企业和什么样的金融机构在国内产生联系，不管海外金融机构与资本来自哪些国家，这些都必须符合中国的有关法律，如果金融法律纠纷出现在中国本土，相对比较容易解决。

但中国企业全球化的最大难点和风险之一还是走向全球的金融风险。企业在走向海外的全球化历程中，涉及的金融业务包括海外开户、资金出境、海外结算、海外贷款、海外投资、海外资本性融资、海外发债、海外上市、海外并购、海外汇兑等。我们非常鼓励企业用好全球金融工具和金融产品，但是，用得越多，就越容易面临全球化的金融风险。

中国企业全球化的金融风险主要有两个方面：一方面是因为企业在全球化过程中必须要进入世界不同的国家，就会面对不同国家的金融政策和金融环境，从而产生相关风险；另一方面是中国金融的对外开放程度和国际化、全球化程度不高，中国的金融市场和发达国家的金融市场不一样，中国市场的金融经验和金融资源在企业全球化过程中对企业尤其是民营企业的支持和帮助不太大。

全球金融市场非常复杂，但是总体来说，经过两次全球化浪潮的洗礼，并经历了多次金融危机，全球金融市场还是形成了非常健全的法律体系和监管机制。中国企业全球化比较大的缺陷是不熟悉全球金融的游戏规则，所以吃了不少亏。我比较熟悉的一个金融风险案例就是因为企业完全不懂得国际资本市场的游戏规则，最终遭受了巨大损失。

在中国企业的全球并购中，中国资本并购 AC 米兰足球俱乐部曾经引起过不少关注，我也是主要的当事人之一。对于并购 AC 米兰，我也进行了精心的组织和准备，也专程到意大利米兰和贝卢斯科尼本人进行了深入的谈判。通过谈判，我发现贝卢斯科尼确实是一个经验丰富、老谋深算的商人，他将和我的谈判条件作为筹码，去打压另一个谈判对手，使另一个谈判对手中招，但是最终交易没有成功，他又转回来再找我们。在我和他胶着的时候，我身边有人偷偷拿着我的方案让另外一个中国商人去和贝卢斯科尼签了合同，支付了首期资金。而这个时候，风险出现了，中国政府出台的政策开始限制中资外流，尤其是对于体育、文化、娱乐项目的限制，使那位中国商人在国内融资的钱出不去了。他要么终止合同，损失前面支付的几千万欧元；要么在海外融资，解决后期资本的支付问题。

对 AC 米兰这样的足球俱乐部来说，这么优质的资产在海外融资是没有问题的，关键是选择什么样的金融产品和金融机构。其实这个时候，那位中国商人有几种选择，最好的方式就是寻找海外的中国投资人，将股权稀释进行融资，甚至不惜放弃控股权。即使要做债务融资也应该是找到香港的种子或者港资金融机构。但是不知道为什么，这个中国商人找了一家美国典型的秃鹫基金。秃鹫基金是资本市场专门做乘人之危业务的资本工具，通过收购违约债券、恶意诉讼项目，让债务人支付违约金，从而获得高额利润。秃鹫基金本身无可厚非，关键是债务人要有赎回资金的能力和资源。结果，那位中国商人在规定时间内没有能力支付后续资金，最后所有股权被全部转让，所有权益荡然无存，造成了数亿欧元的损失，他也从 AC 米兰净身出户。

全球化的金融风险是一个非常巨大、专业的课题，我对于中国企业全球化所面临的金融风险的建议是：

第一，尽可能和海外的中国金融机构建立合作联系，由海外中资金融机构给企业全球化提供金融服务。但是，一定要找中国银行以及中国工商银行、中国建设银行、中国交通银行等全国性大型金融机构在海外的平台。这些大型机构在国内主要做贷款业务，但是它们在海外的金融业务比在国内的更加丰富，不仅有商业银行业务，还有投资银行业务。

第二，最好不要找小型金融机构，尤其是纯粹借款的机构。海外金融市场的准入门槛不高，金融机构鱼龙混杂，中国企业很难判断这些金融机构的信用。

第三，企业要实现全球化，就要坚守全球化的定位、目标，正常安排和处理全球化过程中的金融问题，科学、合理地用好全球金融资源，不要因噎废食。在和金融机构和金融产品打交道的过程中，不要迷失了自己，也不要利用金融资源开展和自己无关的金融投机业务，从而改变了企业全球化的初衷。

这样的案例在香港市场发生过多起。一些中国的中小型企业被来往于中国和海外的金融投机分子编造的金融谎言所欺骗，偏离了海外上市的目的。结果，很多企业付出了不小的代价却没有成功上市；有的企业上市之后股权被巧取豪夺，更有甚者，被一些不法分子欺骗到香港，将企业装进香港上市公司，但是控股权却不在自己手上，而国内业务又对赌失败，最后不仅没有拿到资金，反而被迫转让企业。

第六节　企业全球化的治理与人文风险

2020 年，美国拍摄的一部纪录片《美国工厂》获得奥斯卡最佳纪录长片奖。这部电影最有意思的是片中主角是中国大名鼎鼎的企业福耀集团，创始人曹德旺在中国也有很大的影响力，是一位著名的慈善家。曹德旺在美国投资建立美国工厂曾经在中国引起很大反响，甚至有媒体写文章呼吁"别让曹德旺跑了"。

福耀集团是一个非常典型、非常成功的企业全球化样板，也因为如此，福耀集团成为中国最大、全球第二大的汽车玻璃制造企业。福耀集团如果在中国生产，把产品卖到美国，会因为关税、反倾销这些问题以及中国不断上涨的生产成本而使利润空间下降。而美国恢复制造业政策，其低成本电费、低价格天然气对福耀集团具有很强的吸引力，于是福耀集团并购了一个美国的破产旧工厂，投资改造之后在美国进行产品生产。这个项目虽然经历了中美文化的冲突、美国式管理的困境，但最终获得了成功，成为中国在美国投资成功的典范，也成为中国企业全球化的典范。目前，福耀集团在美国生产产品产生的利润比在中国生产产品之后再卖到美国产生的利润高很多。但是，在影片里，曹德旺一样被批评，其中比较严重的冲突就是需不需要在工厂建立工会，让工会参与管理。我们从事全球并购的人都知道，在发达国家并购企业的时候，工会就是一块绊脚石，如果处理不好，并购就会因为工会的问题而遭遇失败。在这一点上，就是新创建一家工厂，曹德旺也坚决反对工会参与管理，甚至提出，如果工会参与管理，他宁肯放弃企业。

这个问题就是企业全球化可能遇到的文化、制度、治理结构带来的风险。这方面的风险在发达国家和发达国家之间相对不大，而对于中国的企业全球化来说，必须高度重视这个风险。原因如下：

第一，中国没有和发达国家同步进入工业化，在第一次、第二次全球化浪潮中，中国是全球化规则的输入者、学习者，而不是全球化规则的制定者。中国企业在全球化的过程中必然和全球化规则产生很多的文化、历史、规则方面的冲突。

第二，中国和全球化的主导国家在经济政治制度上，存在很大的差异，因为中国有具有中国特色的市场经济。为什么很多海外企业到中国不愿意和中国企业、中国资本合资，原因就在于外国企业和外国资本很难接受和适应"中国特色"；同样，中国企业如果到了海外，依然会将中国特色带到全球去，就会到处碰壁。所以，《美国工厂》这部纪录片的一个很重要的观点，还是希望福耀集团在美国的企业更多是美国化的，而不是中国化的。

第三，中国企业成长的历史不长，中国企业国际化、全球化的程度不高，中国企业家对于企业全球化的认识、理解都不同，所以，中国企业家在全球化的过程中，非常容易将中国的价值观、社会文化观念带到全球化行为中去，使企业在全球化过程中产生一些问题。

第四，中国虽然通过改革开放融入全球化时代，但是中国几千年历史传承下来的文化、价值观、生活方式都是建立在以中国为中心的基础之上的，历史上都是别的国家来融入中国的，中国没有主动融入全球化的历史基因和文化基因。当年郑和七下西洋历时数十年，最终还是放弃了对世界文明的进一步了解。即使今天，当我们处在第二次全球化浪潮和第三次全球化浪潮交织的时代，必须要我们主动地融入全球化的时候，我们还是对全球化没有真正了解。

中国企业的全球化在文化、人文、治理等方面和全球之间存在很大的差异，这会使得中国企业的全球化存在较大的人文风险。这些内容包括：

（一）语言文字的差异

中国有独立的语言和文字，并且流传数千年。这是中华民族的骄傲。但是，由于中国语言和文字的全球传播性不强，世界各国难以通过中国的语言和文字了解中国。同样，全球传播最广泛的英语在中国的应用效果也不是很好，也影响了中国人和世界的交流。语言文字成为中国企业全球化的障碍之一。

（二）历史文化的差异

中国有传承五千年没有中断的非常令人羡慕的历史文化，同时，数千年来，中国悠久的历史文化也对世界文明的进程产生了积极影响。中国企业在全球化过程中，一方面可以利用中国优秀文化的优势与世界建立积极的文化联系，使文化成为中国企业全球化的桥梁；另一方面也要非常尊重每个国家和地区的文化，不要因为文化的冲突而影响了全球化的推进。

（三）生活方式的差异

有什么样的文化就有什么样的生活方式，中国人的生活方式也是几千年来形成的。但是，由于中国与世界各国的生活方式都有非常大的差异，所以，中国企业在全球化的过程中，也需要非常注意生活方式不一样给企业全球化带来的麻烦。比如，中餐和西餐在食材、烹饪方式、就餐方式等方面完全不一样。全球化的过程中，不论是在中国还是在国外，中国企业家都有可能和外国企业家一同进餐，这就需要针对不一样的就餐习惯进行安排，而不能到了海外一定要按照中国的就餐习惯就餐；同样，在中国也不能非常不礼貌地让外国朋友接受中国的生活方式。

（四）民族宗教的差异

中国是一个多民族的国家，一共有 56 个民族；世界也是一个多民族的世界，一共有 2000 多个民族。不一样的民族就有不一样的文化。世界还有基督教、伊斯兰教、佛教三大宗教和几十种不同类型的宗教，每个宗教又有不同的派系，因此构成复杂的宗教关系。而宗教作为一种信仰，又与政治之间有着各种各样的关系，不一样的宗教还会对生活方式、风俗习惯产生影响，这些都需要企业在全球化过程中予以了解和关注。不论是产品包装还是生产技术，如果触犯了宗教信仰，也会遭遇经济损失。

（五）商务礼节的差异

经济全球化这个庞大的经济生态，在 200 多年的发展中，不仅形成了庞大的经济运行体系、交易体系，在运行过程中同样也形成了系统的商业礼仪和行为规范。经济全球化是由发达国家推动的，几乎所有的商业礼仪也都是在发达国家生活习惯的基础上形成的。比如，只要是正规的商务场所，参加商务活动的男士必须要穿正装、打领带。1992年，我第一次去香港的时候，站在香港中环的廊桥上，看着来往穿梭的人群，发现几乎每一个人都是非常严谨、不苟言笑地穿着笔挺的西装、打着领带。后来在工作中我才慢慢知道，即使穿西装、打领带，也有很多的规矩。到第二天休息日，我和我的香港朋友聚会时，发现他们没有一个人穿西装，所有人都是便装。昨天还是衣冠楚楚，今天突然变成这样的风格，我突然觉得很不习惯。而我们自己还不懂这样的规则，照常穿着西装就去了，造成了穿西装的尴尬。

同样，不穿西装也有不穿西装的尴尬。2015年在伦敦，英国国际精英会创始人约我见面，他把见面地址安排在伦敦的一个私人会所，而我当时已经订好航班，当天晚上要去希思罗机场返回中国，我身上只穿了便装。当我到达约会地点的时候，我才知道，这是一家私人会所，要求进去的人必须穿西装，而我的西装已经打包放进旅行箱了。好在英国的私人会所也很人性化，为避免这样的尴尬准备了备用西装，我只好临时穿着会所的备用西装进去开会。

除了穿着之外，就是时间，西方商业人士经常都会在一个月甚至几个月前就安排好自己的行程，而中国商人经常是随时安排自己的行程。已经安排的行程不要轻易取消，也不要轻易迟到，这些都是中国企业在全球化过程中需要注意的细节，而往往中国企业在这些细节方面给外界留下了不太好的印象。

（六）商业诚信的差异

在企业全球化的游戏规则里，商业的诚信是很重要的一条。商业的诚信包括所有交易合作行为对于承诺和规则的遵守，既包括产品的诚信和技术的诚信，也包括所有商业行为的诚信。诚信几乎包含在所有商业行为的每一个环节，是所有商业行为的基本条件。即所谓的"一言既出，驷马难追"。古代的中国文化中，中国人非常讲究诚信，但是在现代市场经济的发展过程中，中国企业的诚信问题是一个需要解决的问题。在我的全球化历程中，遭遇的最尴尬的事情也是中国企业在全球化过程中表现出来的基本诚信问题。大量的问题集中在两个方面，一个是中国企业的商业习惯与发达国家企业的商业习惯的差别；另一个就是我们不熟悉发达国家的商业习惯。由诚信问题引发的商业失败案例也比比皆是。

第十一章
未来 10 年——数字经济时代的全球化浪潮

　　1991 年那个酷暑，我实在忍受不了计划经济体制下国有企业的工作氛围，漫无目的地游荡到了海南，在无所事事之际，我幸运地闯进了资本市场。从 1992 年到 1995 年，我和我的老板范日旭巧妙地运用资本运营技术，在整个中国都还对资本市场懵懵懂懂的时候，把海南顺丰这么一个小小的私营企业打造成为控股三个半上市公司的资本集团。而当年，福布斯排行榜把牟其中列为中国内地排名第四位的富豪。如果当年海南顺丰控股的三个半上市公司都把实际控制人范日旭列出来，按照资本市值估算，范日旭的持股市值远远大于牟其中。范日旭应该是那个年代当之无愧的中国首富。

　　当年的我，觉得这一切就像做梦一样，自己都不敢相信。现在回想起来，就是因为在中国由计划经济向市场经济转型的过程中，我们领先于全国其他企业，所以超前掌握了资本游戏的规则。

　　30 年过去了，我今年再次有了 30 年前的感觉。在全中国都懂得了资本游戏规则的时候，我隐隐地感觉到，有一个类似于 30 年前的机会到来了：这就是数字经济。

　　就像 30 年前我向别人描述资本市场时，听者都不信一样，今天我给大家讲述数字经济驱动的第三次全球化浪潮的时候，几乎所有听众和 30 年前一样。

　　我每天都关心着全球的疫情。确诊的人数、去世的人数还在不断地攀升，我作为一个渺小的生命体，面对这个世界突发的公共危机完全无能为力。看着全世界几乎所有著名的政治家、经济学家、人文学者都在极度悲观地预测全球经济陷入衰退时，我却觉得和之前发生的两次世界大战一样，这一次一场全球性的瘟疫替代了战争，推动了第二次全球化浪潮和第三次全球化浪潮的交替。

就像 1945 年一样，资本主义市场经济经历了两次世界大战，殖民经济模式彻底被取代，资本主义制度驱动的第二次全球化浪潮带领世界创造了人类文明史上最繁荣的一个世纪。

在英国有一个很荒唐的谣言，把新冠病毒的传播归罪于 5G 的发展，于是英国伯明翰、默西塞德就有两座 5G 基站被人烧掉。

我在研究数字经济的时候，也把 5G 和新冠病毒联系了起来。5G 是数字经济从初级阶段上升到高级阶段的颠覆式、里程碑式的技术。5G 的全面应用将使数字经济形态真正形成。新冠病毒在中国肆虐的时候，客观上提高了中国人线上活动的能力，让更多人习惯线上的工作、学习、生活，促进了数字经济发展；同时，如果不出所料，今年中国将会全面推动数字基础设施的投资，未来 5 年之内将会投资 50 多万亿元人民币。一方面通过投资来迅速拉动后疫情时期的中国经济；另一方面完成中国数字经济时代的基础设施建设，为第三次全球化浪潮奠定物理基础。

10 年之后，我希望回忆起今天这个观点的时候，我的预测是准确的。我希望更多的人不要浪费了这次疫情危机带来的全球化机会。

第一节　计划经济、市场经济、数字经济

　　解读数字经济，并且把计划经济、市场经济、数字经济并列起来思考，不知道是不是我的发明。不过幸运的是，我经历了前两种经济形态，所以可以把我体验的计划经济、市场经济、数字经济进行同步思考和比较。

　　社会主义计划经济是建立在公有制基础上的经济形态，是指不同于市场经济的，高度集中的，通过行政指令来配置社会资源、安排经济计划、制定政策，按照预先确定的经济计划来安排重大经济活动的经济制度。没有公有制这个经济基础，计划经济不存在推行的可能性，私有制下是不可能诞生计划经济的。中华人民共和国成立初期，进行了社会主义改造，实现了生产资料私有制向社会主义公有制的转变，也在这个基础上，创建了计划经济体制。1978 年开始改革经济体制，在计划经济体制内部引入市场机制改革，让市场调节在经济体制中有了一席之地。

　　市场经济是诞生于资本主义国家的基本经济制度和经济形态，市场经济是建立在私有制基础上的，是和资本主义相适应的经济制度。中国改革开放以来，创建了中国特色社会主义市场经济制度，既借鉴资本主义市场经济发展了中国经济，同时仍然坚持公有制的主体地位，这是中国经济制度的一个巨大创新，也帮助中国经济快速发展成为世界第二大经济体。但是，私有制与公有制

的矛盾和冲突在实际操作中还是存在的，中国既不可能回到计划经济时期，同时，也不会走私有制的资本主义道路，所以创建了具有中国特色的社会主义经济制度。

我个人曾经有过计划经济时期的经历，也全程经历了从计划经济到市场经济的改革过程，再加上我经历了 10 多年全球并购和企业全球化的历程，使我对资本主义市场经济也有深刻的了解。同时，我最近又有幸参与了数字经济的相关实践。我在这些经历中，产生了几个基本观点：

第一，数字经济在人类文明发展史上是有可能和计划经济、市场经济并列的，同等重要的经济形态，也是具有里程碑意义的经济形态。我的朋友，清华大学新闻与传播学院博士生导师崔保国教授也是把数字经济和人类文明发展史上的各种经济形态并列起来，提出数字经济是继农业经济、工业经济之后出现的新的经济形态。

前些年经济界流行过"新经济""知识经济"这样一些概念，但是这些概念都停留在哲学层面，比较抽象，缺乏一些具体的解释。

第二，和殖民经济、资本经济都需要通过殖民力量、资本力量对经济行为进行控制不一样，数字经济与生产资料的公有制、私有制都没有冲突，和任何社会制度都可以兼容。

数字技术所构建的一个又一个行业生态、产业生态主要在平行关系上通过万物互联形成对微观经济要素的有机链接，通过人与人、人与物、物与物之间的互联互通来实现宏观和微观的交互。所有这些行为都不完全依托于资本和行政力量，而是由没有任何人文属性、观念属性的全世界统一标准的科学技术，在所有链接点"有用、有利、相融"的情况下产生的。

第三，数字技术与生产资料的深度融合以及与生产经营活动的深度融合可以改变社会资源的配置方式，技术的持续发展可以超越传统的资本和行政手段对于资源配置的能力。

不过数字技术和资本并不冲突，也不是相互取代的关系，数字技术的发展同样需要资本，资本也不会因为数字技术的发展而消失。

第四，资本主义市场经济经过第二次全球化浪潮的百年积累，固化了构建资本经济全球化产业链、价值链和供应链关系的能力。即使目前全球性疫情的流行，引发人们对全球化的担忧，纷纷预言经济全球化的终结，但是，一旦全球疫情结束，旧有的全球化秩序依然会再次恢复，它们会循序渐进地推进数字经济驱动的第三次全球化浪潮，完成资本经济向数字经济的平稳过渡。企业会继续通过资本经济的控制力，找到以数字技术作为工具的发展方式。目前传统的世界500强企业通过数字化转型，通过人工智能来提高效率、降低成本、继续保持领先优势的战略符合这个逻辑。

第五，中国将充分利用5G时代的所有技术，跨越式地克服资本经济驱动的第二次全球化浪潮的缺点，利用公有制优势，大规模投资数字技术的基础设施建设，推动数字技术基础设施、数字技术底层技术、数字技术系统架构、数字技术全面应用的发展，使这些技术与全球的所有经济要素链接，形成在数字经济驱动的第三次全球化浪潮中的全面领先优势。这使得中国有机会通过数字经济的全球化，在缩小贫富分化、实现社会公平发展的前提下，成为经济最强大的国家。在数字经济的推动下，全球可以实现共同发展和共同繁荣富强。

第六，数字经济弱化了传统资本的控制力，减少了国与国之间的利益冲突，有利于帮助发展中国家快速发展，减少全球利益分配的不均衡。当然，这个转化对于全球头号经济强国美国来说，受到的冲击和影响相对较大，美国这个国家的原有利益格局会受到很大的影响，世界能不能和平到达数字经济全面推进全球化的鼎盛时代确实是一个未知数。每一次经济形态的更替都超过 100 年以上的时间，而每一次更替都是通过战争来实现平衡，那么这一次呢？

莫非这次是通过全球蔓延的疫情来替代过去的战争，从而实现平衡？

当然，美国这个国家在经济、政治、科学技术领域具有先进性和成熟性，中美两国如果经历前期的冲突和矛盾之后，继续保持在全球范围的合作态势，我相信这两个国家会携手开创一个更加伟大和文明的数字世界。

第七，数字技术这个 21 世纪最伟大的技术必将推动数字经济的变革。和历史上的殖民经济、资本经济推动经济制度变革一样，数字经济同样会推动全球经济制度的变革，推动全球社会治理的变革，推动全球文化和价值观的变革。

毫无疑问，中国同样会在数字经济的推动下，寻求适应数字经济的经济制度。中国会在数字技术的帮助下，创建更加透明、公正的国家治理体系，创建国家治理的现代化手段，大大提高社会治理水平。

基于中国几千年文化传统而提出的人类命运共同体理念很有可能在数字经济时代成为现实。数字经济全球化所推动的价值观是通过全球的万物互联互通，实现资源共用、责任共担、价值共创、利益共享。

当然，数字经济时代人类也将面临新问题、新困惑。比如，数字经济时代的全球化秩序，包括全球法律秩序、全球税收秩序、全球金融秩序、全球交易秩序、全球数据管理秩序、全球数字交易秩序、全球结算秩序等如何创建？除此之外，数字技术的全面应用造成人力资源严重过剩的问题，人工智能构成的智能威胁、智能危机的问题，生物技术和数字技术结合带来的生化危机、道德伦理冲突问题等数字经济时代的社会问题，同样需要我们去面对。

第二节 数字经济形态

在前面的不少内容里已经描述过一些数字经济的形态，但是在实际工作中，我还是感觉到经济和市场领域包括整个国家还缺乏对于整个数字经济形态的系统理解。大家都还停留在技术和应用两个角度来理解和认知，缺乏将数字技术和终端应用连接起来的系统性展望和分析。我阅读了中国信息通信研究院、赛迪智库的一些文件和白皮书，了解了一些关于数字经济的规划，中国最高端的数字技术智库都还在初步研究和规划阶段。全球范围内还没有出现一本关于数字经济的权威著作，而往往在过去的时代，这些都是被西方发达国家的著名学者和专家所垄断、所引领的。

数字经济最早的形态是互联网。20 世纪 90 年代，当互联网从美国传到中国的时候，就给我们展示了一个乌托邦一样的未来网络世界，一大批从美国硅谷留学回来的学子成为中国互联网的先驱。在 1999 年科技泡沫破灭之后，互联网热遭遇第一次打击，人们预见的互联网乌托邦没有浪漫地出现。所有触网的中国上市公司都遭遇灭顶之灾，能够存活的就剩下一些系统集成公司、互联网软件公司和门户网站。当时就是新浪、搜狐、网易这些门户网站的天下，实际上就是把数字技术和传播媒体结合起来了。无数的行业网站最后都没有找到生存的逻辑，纷纷消失。数字技术还没有达到和经济深度融合的程度。

一个技术上的重要里程碑是移动通信的发展。"IT"成为"ICT"，移动通信的出现使互联网从电脑和电脑之间的链接发展到电脑和个人的链接，出现了通过移动通信的人与人之间的数字化链接。互联网的社交模式成为主流。

接下来，中国的互联网经济进入"抄作业"阶段，美国诞生了一个谷歌，通过数字技术创建搜索引擎，使数字技术进入早期大数据和人工智能时代。中国很快就创办了百度，几乎就是谷歌的翻版。美国兴起互联网团购模式，中国创办了若干个团购网，最终王兴在经历失败之后，创办了美团网。2005年的王兴还在创业低谷，我们一起玩的过程中，他也是垂头丧气的。接下来中国的腾讯推出了微信这个独特的社交软件，比肩脸书和推特，成为中国互联网社交平台的霸主，数字技术开始改变生活方式、交往方式、工作方式。

马云从门户网站时代就开始琢磨电子商务平台，阿里巴巴的创办，对中国传统经济的影响是颠覆性的。阿里巴巴一改电子商务 B2B 的交易模式，给全球中小型商贸企业和生产制造企业创建了一个数字化在线商场，使成千上万的中小微企业提高了交易效率，降低了交易成本。由此给马云提出新零售概念奠定了基础，就是因为数字技术的应用改变了传统的零售方式，才产生了新零售。

随后的京东商城、滴滴出行等各种移动互联网时代的应用全面普及。直到这个时候，数字技术还主要体现在工具层面，但是人们清楚地意识到，数字技术的高质量发展阶段到来了。这个高质量就是数字技术水平的提高，以及围绕互联网这个虚拟平台的各种技术的综合应用给人们带来的预期。

5G 成为数字经济发展的分水岭。

5G 之前是桌面互联网和移动互联网的时代。桌面互联网只是"万脑"（电脑）互联，移动互联网开启了"万人"互联，而 5G 开启了"万物"互联。与此同时，以互联网作为载体的产业，可以通过互联网展开的综合技术发展起来，互联网已经不再只是信息高速公路。

2014 年，通过毕业于成都电子科技大学的我的老朋友袁兰女士，我第一次听说云计算。袁女士一直在通信、互联网领域工作和创业，通信领域的大佬王建宙先生曾经是她的投资人。即使听说，我也没有想到云计算和我有什么关系。但是，5G 时代云计算的意义就不一样了，如果进行比喻，我心中的云计算就是信息高速公路上的超级停车场，什么时候都可以保证车辆的通行、存放。随着这个超级停车场的成熟，它的功能也越来越多。目前，微软云、阿里云、华为云都成功创建，云计算通过基础设施即服务（IaaS）、平台即服务（PaaS）、软件即服务（SaaS）三种模式给用户提供服务。

云计算和大数据是数字技术的两个孪生姐妹，互联网空间诞生以来产生了海量信息，这些信息经过采集和处理就会成为数据，而数据大到计算机难以存储和处理时，就需要云计算来进行存储和分析处理。经过大规模采集、挖掘、分析、处理的数据就会成为有价值的数据资产，成为互联网的原材料。大数据和云计算以高传输速率和低延时的互联网作为载体，就会给人工智能创造条件，从而给区块链创造条件，创造出物联网，并且通过智慧终端带来各种各样的应用场景。当这些应用场景和技术与已经存在的全球化经济活动进行深度融合的时候，数字经济就足以成为全新的、改变人类社会发展进程的经济形态。

比如说，将 5G 的所有技术应用在农业领域，就可以创建农业产业互联网。以葵花种植为例，我们可以通过和互联网链接的农业机械，完成土地耕作、葵花子的播种、田间管理，秋收的时候我们可以完全进行机械化无人收割。同时，如果通过产业互联网对百万亩规模的土地进行企业化管理，我们就可以根据葵花籽食用和榨油这两种不同的用途，进行品种选育和优化，可以培育各种各样的满足消费需要的葵花种。榨油的，可以提高出油率；直接食用的，可以培养不同的香型。通过互联网，可以直接把田间的产品卖给消费者，可以让消费者通过视频追溯种植的所有过程，通过互联网监督，可以让消费者查询产品的化验单，保障食品安全。而在目前的产业生态下，农民自己购种，自己去购买农业生产资料，难以保障种子品质，难以保障食品安全。产品出来之后，被农户卖给地区贩子，被地区贩子卖给炒货加工厂，又被加工厂卖给销售渠道，最后进入零售终端。一颗葵花籽经历这么多环节，农民还有什么利润？

如果成功创建一个基于人工智能的葵花产业互联网，从土地流转入手，从种植开始，利用互联网技术将整个产业链全面打通，就可以实现这个产业的高水平、高质量发展。整个产业链的所有要素都通过互联网链接起来，所有要素都贡献自己的资源，在产业水平大大提高、产业效率大大提高、产业价值大大提高的同时，传统的葵花产业模式就将被彻底颠覆。而在整个颠覆过程中起决定性作用的不是资本，而是数字技术。整个产业价值创造出来之后，从农民、经营者到科研人员、技术团队再到营销人员，都可获得最大的利益。分配收益不是通过这些参与方的资本投入，而是通过技能、技术、资源的投入。产品数字化了，服务数字化了，技术数字化了，质量数字化了，信用数字化了。经营不再是资本控制，经营的组织形式是扁平化的、多点分散状的。

我设计了一个全球医药知识产权数字化交易转化中心的方案，从我开始关注中国医药体制改革到形成今天的方案，用了整整 7 年时间。

2013 年，经朋友介绍，我认识了当时中国医药设备工程协会的副会长顾维军先生。顾会长听说我在从事全球并购业务，非常激动地告诉我，中国医药行业的机会来临了，国家批准了一系列医药改革的方案。过去从来不关注医药行业的我，开始关注医药行业，我组织了国际国内的一批医药团队，想创办医药行业的全球并购基金。远在英国的、在华尔街从事了 30 多年并购业务的专家保罗先生也非常愿意参与。但是，后来顾会长失望地告诉我，这些政策基本都实施不了。

自 2016 年开始，一直到 2019 年，中国连续出台了一系列医药改革政策。2016 年，中共中央、国务院发布《"健康中国 2030"规划纲要》。在这个规划纲要的指引下，中国进一步推出了一系列医药改革的举措，包括医药疗效一致性评价、医药审评审批制度改革、"4+7"带量采购政策试点并全面推行、中国加入人用药品注册技术要求国际协调会议、药品上市许可持有人制度试点等，这些制度和改革措施的出台在中国医药行业引起了巨大的震动。国内各省市纷纷出台优惠和奖励政策，希望通过招商引资引进发达国家的医药技术和项目落地中国。通过这些政策的出台，我看到的是引进全球医药科技到中国进行落地转化的机会。但是，如何操作呢？我尝试了并购，尝试了单一技术引进，也尝试了项目投资合作等方式。最后发现，把分散在所有发达国家的医药知识产权通过集中交易的模式转移到中国落地，通过创办医药交易转化中心来实现供需双方的对接，既可以扫除专业信息不对称的障碍，还可以创建医药知识产权的价格发现和交易机制，给全世界医药研发者找到早期的资金投入，也可以将医药科技研发者的技术成果提前变现，提高科研人员和机构的积极性。

按照传统的做法，我需要在全世界寻找各种医药知识产权的拥有者以及各国市场化医药研发、审批、投资的机构和组织，然后通过谈判，将这些项目逐个放到中国公开交易的平台上挂牌，形成公开、透明、集中的项目信息池，再通过会员制组织全球需要这些知识产权的制药企业、科研机构、投资机构，为它们创造寻找、发现项目的机会。于是，我在多位医药专业人士和市场人士的指导帮助下，设计了国际医药交易转化中心的创建方案，然后就这个方案，分别和重庆市两江新区、济南市、宁波市、海南洋浦经济开发区等地的领导进行沟通和交流,得到他们的一致认同。但是，由于这个项目很复杂，涉及中国与国际不同的医药体制，涉及医药知识产权，涉及交易平台的金融属性，我认为创办国际自由贸易港的海南更适合这个项目。同时，海南还有一位医学博士出身的省长，于是，我把这个方案呈送到了省长那里，果然不出所料，他当天就做出了批示。但是，随着我对数字技术和数字经济的进一步理解，我觉得更应该采用数字技术的方式，通过产业互联网模式来创办这个交易平台，而不是以传统的交易中心模式来创办。

于是，我决定创新方案，准备通过产业互联网的方式，搭建一个互联网平台。通过大数据，搜寻挖掘全球医药专利数据；然后在线上通过对这些数据的分析，找到具有交易价值的医药知识产权；再通过大数据，对每一个项目进行价值分析和专业评价，给市场估值提供参考。然后通过互联网和知识产权拥有者进行沟通，将这些项目通过线上和线下的服务，放到互联网平台上，形成全球医药知识产权的有效供给和集聚。在需求端，可以通过互联网挖掘全球医药投资、生产的机构，然后通过线下线上的工作，创建投资交易会员系统，最后通过人工智能来创建知识产权项目的撮合交易。项目交易实现后，可以通过在各地创建的项目转化中心，实现项目在各地的转化、注册。

第一步，重点推进海外项目进入这个系统进行交易；第二步，逐渐推荐中国医药知识产权项目进入系统。如果这个项目创建成功，将会大大提高全球医药知识产权的转化和投资效率，让更多医药科研人员获得项目研发资金，提高科研人员研发医药项目的积极性，还可以通过数字技术解决资本市场难以解决的全球医药知识产权的流动性问题。由于所有交易行为更多的是通过产业互联网模式而不是通过传统交易模式，价值的实现、利益的分割都不会高度集中，不会形成资本对项目的控制和垄断。通过数字技术和知识产权的深度融合，可以减少不同国家和地区的人的线下交流和聚会的次数，不仅推进了全球化，还减少了全球性人员密集交流带来的价值观冲突、性格冲突、文化冲突。

数字经济形态不是作用在经济的某些环节，我在第一章就从所有行业和产业门类的角度简单分析过数字技术给这些行业带来的深度影响，个人、组织、国家以及世界任何一个角落都不会被孤立。产品、服务、制造、加工、质量、工艺、技术、科研、原材料、产品包装、产品存储、产品物流、产品品质、产品品牌、企业品牌、企业组织、企业股东、公司治理、集团模式、企业管理、产品销售、中介机构等，你可以想到的任何一个经济要素和商业节点，只要和数字技术联系在一起，必然产生化学反应，从而改变性质和状况，需要重估节点定位和价值取向。

在资本经济时代，全球形成了鲜明的产业形态，比如农业、工业、服务业、制造业等。在数字经济时代，产业和行业分工完全被数字技术颠覆。以葵花项目为例，通过产业互联网的组织，我们可以把品种研发机构、农业机械科研和生产单位、拥有土地承包权的农民、承担土地流转服务的机构、土地生产资料、农药化肥科研和生产加工企业、葵花籽榨油和坚果加工企业以及零售流通企业全部链接在产业互联网平台上，形成独特的产业互联网生态，原有的行业划分完全被重新组织。行业的利益分配也不是按照行业的集中度被资本控制，让资本获得最大利益，而是按照每一个节点通过各种电子合约所创造的利益节点、价值节点进行分配。

金融在资本经济时代起着举足轻重的作用，成为资本经济"融会贯通"的工具。资本作为金融工具，注入企业组织，形成利益最大化的力量和组织管理的力量，然后横向和纵向层层传递，把资本的意志通过公司这一组织形式，传递给所有商业载体，形成商业活动，从而也形成了产业链、价值链和供应链的全球化。资本在推进过程中，又和货币金融结合，通过债券、贷款、利率、汇率、票据、信托、证券、金融租赁、保险、资产管理、衍生金融产品等金融要素，综合协同，作用于全球的商业行为，促进了经济和金融的深度融合。数字经济时代，数字技术已经逐渐渗透进入金融领域，数字技术本身的金融属性也开始影响资本经济。比如，金融科技直接通过数字技术影响传统的支付手段，改变传统的支付交易，大大简化了支付流程，提高了支付效率，同时，通过数字化支付手段，创造了数字资产，这些数字资产具有支付价值、交易价值和使用价值。以比特币、以太币作为代表的数字货币把数字金融提上了议事日程。

数字货币是一种数字化的货币，是价值的数字化表示，不由主权国家和地区的银行发行，也不与已经在全球发行流通的货币挂钩，而是通过虚拟和加密算法被公众接受。大量的数字货币和区块链结合，让区块链生态的所有交易、结算、存储都通过数字货币来操作。截至 2019 年，全球范围内的数字货币已经有上万种。

2019 年，数字货币领域最大的震撼就是脸书宣布准备发行天秤币（Libra），计划发行锚定一篮子货币的加密货币，在遭到多国立法否决之后，准备发行锚定某一国货币的稳定加密币。

中国国务院已经批准中国央行发行央行数字货币（DCEP）。中国央行早在 2014 年就开始研究数字货币，很有可能在 2020 年发行第一种数字货币，如果发行成功，完全可以宣布我们进入数字金融时代。数字金融作为数字经济时代存贷、结算、交易、融通的工具，将会完善数字经济形态。数字经济也会因为数字金融系统的创建而影响全球，从而驱动第三次全球化浪潮。

我们有一个共识就是数字经济时代最主要的产业形态是产业

互联网。重庆市原市长黄奇帆先生也认为，未来在产业互联网领域将诞生几十甚至上百个万亿级企业。我个人也认为，数字经济时代最大的产业系统就是产业互联网。

目前处于产业互联网建设的早期，大家对产业互联网的理解还处于初级阶段。产业互联网的出现将突破现有的消费互联网、服务互联网、社交互联网、新媒体互联网的局限，让各种数字技术与所有的产业形态深度融合，使各行各业的产业互联网组织诞生，形成产业互联网集群。

目前关于产业互联网的发展趋势至少存在两种认识误区。第一种误区是认为可以通过互联网链接所有产业要素，关联所有产业资源，实现产业垄断式互联，这实际上是在用消费互联网的思维打造产业互联网。第二种误区是让现有企业简单地进行数字化改造，应用直播、小视频、小程序开展产品销售就是在进行产业互联网的打造。

不是一涉足数字经济、产业互联网就可以把企业经营好，资本运营只是企业经营的一种手段，也有很多人通过资本运营把好端端的企业做没了。产业互联网虽然是数字经济时代的基本产业形态，但是，不是说每一个产业互联网都可以成功。一个成功的产业互联网必须做到三点：一是必须对互联网载体和各种数字技术进行综合运用，而不仅仅是互联网化；二是必须深度研究产业规律，尤其是研究每一个行业，甚至是细分行业在全球的分布规律以及纵向的产业链、价值链、供应链的关系；三是拥有把前面两点融合、整合的能力和方法。这本身就是一项极其专业、极其复杂的工作。然后在这个基础之上，对接金融资源，用好金融资本，才有可能打造万亿级企业。

5G 以前，数字经济还处于初级阶段。在这个阶段，中国的阿里巴巴、京东、百度、腾讯等互联网企业已经达到了消费互联网的顶峰。5G 开始大面积推广的时候，数字经济将进入中高级阶段，这个阶段是对消费互联网的迭代，消费互联网将会让位于产业互联网。5G 带来的互联网载体把云计算、大数据、人工智能、物联网、区块链这些数字技术带进一个更加广阔的应用世界，给这些技术创造了巨大的应用空间，同时也会促进这些技术的研究和应用。国内很多专家只是看到数字技术的原理和技术逻辑，看到了这些技术逻辑在各行各业的应用场景，但是很少有人把这些认识与企业、组织、产业、行业深度结合起来。接下来随着人们认识与理解的发展，随着技术的不断进步，数字经济一定会进入高级阶段。

青岛市委书记王清宪认为，通信和信息制造业成就了深圳，消费互联网成就了杭州，青岛必须抓住工业互联网的机会，他建议将青岛创建成为世界工业互联网之都。

青岛有海尔、海信、青岛啤酒等一大批制造企业，海尔创建的卡奥斯工业互联网平台已经在全球范围内获得了成功，成为青岛工业互联网的样板，给青岛打造世界工业互联网之都奠定了基础。

第三节　数字经济形态的上层建筑与社会治理

毫无疑问，数字经济也会像资本经济一样影响上层建筑，影响政治体制和社会价值观。

第一次全球化浪潮时期，资产阶级政权在英国建立。这个政权代表了当时的先进生产力，这个生产力就是以工业革命为基础的资产阶级生产方式，它取代了封建时代的生产方式。但是，由于早期资本主义的生产方式还比较落后，市场化程度也不高，于是出现了通过殖民地模式推进的经济全球化。

第二次全球化浪潮之所以成功，是因为第二次工业革命推动生产力高速发展，需要更加科学的生产关系和政治制度来维护和发展生产力。于是，一个完全没有封建历史的美利坚合众国诞生，它适应了资本主义的生产关系，适应了市场经济的发展，成为第二次全球化浪潮的主导者。

数字经济时代最大的特点就是全面改变资本主义的生产方式，数字技术成为新的最有价值的生产力，同时，数字技术也是一种生产关系。生产资料的所有制关系这个资本经济时代重要的生产关系在数字经济时代的作用下降。人与人、人与物在生产中的关系不完全取决于生产资料的集中度，也不是相互制约、相互控制的关系，而是相互支持、相互赋能、相互需要的关系。价值的分割和利益的分配主要取决于对数字技术连接的经济关系的作用和贡献，资本是一种分配方式，资源、服务、智慧和资本的分配关系不再是从属关系，资本主义的生产方式被完全取代。在这样的经济基础下，我们所要的政治制度就是能够代表数字经济时代所有生产者要求的政治制度，这些生产者和资本的属性没有关系，数字技术没有意识形态属性，没有资本主义的人工智能和社会主义大数据，不再是少数人拥有大多数财富，而是更多的人拥有更多的财富。在数字经济时代，政府可以通过税收、财政、社会福利来改善因人力资源过剩而产生的收入不平衡状况。

在数字经济与上层建筑之间，随着数字经济的良性发展，数字技术还会不断提升，从 5G 再到 6G 的发展，还有很大的上升空间。数字技术的发展会让这个世界的社会形态更加透明，公权力、行政力对经济发展的作用也会大大削弱。数字经济对资源的配置能力不仅超越计划经济时代，也会超越资本主义时代，政府的执政能力也会因为数字技术的发展而大大提高。

关于将数字技术应用于社会治理，目前中国已经走在全球的前列，这是中国成为世界最安全的地方之一的主要原因。新冠肺炎疫情在湖北大规模暴发之后，中国政府通过强大的执政能力，并借助数字技术的优势，迅速控制了疫情在全国的蔓延。大家仅仅看到了武汉"封城"这样的表面现象，但是通过大数据技术绑定个人移动终端，并对人员流动的信息进行掌控，对防疫起到了非常重要的作用，堵塞了病毒的传染途径，大大减少了病毒的传播人数，减少了生命损失和经济损失。中国拥有强大的行政体制和政府机构，社会治理成本很高，但是数字技术的全面推广和应用，会大大提高数字化治理能力，也同样会降低社会治理成本。

总的来说，讨论这么严肃的话题还有些为时过早，也不是本书的目的，这里浅尝辄止。

第四节　数字经济时代的共享文明

2019 年夏天，我在云南洱海的玉几岛上和我的朋友、艺术家赵青聊天，在洱海边和赵青这位富有文化素养的朋友谈古今中外，是我和他难得的精神回忆。他和我分享了他所尊崇的南怀瑾老师的一些观点，很让我吃惊。南怀瑾老师认为 19 世纪下半期到

20 世纪，主要有四个西方文化的理论在运转，即达尔文的进化论、弗洛伊德的性心理学、凯恩斯的"消费刺激生产理论"、马克思的资本论。南怀瑾很反对消费刺激生产，认为这让人变得贪婪。南怀瑾老师认为 21 世纪也有四个东西很重要，那就是共产主义理想、中国传统文化精神、资本主义管理方式、社会主义制度。遗憾的是，南怀瑾老师没有看到数字经济时代的到来，数字经济会在资本主义管理方式的基础上，催生扬弃资本主义生产方式的管理制度。21 世纪有可能诞生的社会文明共识只有两个字：共享。

关于共享，前几年因为数字技术的推动，出现了一个词叫"共享经济"。人们把通过数字技术的便利，给城市交通提供自行车服务的模式称为"共享单车"，其实这个概念是不成立的。所谓的"共享单车"只是一种数字技术下的商业模式而已，这种商业模式把自行车这个传统的私人财产，变成一种经营组织的生产资料，消费者都可以通过扫码付费随时使用，谁都可以骑上没有个人属性的单车，"共享"在"共享单车"中是一个伪概念。"滴滴出行"开始也被解读为共享经济，私家车拥有者可以通过互联网，在闲置时间提供载客服务，把私家车变成共享的交通工具，这个共享其实也不成立，最后私家车都成了专职的"网约车"。

但是，数字经济的共享机制和共享生态是成立的，数字经济这个经济形态所表现出来的价值取向是客观的共享取向。数字经济时代的文化，可以促进共享文化；数字经济时代的文明，可以理解为共享文明。

在共享文明这个领域，我的朋友、著名慈善家卢德之先生有很多研究，他提出了"共享文明"这样的理念。卢德之在商海沉浮之后致力于慈善事业以及慈善事业的国际化推进，成为全球范围内的慈善领袖之一。卢德之非常喜欢研究，我和他也经常进行一些思想层面的交流。他前些年研究资本的文化属性，专门出版过《资本精神》一书，试图通过资本这个工具，在财富创造和财富运行中，注入文明的价值观，让资本摆脱逐利的简单本质，让资本充满人性的光辉。他所推动的慈善工作就希望达到这样的目的。差不多 10 年前，一位丹麦的金融家写了一本书叫《道德经济：后危机时代的价值重塑》，也试图在资本主义生产方式和生产过程中注入人文价值观，从可持续的角度设计商业模式，而不是仅仅关注商业利益。发达国家这些年也在推动绿色金融，希望通过对环保、节能、可持续发展领域的投资，让世界更加美好。

　　总的来说，这些讨论还是基于资本主义市场经济的讨论，并没有影响到资本主义生产方式的本质。中国非常有名的企业家牟其中先生，一直在推动他的"南德实验"。我和他从理论到实践，深入讨论过三次，试图搞清楚"南德实验"的本质。这个实验的核心要义是利用智慧和经验，整合产业与技术资源，发现一个关键节点就可以创造巨大的价值，而不是简单的资本杠杆，关键是解决创造价值之后的利益分配问题，也就是"平稳分蘖"。交流下来，我觉得牟其中先生的实验存在哲学意义，不具有他所理解的操作性、实践性、逻辑性和普遍规律性。但是，牟其中先生的哲学理念终于可以实现了，因为数字技术的诞生。数字技术带来的智慧既可以满足牟其中先生理想中的智慧，这个智慧是由人所创造出来的技术智慧；同样，技术智慧也可以解决分配阶段"平稳分蘖"的问题。

　　我认同数字经济时代将会创造一个资本主义生产方式创造不了的机制，就是"共享机制"。在这个基础上创造出来的文化，会是共享文化，在数字经济形态上给人类文明创造的财富也可以理解为共享文明。

我可以用数字经济形态解决中国"三农"问题的构想，来表达我的"共享文明"创意。

从工业革命到现在，人类通过资本主义生产方式，创造了巨大的财富，也是第二次全球化浪潮的丰功伟绩。但是，资本主义生产方式给人类文明带来的问题也非常严重。在全球范围内，城市文明的发展带来了城乡差距。中国同样存在"城乡二元结构"带来的矛盾。中国一直致力于解决城乡发展不平衡的问题，党和国家提出了"脱贫攻坚"，大面积解决了极端贫困问题。但是，如何解决普遍存在的城乡二元结构带来的乡村凋零、土地荒芜、农民不富裕的问题呢？一直没有很好的答案。

中共十九大提出的"乡村振兴战略"，如果结合数字经济，我认为有可能解决中国"三农"问题，也可以在全球再创中国独特的乡村振兴和繁荣模式。

我在 2006 年曾经提出过《中国农村土地信托流转改革方案》，这个方案后来在湖南益阳市得以推广，成为全国著名的"益阳模式"。这个模式的核心内容就是在农村土地公有制的前提下，通过土地信托机制创建农村土地三权分置的关系，从空间规划、产业规划、乡村治理多个维度发展中国农业，站在农民利益的角度，导入产业资源，使农业产业化符合现代产业集约化、规模化、专业化的要求，提高农业产业化的水平。我的这个方案和党的十九大提出的"乡村振兴战略"不谋而合。

如果将产业互联网和"乡村振兴战略"结合，中国将彻底解决"三农"问题，有可能成为全球农村、农业、农民发展的一个典范。

我们可以将农业产业化作为导向，结合乡村行政区划和乡村治理，创建土地信托公司（非金融机构），按照产业规律把一定规模的土地流转集中，然后通过招商，吸引国内产业经营者和投资者，对空间和产业根据土地属性进行规划和投资，在保障农民权益基础上，创建产业互联网，直接面向市场终端进行垂直营销，把整个行业链条上的所有资源和技术，通过万物互联链接到线上。之后根据消费者的需求进行品种培育、种植管理，甚至可以预约定制服务，这样既可以重新规划乡村，把乡村建设得更加符合规划和环境的要求，又可以吸引很多城里人回乡生活和工作。每一个产业互联网都是一个县域经济或者市域经济的综合资源整合平台，根据不同地区的特点进行产业模式的规划设计，把种植业、养殖业、加工业、民间文化、旅游度假等系列要素都通过产业互联网设置出各种场景，就可以从食品安全、地理标志、定制生产、定制种植、定制养殖、定制加工的角度，把农村、农业、农民的所有要素和市场关联。也可以把大数据、人工智能、无人耕作这样一些数字技术带入产业互联网，彻底解决乡村发展、产业兴旺、文化传承、统一规划、乡村治理的问题。用数字技术和数字经济方式，可以再创乡村辉煌。这样的模式，把农村的土地资源、农民、民间文化、地域经济特色、产业资源都通过产业互联网平台联系，达到资源共享、精准发展、共同富裕的目的，很好地处理了产业关系、空间关系、社会治理关系。如果农村都能够和乡村振兴、产业互联网结合起来，那现代科学技术与现代治理模式也能和中国传统的儒家文化、"天人合一"这样的文明结合起来。

后记

　　书写完了，疫情还在继续。写作至此，全球感染新冠肺炎的人数依旧在增长，不知道疫情还会给全球经济、政治、社会、文化带来什么样的影响。100 多年前，西班牙流感加速了第一次世界大战的终止，但是并没有改变人类文明的发展进程，流感结束之后，通过第二次世界大战才最终重建了世界秩序。100 多年后，我感觉，人类文明再次到了某个节点。

　　我们非常坚信，资本经济驱动的第二次全球化浪潮已经进入衰退期，新冠肺炎疫情的"全球化"是第二次全球化浪潮走向衰退的催化剂，疫情给全球化造成的打击和影响还在持续，不可预测。

　　数字经济一定是 21 世纪社会发展的驱动力，中国有机会借助数字经济形态在生产力、生产关系、社会治理、经济活动以及全球化等方面的特殊性，把握发展数字经济的机会，从而改变世界，开创一个让世界文明都能够理解、接受的人类命运共同体。从微观上，我也希望能够把握数字技术和产业发展的运动规律，采用数字投资银行这个新物种，孵化一批全球化的产业互联网项目。

当这样的机会来临的时候，就像我 30 年前用资本运营方式去帮助一些企业开展资本运营一样，有的成功，有的不成功。因为这段时间，我开始联系各行各业的朋友，和他们探讨产业互联网，多数人和 30 年前一样，不是惶恐就是迟钝。产业互联网是一个充满想象、充满创造性的领域，不管是农业、工业还是服务业，不管是大型企业还是中小型企业，都有机会在充分理解每个产品、每项服务、每个企业、每个行业的基础上，用好 5G 时代的综合数字技术，创造或者联合各种资源创造产业互联网的辉煌。就像我在书中所举的例子一样，一颗葵花籽都可以打造一个产业互联网，可以创造几百亿元产值。那么，一颗大枣可不可以打造产业互联网呢？一个西红柿可不可以打造产业互联网呢？

我们的难点在于以下几个地方：

第一，严重缺乏想象力。我们的想象力也被眼前的各种未知所束缚。

第二，被目前的互联网模式和业态阻挡思路，因为目前绝大多数人是不熟悉互联网产业和互联网产业规律的，更不熟悉全球化的产业运动规律。

第三，真正高水平的数字技术和高水平的数字技术专家在中国严重缺乏，或者没有得到应有的尊重。相反，发达国家的企业，尤其是美国、德国的企业，借助产业经济领域的雄厚基础和丰厚的产业文明底蕴，拥有强大的融合能力，这些企业在产业互联网领域的优势不可小觑。遗憾的是，这些国家的老龄化和资本驱动经济的体系对企业的制约太严重了。

第四，产业互联网是产业规律和数字技术之间的融合，产业规律是核心，互联网技术不是核心。我们对产业互联网的认识、解读、设计创新也刚刚开始，期待更多的范本脱颖而出。

第五，我们缺乏全球化的能力，这导致我们在数字经济驱动的全球化时代，对全球化的想象不够丰富，从而失去了通过产业互联网走向全球、把握全球商机的机会。

鉴于本书是在数字经济驱动全球化初期的分析和感受，关于数字经济，在理论、形态、趋势、实证方面还有很多分歧，所有观点都属于探索和展望的性质，欢迎读者们提出批评和意见。

感谢中国民主法制出版社、吴晓波频道、蓝狮子财经出版中心的各位同人的支持和辛劳。

一个文明节点的周期往往很长，2020 年这个文明节点的下一个流程是什么内容，我们将去向哪里，让我们拭目以待。